처음 배우는
딥러닝 챗봇

처음 배우는 딥러닝 챗봇

챗봇 엔진부터 NLP, 딥러닝, 파이썬, REST API, 카카오톡 연동까지

초판 1쇄 발행 2020년 11월 1일
초판 3쇄 발행 2022년 6월 6일

지은이 조경래 / **펴낸이** 김태헌
펴낸곳 한빛미디어(주) / **주소** 서울시 서대문구 연희로2길 62 한빛미디어(주) IT출판부
전화 02-325-5544 / **팩스** 02-336-7124
등록 1999년 6월 24일 제25100-2017-000058호 / **ISBN** 979-11-6224-354-1 93000

총괄 전정아 / **책임편집** 홍성신 / **기획** 홍성신 / **진행** 박용규 / **전산편집** 김철수
디자인 표지 최연희 내지 김연정
영업 김형진, 김진불, 조유미 / **마케팅** 박상용, 송경석, 한종진, 이행은, 고광일, 성화정 / **제작** 박성우, 김정우

이 책에 대한 의견이나 오탈자 및 잘못된 내용에 대한 수정 정보는 한빛미디어(주)의 홈페이지나 아래 이메일로
알려주십시오. 잘못된 책은 구입하신 서점에서 교환해드립니다. 책값은 뒤표지에 표시되어 있습니다.

한빛미디어 홈페이지 www.hanbit.co.kr / **이메일** ask@hanbit.co.kr

지금 하지 않으면 할 수 없는 일이 있습니다.
책으로 펴내고 싶은 아이디어나 원고를 메일(writer@hanbit.co.kr)로 보내주세요.
한빛미디어(주)는 여러분의 소중한 경험과 지식을 기다리고 있습니다.

챗봇 엔진부터 NLP, 딥러닝, 파이썬,
REST API, 카카오톡 연동까지

조경래 지음

처음 배우는 딥러닝 챗봇

HB 한빛미디어
Hanbit Media, Inc.

챗봇 개발 서적은 챗봇 프레임워크 개발 API 서비스 위주의 책들이 대부분입니다. 하지만 이 책은 챗봇의 밑바닥부터 하나하나 배울 수 있습니다. 챗봇 엔진 개발부터 챗봇 API 개발, 그리고 많이 사용되는 카카오톡, 네이버톡톡 챗봇 개발까지 담고 있습니다. 챗봇 엔진 및 API 개발을 준비하고 있는 개발자라면 꼭 한 번 읽어보길 추천합니다.

_**이석곤 엔컴(주) 개발자**

챗봇의 기본적인 부분부터 최종적으로는 카카오나 네이버 챗봇을 만들어봄으로써 챗봇의 실무에 적용하는 과정까지 나와 있는 무척 좋은 책입니다. 챗봇과 딥러닝이라는 다소 어렵고 무거운 주제를 이렇게 쉽게 풀어나가는 책도 없을 것 같습니다. 챗봇의 기본 원리부터 배우고, 실용적인 챗봇을 완성해봄으로써 챗봇에 대한 두려움을 떨쳐버리게 합니다. 챗봇을 만들어보고자 하는 초보 개발자에게 이 책을 권합니다.

_**배윤성 제이아이엔시스템 책임연구원**

이 책은 챗봇 운영 업무를 맡고 있는 저에게 필요한 지식을 안내해주었습니다. 챗봇의 동작 원리와 더불어 내부 구조가 궁금했던 찰나에 이를 해소시켜 줄 수 있는 딥러닝 내용을 담고 있어 좋았습니다. 또한 챗봇 개발을 실제 따라 할 수 있도록 구현 단계까지 깔끔하게 설명하고 있습니다. 입문자라면 한두 번 읽는 것만으로는 이해가 다소 어려울 수 있기에 반복적으로 보길 권합니다. 언택트 시대에 챗봇에 관심 있는 분이라면 꼭 추천드리고 싶습니다.

_**나경원 개발자**

본 도서는 챗봇 엔진부터 NLP, 딥러닝, REST API, 카카오톡 연동에 이르는 방대한 유관 기술을 한 권의 책으로 익힐 수 있다는 점이 백미입니다. 토크나이징, 임베딩, 텍스트 유사도 등 NLP 기초를 다진 후 딥러닝, 챗봇 엔진 등의 핵심 기술을 직관적인 그림, 예시, 설명으로 정면 돌파합니다. 자주 사용하는 핵심만 다루고 있어 집중하기 좋고 통일성 있는 흐름으로 배울 수 있다는 것이 장점입니다. RNN 모델을 이렇게 쉽게 설명하는 책은 처음이었기에 딥러닝, NLP 입문서로도 손색이 없습니다.

_허민 한국외국어대학교 정보지원처

기존 챗봇 책들은 서비스 사용 방법에 대한 매뉴얼처럼 쓰여진 책들이 대부분이어서 너무 아쉬웠습니다. 하지만 이 책은 서비스 사용 방법이 아니라 정말 챗봇에 쓰이는 기초부터 꼼꼼하게 다루고 있어서 그간 다른 챗봇 서적을 공부했을 때 느껴왔던 '기초를 향한 갈증'이 많이 해소되었습니다. 오랜만에 쉽고 재미있고 좋은 책을 만날 수 있어서 너무 뿌듯했습니다. 챗봇 개발을 염두에 두고 계신 분들에게 추천해드리고 싶은 책입니다.

_문영기 보이스루 연구원

지은이의 말

2016년 3월, 구글 딥마인드 챌린지 매치를 통해 알파고가 세상에 소개되었습니다. 모두의 예상을 뒤엎고 알파고가 이세돌과의 대국을 압도적으로 이기는 모습에 전 세계가 충격을 받았습니다. 그간 바둑과 같이 경우의 수가 복잡한 게임에서는 인공지능이 사람을 이기기 힘들 것으로 보고 있었습니다. 저도 당시 실시간 경기 영상을 보면서 받은 충격에 딥러닝 관련 자료를 찾아다녔던 기억이 있습니다. 이때를 기점으로 딥러닝을 활용한 인공지능 열풍이 불기 시작한 것 같습니다. 그전까지 머신러닝 분야는 몇몇 연구자나 특정 분야에서만 관심 가졌던 기술이었습니다. 기존 비즈니스 모델이나 기술에 인공지능을 활용하면서 지난 십수 년간 이루지 못했던 기술적 진보를 단기간에 이뤄냈습니다. 앞으로 인공지능 기술을 활용하지 않는 기업은 시장에서 도태된다는 말까지 나오고 있습니다. 챗봇은 이런 열풍 속에서 성장하고 있습니다.

비대면 기술이 주목받고 있는 시기에 챗봇 서비스의 도입은 시대의 흐름입니다. 앞으로도 비용 절감이나 효율적인 기업 운영을 위해 챗봇을 이용하는 사례가 늘어날 것입니다. 이런 시대적 흐름 속에 독자 분들이 챗봇에 대한 기본 구현 원리나 개념을 이해하는 데 조금이라도 도움이 될 수 있도록 이 책을 써 내려갔습니다. 이 책을 통해 챗봇과 연계할 수 있는 다양한 비즈니스 모델에 대한 아이디어도 얻어 가시면 더 좋겠습니다.

오래 전부터 책 한 권 쓰는 일이 저의 버킷 리스트 중 하나였습니다. 때마침 우연한 계기로 한빛미디어 '3분 스몰토크' 프로그램에 참여할 수 있었고, 챗봇 개발을 주제로 집필을 제안받아 여기까지 왔습니다. 이러한 일이 저에게 있어 인생의 큰 행운이라 생각합니다. 하지만 집필 과정 내내 탈고 일정에 대한 압박과 잘못된 내용을 전달하면 안 된다는 부담에 시달렸습니다. 일과 병행해서 집필하다 보니 심적으로 힘든 부분도 많았습니다. 하지만 어느덧 이렇게 원고를 마무리하고 나니 형용하기 힘든 감정이 북받쳐 오릅니다. 이 책을 읽으시는 독자 분들도 다양한 도전과 경험을 할 수 있기를 빌겠습니다.

마지막으로 이 책이 나오기까지 물심양면으로 지원해주신 한빛미디어 홍성신 과장님, 박민아 과장님, 바쁘다는 핑계로 자주 놀아주지 못해서 늘 미안한 우리 아들 현명, 항상 옆에서 응원해주고 사랑해주는 현주, 힘들 때마다 많은 의지가 되는 민이, 상윤이, 한 배 탔다고 오랜 기간 내

옆에서 고생하는 시형이, 항상 내 생각 해주는 상필 형님, 늘 믿고 지원해주는 고마운 해유 형님, 여태 보지 못한 세계를 열어주신 리차드 효섭 형님, 내 인생 최고의 스승이자 멘토인 이승진 사장님, 김수선 사장님, 강성인 교수님. 항상 사랑하는 부모님, 장인어른, 장모님, 그리고 같이 성공하기 위해 고생하는 회사 식구들, 친구들 모두에게 고마운 마음을 전합니다.

조경래 (코딩 도깨비)

조경래 keiray.jo@gmail.com

메디컬 챗봇을 개발/운영하는 스타트업 웨저에서 CTO(기술이사)를 맡고 있으며, 임베디드에서 웹 개발까지 다양한 기술 분야에 개발 경험을 갖고 있습니다. 챗봇 엔진을 처음 개발하면서 고생했던 경험들을 재료 삼아 관련 지식을 쉽게 전달하고자 책을 쓰게 되었습니다. 현재 더 많은 지식을 전달하기 위해 여러 권의 책을 준비하고 있습니다.

이 책에 대하여

이 책은 파이썬 기본 개요와 웹 개발 지식을 알고 있으며, 한 번이라도 텐서플로 및 케라스로 딥러닝 모델을 학습해본 경험이 있는 독자들을 대상으로 쓰였습니다. 공부한 내용을 어떻게 활용해야 할지 모르는 독자나 챗봇 개발에 관심이 많은 독자가 손쉽게 개념을 이해하고 실습해볼 수 있도록 내용을 구성한 챗봇 개발 입문서입니다.

다른 언어로 개발 경험이 있는 독자라면 이 책의 내용을 아주 쉽게 이해할 수 있을 거라 생각합니다. 입문서에 맞게 어려운 개념은 그림과 도식을 최대한 활용해서 설명했으며, 이 책의 수준에서 벗어나는 개념은 과감하게 생략하고, 기본적인 내용에 더 집중했습니다. 챗봇을 구현하는 데 있어 필요한 개념과 코드를 개발 순서에 맞게 구현하여 구성했으며, 이 책을 통해 독자들이 챗봇에 대한 기본 개념과 구현 방법을 알아갔으면 하는 마음으로 집필하였습니다.

이 책을 읽기 위한 필수 조건은 아니지만 기본적으로 아래 항목들이 준비되어 있으면 내용을 이해하는 데 도움이 될 것입니다.

- 파이썬 기본 문법
- 자연어 처리 모델에 대한 이해는 없어도 무관하나 기본적인 딥러닝 모델을 접해본 경험
- 기본적인 데이터베이스 이해
- 기본적인 웹 개발 이해

경험이 부족한 독자라 하더라도 너무 걱정하지 않아도 됩니다. 공부를 하다가 이해가 안 되는 부분들은 인터넷 자료를 참고하면서 반복해서 읽어주세요. 반복해서 읽다 보면 어느 순간 이해가 되는 신기한 경험을 하게 됩니다. 책을 읽다가 궁금한 내용이 있거나 잘못된 내용을 발견하면 언제든지 저자에게 메일 보내주세요. 늦더라도 꼭 답장 드리겠습니다.

이 책에서 사용한 모든 예제와 데이터는 저자의 깃허브에서 내려받을 수 있습니다.

```
github.com/keiraydev/chatbot
```

CONTENTS

CHAPTER 1 챗봇 입문하기

CHAPTER 2 파이썬 시작하기

CONTENTS

CONTENTS

CHAPTER **10** 카카오톡 챗봇 만들기

CHAPTER **11** 네이버톡톡 챗봇 만들기

CONTENTS

챗봇 입문하기

1.1 챗봇의 이해

챗봇 ^{chatbot}은 채터 ^{chatter}와 로봇 ^{robot}의 합성어로, 대화하는 로봇이라고 정의할 수 있습니다. 즉, 사람과 텍스트나 음성으로 대화를 나눌 수 있는 프로그램을 말합니다. 우리는 즐겨 사용하는 메신저나 웹을 통해 챗봇과 대화할 수 있습니다. 올해 안으로 전화 상담에 챗봇을 활용하는 사례도 나올 것으로 예상합니다. 전 세계적으로도 챗봇 시장은 계속해서 확대되고 있으며, 2024년에는 94억 달러 규모로 시장이 형성될 것으로 보고 있습니다. 수년 전까지만 해도 다양한 시나리오에 대응할 수 있는 규칙을 기반으로 만든 챗봇이 대세였지만 최근에는 딥러닝 기술의 발전으로 인해 실제 자연어를 이해하고 응답하는 수준까지 올라와 있습니다.

챗봇은 단순히 사용자와 잡담을 나누며 시간을 때우는 재미 요소에서 끝나지 않습니다. 최근 고객센터에서 챗봇을 도입해 사람 대신 24시간 CS 업무를 자동화하고 있습니다. 상담 서비스에 대한 비용절감 때문에 많은 곳에서 도입하고 있습니다. 아직까진 상담 인력을 100% 대체할 수는 없겠지만 앞으로 많은 곳에서 상담 인력의 상당 수준을 대체할 수 있을 것으로 예상합니다. 정보기술연구기관인 가트너에 따르면 2020년까지 모든 고객 서비스 의사소통의 80%를 챗봇이 차지할 것으로 전망하고 있습니다.

NOTE_ 다음은 미국의 금융 및 비즈니스 뉴스 웹사이트인 비즈니스 인사이더가 가트너의 조사를 인용하여 발표한 챗봇 관련 뉴스의 헤드라인입니다.

- Global Chatbot Market Anticipated to Reach $9.4 Billion by 2024 – Robust Opportunities to Arise in Retail & eCommerce
  markets.businessinsider.com/news/stocks/global-chatbot-market-anticipated-to-reach-9-4-billion-by-2024-robust-opportunities-to-arise-in-retail-ecommerce-1028759508#
- 80% of businesses want chatbots by 2020
  www.businessinsider.com/80-of-businesses-want-chatbots-by-2020-2016-12

챗봇은 특정 분야에 맞게 개발되어야 합니다. 범용 챗봇 개발은 기술적 어려움이 많은 분야입니다. 사람처럼 다양한 지식을 다루는 데 여러 가지 한계가 있으며 실용적인 측면에도 도움이 되지 않습니다. 대화형 챗봇의 사용 범위를 좁혀야 정확하고 일관성 있는 서비스를 제공할 수 있습니다. 따라서 챗봇 개발 전에 어떤 분야에서 어떤 목적으로 사용할 챗봇인지 명확하게 정의해야 합니다. 예를 들어 현재 적용하려는 분야의 고객 경험에서 가장 적합한 사용 사례를 파악해 대화 시나리오를 설계합니다. 이후 사용 사례에 맞는 학습 데이터를 수집해 챗봇 대화 모델을 계속해서 훈련시키고 개선합니다. 경우에 따라선 규칙 기반으로 대응하기도 합니다. 고객의 사용 사례와 학습 데이터를 많이 수집할수록 좋은 챗봇을 만들 수 있습니다.

이 책에서는 음식 주문을 도와주는 챗봇을 처음부터 만들어봅니다. 비록 완벽한 챗봇은 아니지만 챗봇 개발에 필요한 사전 지식부터 시스템 구조를 차근차근 알아볼 것입니다. 이 책을 통해 챗봇의 구동 원리와 제작 방법을 알게 된다면 기쁠 것입니다.

1.2 챗봇 활용 사례

챗봇은 여러 분야에서 사용되고 있습니다. 이 절에서는 챗봇이 어떤 분야에서 어떻게 활용되고 있는지 사례를 소개하겠습니다. 국내에서는 의료, 상담, 금융, 쇼핑, 마케팅 등 많은 분야에서 챗봇을 사용하고 있으며 챗봇 사용 비중이 점차 늘어나고 있는 추세입니다. 전 세계적으로 코로나 사태로 인해 비대면 기술이 주목받고 있는 상황에서 앞으로 활용도가 더 높아질 것으로 예상합니다.

1.2.1 카카오 챗봇 사례

카카오와 카카오뱅크는 고객센터 챗봇을 운영합니다. 인공지능 서비스와 대화형 소통을 기반으로 가장 정확도 높은 답변을 찾아주는 챗봇으로 시간에 관계없이 고객 문의를 자동으로 처리하고 있습니다.

그림 1-1 카카오와 카카오뱅크 고객센터 챗봇

카카오는 자사 봇 빌더를 기반으로 고객 상담 직원들이 직접 답변을 설계해 고객 응대에 필요한 챗봇을 구축하였습니다. 특히 고객 상담 분야에서는 심야나 주말에도 빠르고 정확한 응대가 가능해서 카카오는 89.7%, 카카오뱅크는 34.1%의 고객 문의를 상담챗봇으로 처리하고 있습니다.

자연어 기반으로 챗봇 상담이 가능하며 사용자가 자주 물어보는 메뉴에 대해서는 버튼식으로 제공해서 사용자 편의를 높이고 있습니다. 카카오뱅크 챗봇의 경우 고객의 질문 의도에 맞게 답변이 이루어졌는지, 고객이 질문한 내용이 답변에 포함되어 있는지 매일 챗봇 상담 이력을 샘플링해 챗봇 기능을 업데이트합니다. 이렇듯 지속적으로 챗봇의 사용 이력을 모니터링하여 상담 데이터 품질 개선에 힘을 써야 좋은 챗봇을 운영할 수 있습니다.

카카오는 상담챗봇 외에 미디어챗봇인 뉴스봇, 프로야구봇 등을 운영합니다. 카카오 뉴스봇은 채팅방을 통해 채팅하듯이 뉴스를 받아볼 수 있으며, 분야별 뉴스와 사람들이 많이 본 기사를 큐레이션해줍니다. 단어나 문장을 검색해 대화하듯이 뉴스를 받아볼 수 있습니다. 뉴스를 보기 위해 포털 사이트로 이동하거나 애플리케이션을 따로 설치하지 않아도 사용할 수 있어 편리합니다. 카카오 프로야구봇은 선호하는 구단 정보를 입력하면 최근 경기 일정과 경기 결과, 선수 정보 등을 확인할 수 있으며, 채팅방 안에서 경기 영상도 시청할 수 있습니다. 최근에는 프로야구 무관중 개막으로 인해 사용자가 더 증가하는 추세입니다. 카카오는 구독 경제 모델로 챗봇을 통해 개인화된 컨텐츠 서비스를 제공하고 있습니다. 이를 통해 카카오의 새로운 성장동력을 만들고 있습니다.

그림 1-2 카카오 뉴스봇과 프로야구봇

카카오는 자사 상담챗봇 외에 카카오 아이 오픈빌더를 통해 만들어진 챗봇이 2019년 12월 기준 약 1만 7000여 개 정도 됩니다. 카카오톡 챗봇들은 현재 생활 곳곳에서 사용되고 있습니다. 국민 메신저 앱인 만큼 앞으로도 다양한 서비스가 카카오톡 챗봇을 통해 제공될 것으로 보입니다. 이를 위해 카카오 아이 오픈빌더의 기능을 지속적으로 업데이트하고 있습니다.

1.2.2 대학병원 챗봇 사례

의료챗봇 전문 기업인 웨저는 국내 최초로 대학병원용 의료상담챗봇을 개발해 운영하고 있습니다. 현재 전국 6곳의 대학병원에서 도입하였으며 병원 내 민원 처리와 예약 변경 및 취소를 도와주고 있습니다. 카카오톡 채널과 네이버톡톡 플랫폼에서 상담챗봇을 운영하고 있으며 병원 내 전산 시스템과 연동하여 빠르게 진료 및 입원 예약 업무를 처리할 수 있습니다.

그림 1-3 병원용 챗봇 진료 예약 변경

대학병원에 내원하는 환자들의 다양한 문의 사항을 수개월간 정리 분석해 질문 및 답변 데이터를 학습시켰으며, 병원 이용 전반부터 진료시간표, 진료과목 및 교수진 정보를 챗봇으로 확인할 수 있습니다. 또한 교수의 학회 참석 및 휴가 등 변동 사항을 실시간으로 반영해 진료 정보를 확인할 수 있습니다. 특히 입원 환자의 경우 담당교수 회진시간, 복약 안내, 식단 메뉴 선택, 검사 안내 등 각종 알림을 챗봇으로 확인하고 선택할 수 있습니다. 월평균 1만 명 이상 챗봇을 사용 중이며, 이로 인해 예약 변경 및 취소 전화 문의가 10% 이상 줄어든 효과를 보고 있습니다. 앞으로도 다양한 병원 서비스를 챗봇에 접목해 스마트 병원으로 도약을 준비하고 있습니다.

1.2.3 제약회사 챗봇 사례

한국 노보 노디스크제약과 한미약품에서 챗봇 서비스를 운영하고 있습니다. 한국 노보 노디스크제약의 경우 카카오톡 채널로 운영 중이며, 한미약품의 경우 공식 홈페이지에 웹 기반으로 운영 중입니다. 노보 노디스크제약의 경우 의료진과 자사제품을 처방받은 환자에게 제품에 대한 정보를 제공하는 목적으로 운영하고 있으며, 기본적인 제품 정보, 자가주사제 사용상 가장 흔하게 하는 질문과 답변으로 챗봇이 구성되어 있습니다. 간단한 시나리오 구성이지만 고객 사례에서 가장 많은 상담 유형을 잘 선별해 챗봇으로 개발한 사례입니다. 한미약품 챗봇은 일반의약품 위주로 문의를 받고 있으며, 제품에 대한 효능, 복용법, 주의 사항 등을 사용자에게 알려주고 있습니다. 추가로 1:1 약사 상담 연결 기능을 제공하고 있어 전문적인 상담을 받을 수 있습니다. 한미약품 챗봇처럼 웹 기반 챗봇을 운영할 경우 자사 홈페이지 내에서 챗봇을 운영할 수 있으며 다른 메신저 플랫폼의 제약을 받지 않기 때문에 챗봇 구현에 있어 자유도가 높은 장점이 있습니다.

그림 1-4 제약사 고객 상담 챗봇

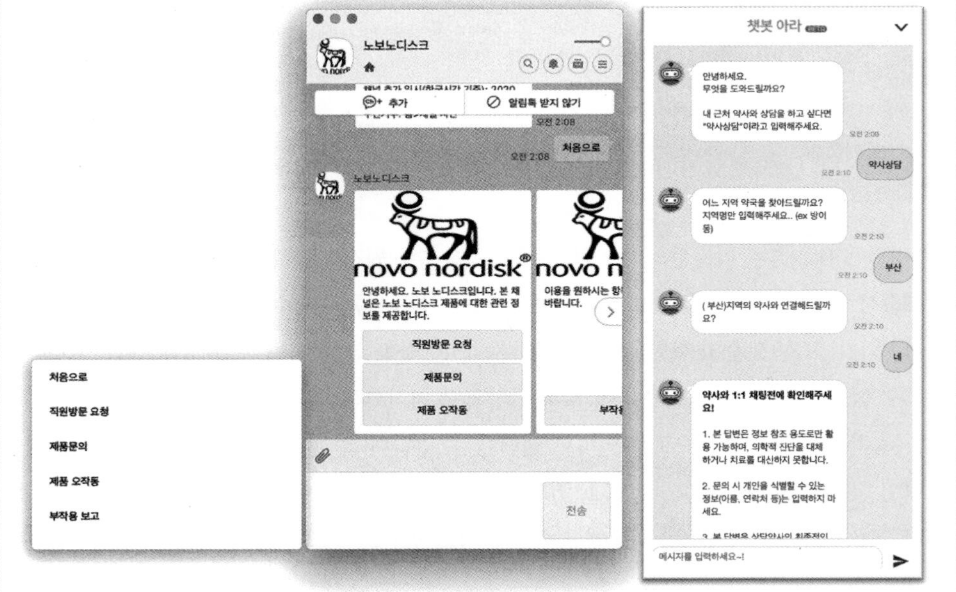

이 외에도 다양한 제약사에서 자사제품에 대한 효능 및 복용법, 주의 사항을 실시간으로 제공하기 위해 챗봇 서비스를 도입 중입니다. 일반 분야와 다르게 제약이나 의료 쪽 챗봇은 의료법에 위배되지 않는지 충분히 고려해서 설계해야 하기 때문에 도입 과정에서 검토해야 하는 내용이 많습니다.

1.3 마치며

현재 챗봇은 쇼핑, 의료, 금융 등 다양한 분야에서 고객 상담 및 CS 처리 등 다양한 역할을 사람 대신 수행하고 있습니다. 이미 챗봇을 도입한 기업들은 비용절감 효과를 톡톡히 보고 있으며 앞으로는 해당 업무를 보는 인력이 전혀 필요 없을 수도 있습니다. 최근에는 상담 치료나 만성질환 관리에 챗봇을 활용하는 방안에 대한 연구가 활발히 진행되고 있으며 자연어 처리 기술이 발달함에 따라 더욱 더 다양한 분야에 활용될 것으로 예상합니다. 이 책을 통해 챗봇 개발에 필요한 기본 지식을 다양하게 습득하셨으면 좋겠습니다.

다음 장부터는 실습 환경이 필요합니다. 2장을 읽기 전에 부록으로 넘어가 개발 환경 구축을 먼저 하세요. 필자가 부록에서 소개한 개발 환경 구축 방법이 최선은 아니며 자신이 평소 즐겨 사용하는 환경을 이미 구축해 놓았다면 2장으로 바로 넘어가도 괜찮습니다.

## CHAPTER 2

파이썬 시작하기

2.1 파이썬 소개

파이썬은 전 세계적으로 가장 많이 사용하고 있는 언어 Top 3에 랭크될 만큼 넓은 사용자 층을 보유하고 있는 언어입니다. 코드 수정 없이 다양한 플랫폼에서 사용 가능하며, 셀 수 없을 정도의 다양한 라이브러리를 보유하고 있어 인기가 좋습니다. 또한 머신러닝 및 데이터마이닝 관련 프레임워크에서 메인 언어로 사용하고 있기 때문에 챗봇 엔진 개발에 있어 필수 언어입니다. 실제 상용 프로그램에서도 스크립트 언어로 많이 사용하고 있습니다.

표 2-1 프로그래밍 인기 순위(참조 : TIOBE Index for January 2020, www.tiobe.com/tiobe-index/)

Jan 2020	Jan 2019	Change	Programming Language	Ratings	Change
1	1		Java	16.896%	-0.01%
2	2		C	15.773%	+2.44%
3	3		Python	9.704%	+1.41%
4	4		C++	5.574%	-2.58%
5	7	∧	C#	5.349%	+2.07%

현재 파이썬은 2와 3버전이 존재하며, 2 버전의 경우 공식적으로 지원이 종료된 상태입니다. 신규 프로젝트라면 가급적 3 버전을 사용하는 것이 좋습니다. 최근에 나오는 머신러닝 프레임워크들도 3.x 버전을 기반으로 배포되고 있습니다. 파이썬 3은 2 버전과는 다르게 모든 변수를 객체^{object}로 처리하며, 모든 문자열을 유니코드인 str 객체로 통일했습니다. 그 외에도 내부적으로 많은 변화가 있습니다. 이 책에서는 3 버전을 사용할 것입니다.

2.2 파이썬 기본

이 절에서는 파이썬으로 챗봇을 개발하기 위해 필요한 내용을 다룹니다. 챗봇 개발에 필요한 핵심 내용을 빠르게 정리했으므로 파이썬을 처음 접하는 독자는 반드시 반복적으로 실습해보아야 합니다. 파이썬에 익숙한 독자는 빠르게 복습하면서 정리한다는 마음으로 읽어보면 챗봇 개발에 많은 도움이 될 것으로 생각합니다.

일반적으로 프로그램 내부 코드는 동작 행위와 데이터 상태로 구분되어 있습니다. 여기서 동작 행위란 프로그래머가 정해놓은 순서나 의도대로 컴퓨터가 동작을 할 수 있도록 미리 함수나 메서드 형태로 정의해놓은 것입니다. 동작을 정의해놓은 함수를 실행할 때 숫자나 문자열 같은 데이터를 이용하는 경우가 대부분입니다. 이렇듯 프로그램 개발에 있어 함수와 데이터 활용은 매우 중요한 요소입니다. 이 절을 통해 파이썬에서는 함수와 데이터를 어떻게 사용하는지 알아볼 것입니다. 챗봇 개발에 있어 기본이 되는 중요한 내용이므로 파이썬을 처음 접하는 독자는 반복 학습할 필요가 있습니다.

2.2.1 자료형

자료형이란 프로그램 내부에서 사용하는 데이터의 형태를 의미합니다. 언어에 따라서 데이터의 형태를 엄격하게 구분하기도 하지만 파이썬의 경우에는 조금 느슨한 편입니다. 프로그램 개발 시 필요한 데이터를 어떤 자료형 변수에 보관할 것인지 알아야 하기 때문에 자료형은 매우 기본적이면서도 중요한 내용입니다. 그럼 파이썬에서는 데이터를 어떻게 다루는지 확인해봅시다.

숫자

파이썬에서는 숫자 데이터를 어떤 형태로 표현할까요? 정수와 실수 같은 숫자들은 숫자형으로 표현합니다. 수학에서 사용하는 숫자 개념과 동일하기 때문에 이해하는 데 어렵진 않을 겁니다. 파이썬에서는 숫자 데이터를 어떻게 사용할 수 있는지 예제로 살펴보겠습니다.

파이썬 인터프리터는 간단한 계산기로 사용 가능합니다. 수학 시간에 배운 +, -, *, / 연산자를 이용해 정수 및 실수 계산을 해보고 변수 사용법을 익혀보겠습니다.

예제 2-1 정수 계산

```
>>> 10 + 5
15
>>> (10 - 5) * 2
10
>>> 10 / 2
5
```

[예제 2-1]에서 사용한 숫자와 결괏값은 모두 정수 형태로 int형입니다. 파이썬에서는 소수점을 사용하지 않는 한 기본적으로 int형으로 처리합니다.

예제 2-2 실수 계산

```
>>> 2.2 * 5
11.0
>>> 1.0 / 0.2
5.0
>>> 3 / 2
1.5
```

[예제 2-2]에서 사용한 숫자와 결괏값은 모두 실수 형태로 float형입니다. 파이썬에서는 소수점을 사용하거나 기본적으로 계산 결과가 실수인 경우에는 float형으로 처리합니다.

나눗셈(/) 연산의 결과는 항상 실수 형태인 float형입니다. 나눗셈 결과를 정수 형태로 얻기 위해서는 // 연산자를 사용해야 하며, 나머지를 계산하기 위해서는 % 연산자를 사용해야 합니다.

예제 2-3 /, //, % 연산자 사용

```
>>> 3 / 2
1.5
>>> 3 // 2
1
>>> 5 / 2
2.5
>>> 5 // 2
2
>>> 5 % 2
1
```

챗봇 개발에 필요한 딥러닝이나 통계 모델을 구현할 경우 복잡한 수식을 사용해야 할 때가 있습니다(복잡한 수식이라고 표현했지만 추상화가 많이 된 함수 형태로 사용하기 때문에 실제로는 복잡하지 않습니다). 그중에서 가장 많이 사용하는 연산자가 거듭제곱입니다. 파이썬에서는 거듭제곱을 **으로 표현합니다.

예제 2-4 거듭제곱 계산

```
>>> 2 ** 5
32
>>> 2 ** 10
1024
```

변수를 나타낼 때는 등호(=)를 사용합니다. 변수명은 숫자로 시작할 수 없으며, 특수 기호 및 시스템 키워드가 아니라면 어떤 형태로도 사용 가능하며, 개발 방법에 따라 명명 규칙이 정해져 있는 경우가 많습니다. 이 책에서는 일반적으로 사용하는 변수 규칙을 사용해서 진행하겠습니다.

예제 2-5 변수 사용

```
>>> a = 10
>>> b = 20
>>> a * b   # 변수 a와 b의 곱셈을 실행합니다.
200
```

문자열

문자열이란 문자들의 집합을 의미합니다. 사용자와 소통하는 프로그램에서 문자열 처리는 필수적이며, 프로그래밍 언어에 따라 사용 방법이나 난이도가 다를 수 있습니다. 다행히 파이썬에는 문자열을 손쉽게 사용할 수 있도록 언어 수준에서 문자열 자료형을 지원하고 있습니다. 간단한 예제를 통해 문자열을 어떤 방식으로 사용하는지 알아봅시다.

파이썬은 큰따옴표나 작은따옴표를 이용하여 문자열을 표현합니다. 인터프리터는 문자열 결과를 보여줄 때 숫자값과 구분하기 위해 기본적으로 작은따옴표로 묶어서 출력합니다(문자열에 작은따옴표가 포함되어 있는 경우에는 큰따옴표로 묶습니다). 문자로만 구성된 문자열인 경우에는 별문제 되지 않지만 숫자를 문자열로 표현하는 경우에는 헷갈릴 수도 있습니다. 예를 들어 숫자 1234와 문자열 '1234'는 엄연히 다른 값이기 때문에 작은따옴표를 이용해서 데이터가 문자열이라는 것을 친절하게 구분해주는 겁니다.

예제 2-6 문자열 사용

```
>>> '1234'
'1234'        # 문자열 1234
>>> 'hello'
'hello'       # 문자열 hello
>>> "hello"
'hello'       # 문자열 hello
```

변수를 나타낼 때는 등호(=)를 사용하며, 큰따옴표나 작은따옴표를 사용해서 문자열이라고 표시해주면 됩니다.

예제 2-7 문자열 변수 사용(1)

```
>>> msg = 'Hello'
>>> msg   # 변수 msg를 실행하면 변수 내용이 출력됩니다.
'Hello'
>>> error = "err 404"
>>> error  # 변수 error를 실행하면 변수 내용이 출력됩니다.
'err 404'
```

작은따옴표나 큰따옴표를 출력하기 위해서는 어떻게 해야 할까요? 작은따옴표를 출력하기 위해서는 큰따옴표로 묶으면 되고, 큰따옴표를 출력하기 위해서는 작은따옴표로 묶으면 됩니다.

예제 2-8 문자열 변수 사용(2)

```
>>> msg1 = '"Nice to meet you", chatbot says'
>>> msg1
'"Nice to meet you", chatbot says'
>>> msg2 = "I'm programming now"
>>> msg2
"I'm programming now"
```

문자열을 사용하다 보면 줄바꿈이 필요한 경우가 생깁니다. 간단한 문장인 경우에는 이스케이프 코드 \n을 사용하고, 복잡한 문장인 경우에는 작은따옴표 3개 또는 큰따옴표 3개를 연속적으로 사용하면 됩니다. 인터프리터에서 변수를 실행하면 변수에 저장된 내용이 그대로 출력됩니다. 줄바꿈을 확인하기 위해서는 콘솔 화면에 메시지를 출력할 수 있는 print( ) 함수를 사용합니다. 다음 예제를 따라해 보고 상황에 맞게 선택하여 사용하면 됩니다.

예제 2-9 멀티라인 문자열(1)

```
>>> msg3 = 'Hello\nbro!!'
>>> msg3   # 변수 msg3을 실행하면 변수 내용이 그대로 출력됩니다.
Hello\nbro!!
>>> print(msg3)   # print() 함수를 이용하면 줄바꿈 된 채로 출력됩니다.
Hello
bro!!
```

예제 2-10 멀티라인 문자열(2)

```
>>> msg4 = '''Hello
... bro!!'''
>>> msg4   # 변수 msg4의 내용은 msg3에 저장된 내용과 동일합니다.
Hello\nbro!!
>>> print(msg4)
Hello
bro!!
```

예제 2-11 멀티라인 문자열(3)

```
>>> msg5 = """Hello
... bro!!"""
```

```
>>> msg5    # 변수 msg5의 내용은 msg3과 msg4에 저장된 내용과 동일합니다.
Hello\nbro!!
>>> print(msg5)
Hello
bro!!
```

표 2-2 이스케이프 코드

이스케이프 코드	의미
\n	줄바꿈
\t	탭
\\	문자 \ 출력
\'	문자 ' 출력
\"	문자 " 출력

리스트

프로그래밍을 하다보면 서로 관계가 있는 데이터들은 목록이나 집합 형태로 관리할 필요가 있습니다. 파이썬에서는 서로 다른 형의 데이터를 한꺼번에 묶을 수 있는 여러 가지 자료형을 제공합니다. 그중 가장 편리하게 사용할 수 있는 것이 리스트입니다. 리스트는 대괄호 []를 사용하며, 데이터 요소들을 쉼표(,)로 구분합니다. 리스트에는 숫자 및 문자열뿐만 아니라 객체 형태의 데이터도 추가할 수 있습니다. 서로 다른 형의 데이터를 동시에 저장할 수 있지만 보통 같은 형의 데이터만 추가해서 사용합니다. 리스트 사용법은 다음과 같습니다.

```
리스트명 = [요소1, 요소2, 요소3, ...]
```

다음 예제에서는 정수와 실수 데이터를 포함한 리스트를 정의하고 있습니다. 리스트는 저장되는 요소들의 데이터형에 제한이 없기 때문에 해당 리스트에 정수 및 실수 데이터를 같이 사용할 수도 있습니다.

예제 2-12 리스트 정의

```
>>> numbers = [1, 2, 3, 4, 5]
>>> numbers
[1, 2, 3, 4, 5]
>>> real_numbers = [1.0, 2.0, 3.0, 4, 5]
>>> real_numbers
[1.0, 2.0, 3.0, 4, 5]
>>> type(real_numbers)    # real_numbers의 타입 확인
<class 'list'>
```

리스트는 문자열과 마찬가지로 인덱싱과 슬라이싱을 지원합니다. 리스트의 각 요소에 접근하기 위해서는 인덱싱을 해야 합니다. 리스트에 접근하려면 대괄호를 사용하며, 첫 번째 요소는 0부터 시작합니다. 슬라이싱은 기존 리스트에서 잘라낼 시작 위치와 끝 위치, 쌍점(:)을 사용해 새로운 리스트를 생성합니다. 원본 리스트를 훼손하지 않은 채 슬라이싱된 요소들이 새로운 리스트로 생성됩니다.

예제 2-13 리스트 인덱싱 및 슬라이싱

```
>>> numbers = [1, 2, 3, 4, 5]
>>> numbers
[1, 2, 3, 4, 5]
>>> numbers[1]       # 1번째 요소 인덱싱
2
>>> numbers[-1]      # 뒤에서 1번째 요소 인덱싱
5
>>> numbers[2:]      # 2번째 요소부터 슬라이싱. 새로운 리스트로 반환
[3, 4, 5]
>>> numbers[-2:]     # 뒤에서 2번째 요소부터 슬라이싱
[4, 5]
>>> numbers[1:-2]    # 1번째 요소에서 뒤에서 2번째 요소 앞까지 슬라이싱
[2, 3]
```

이제 리스트 요소들을 어떻게 수정하고 추가, 삭제하는지 알아봅시다. 수정은 원하는 요소 위치에 새로운 데이터를 대입하면 됩니다.

예제 2-14 리스트 요소 수정

```
>>> numbers = [1, 2, 3, 4, 5]
>>> numbers
[1, 2, 3, 4, 5]
>>> numbers[0] = 9    # 리스트의 0번째 요소에 9 저장
>>> numbers
[9, 2, 3, 4, 5]
```

append( )는 리스트의 마지막에 요소를 추가하는 함수입니다. 리스트 변수 뒤에 점(.)을 붙여 사용합니다.

예제 2-15 리스트 요소 추가

```
>>> numbers = [1, 2, 3, 4, 5]
>>> numbers
[1, 2, 3, 4, 5]
>>> numbers.append(9)    # 리스트의 마지막에 9 추가
>>> numbers
[1, 2, 3, 4, 5, 9]
```

insert( )는 원하는 위치에 데이터를 삽입하는 함수입니다.

예제 2-16 리스트 요소 삽입

```
>>> numbers = [1, 2, 3, 4, 5]
>>> numbers
[1, 2, 3, 4, 5]
>>> numbers.insert(1, 1.5)    # 리스트의 1번 요소에 1.5 삽입
>>> numbers
[1, 1.5, 2, 3, 4, 5]
```

pop( )은 리스트의 맨 마지막 요소나 원하는 위치의 요소를 꺼내면서 삭제하는 함수입니다.

예제 2-17 리스트 요소 꺼내고 삭제(1)

```
>>> numbers = [1, 2, 3, 4, 5]
>>> numbers
[1, 2, 3, 4, 5]
```

```
>>> numbers.pop()    # 리스트의 맨 마지막 요소를 꺼내고 삭제
5
>>> numbers
[1, 2, 3, 4]
```

예제 2-18 리스트 요소 꺼내고 삭제(2)

```
>>> numbers = [1, 2, 3, 4, 5]
>>> numbers
[1, 2, 3, 4, 5]
>>> numbers.pop(2)    # 리스트의 2번째 요소를 꺼내고 삭제
3
>>> numbers
[1, 2, 4, 5]
>>> a = numbers.pop(3)    # 리스트의 3번째 요소를 꺼내서 변수 a에 저장
>>> a
5
>>> numbers
[1, 2, 4]
```

리스트 요소를 삭제할 때는 pop( ) 함수 외에 del 키워드도 사용할 수 있습니다. del 키워드는 pop( ) 함수와 다르게 요소를 꺼내지 않고 바로 삭제합니다. 그러므로 데이터를 확인할 필요가 없는 경우에는 del 키워드를 사용합니다.

예제 2-19 del 키워드로 리스트 요소 삭제

```
>>> numbers = [1, 2, 3, 4, 5]
>>> numbers
[1, 2, 3, 4, 5]
>>> del numbers[2]    # 리스트의 2번째 요소를 바로 삭제
>>> numbers
[1, 2, 4, 5]
```

리스트에 포함된 요소의 전체 개수를 구하려면 len( ) 함수를 사용합니다.

예제 2-20 리스트 요소 개수 구하기

```
>>> numbers = [1, 2, 3, 4, 5]
>>> numbers
```

```
[1, 2, 3, 4, 5]
>>> len(numbers)
5
```

튜플

튜플tuple은 리스트와 마찬가지로 다양한 데이터를 집합 형태로 관리할 수 있지만 한 번 생성되면 순서와 내용을 수정할 수 없습니다. 또한 리스트는 요소들을 대괄호 []로 둘러싸지만 튜플은 소괄호 ( )로 둘러쌉니다. 튜플 사용법은 다음과 같습니다.

튜플명 = (요소1, 요소2, 요소3, ...)

다음 예제는 정수와 실수 데이터를 포함한 튜플을 정의하고 있습니다. 튜플은 리스트와 마찬가지로 저장되는 요소들의 자료형에 제한이 없기 때문에 다양한 데이터를 함께 사용할 수 있습니다.

예제 2-21 튜플 정의

```
>>> numbers = (1, 2, 3, 4, 5)
>>> numbers
(1, 2, 3, 4, 5)
>>> real_numbers = (1.0, 2,0, 3.0, 4, 5, 'six')  # 다양한 자료형 사용
>>> real_numbers
(1.0, 2.0, 3.0, 4, 5, 'six')
>>> type(real_numbers)  # real_numbers의 타입 확인
<class 'tuple'>
```

튜플 역시 인덱싱과 슬라이싱을 지원합니다. 튜플의 각 요소에 접근하기 위해서는 인덱싱을 해야 하며, 리스트와 마찬가지로 대괄호를 사용합니다. 슬라이싱은 기존 튜플에서 잘라낼 시작위치와 끝 위치, 쌍점을 사용해 새로운 튜플을 생성합니다. 튜플의 요소를 변경하지 못하는 점만 빼면 리스트와 동일합니다.

예제 2-22 튜플 인덱싱 및 슬라이싱

```
>>> numbers = (1, 2, 3, 4, 5)
>>> numbers
(1, 2, 3, 4, 5)
>>> numbers[1]      # 1번째 요소 인덱싱
2
>>> numbers[-1]     # 뒤에서 1번째 요소 인덱싱
5
>>> numbers[2:]     # 2번째 요소부터 슬라이싱. 새로운 튜플로 반환
(3, 4, 5)
>>> numbers[-2:]    # 뒤에서 2번째 요소부터 슬라이싱
(4, 5)
>>> numbers[1:-2]   # 1번째 요소에서 뒤에서 2번째 요소 앞까지 슬라이싱
(2, 3)
```

튜플의 요소는 변경할 수 없습니다. 튜플의 요소를 변경하려 하면 '튜플 객체는 요소 데이터를 할당하지 못한다'는 오류를 출력합니다.

예제 2-23 튜플 요소 수정

```
>>> numbers = (1, 2, 3, 4, 5)
>>> numbers[0] = 9 # 0번째 요소에 9 저장
Traceback (most recent call last):
  File "<stdin>", line 1, in <module>
TypeError: 'tuple' object does not support item assignment
```

튜플 요소의 불변성 때문에 해당 튜플에 새로운 요소를 추가할 수 없지만 덧셈 연산을 이용해서 데이터를 추가한듯한 효과를 만들 수는 있습니다. 이때 튜플의 덧셈 연산은 튜플 객체끼리만 가능합니다.

예제 2-24 튜플 덧셈 연산(1)

```
>>> numbers = (1, 2, 3, 4, 5)
>>> new_numbers = numbers + (6, 7)  # 튜플 + 튜플
>>> new_numbers  # 튜플 덧셈 연산으로 나온 결과 확인
(1, 2, 3, 4, 5, 6, 7)
>>> numbers
(1, 2, 3, 4, 5)
```

튜플에 2개 이상의 요소가 있으면 문제되지 않는데, 1개 요소일 때는 어떻게 표현해야 할까요? int형 숫자 1을 기존 numbers 튜플과 덧셈 연산을 했을 땐 '튜플끼리만 연결할 수 있다'는 오류 메시지를 출력합니다. 무엇이 문제일까요?

예제 2-25 튜플 덧셈 연산(2)

```
>>> numbers + (1)
Traceback (most recent call last):
  File "<stdin>", line 1, in <module>
TypeError: can only concatenate tuple (not "int") to tuple
```

단순히 보면 튜플의 소괄호 안에 1개의 요소가 있는 것처럼 보이지만 파이썬 인터프리터 입장에서는 수학 연산에서 사용하는 소괄호인지 튜플 객체의 소괄호인지 구별할 수 없습니다. 따라서 소괄호 내에 있는 데이터가 튜플 요소임을 쉼표로 알려주어야 합니다.

예제 2-26 튜플 덧셈 연산(3)

```
>>> numbers + (1, )   # 튜플 요소임을 알려줌
(1, 2, 3, 4, 5, 1)
```

> **NOTE_** 튜플은 불변성을 제외하곤 기본적인 사용법과 연산 방법이 리스트와 동일합니다. 튜플과 리스트를 용도에 맞게 사용할 수 있도록 차이점을 바르게 이해하고 예제를 통해 많은 연습을 하세요.

딕셔너리

리스트와 튜플이 인덱싱을 기반으로 하는 순서가 있는 배열 형태의 자료형이었다면 딕셔너리 dictionary는 key와 value를 한 쌍으로 가지는 해시 hash 형태의 자료형입니다. 데이터를 관리하는 형태가 사전과 비슷해서 딕셔너리라고 합니다. 딕셔너리는 리스트나 튜플처럼 순차적으로 데이터를 검색하지 않습니다. 해당하는 key에 맞는 value만 바로 확인할 수 있습니다. 물론 저장되어 있는 key를 순차적으로 탐색하는 방법도 있습니다.

딕셔너리는 key와 value 한 쌍을 중괄호 {}로 둘러싸고 있으며, 각각의 쌍은 쉼표(,)로 구분하고 있습니다. key에는 숫자(정수, 실수)와 문자열만 사용 가능하며, value에는 데이터의 형태 제한이 없습니다. 딕셔너리 사용법은 다음과 같습니다.

```
딕셔너리명 = { key1: value1, key2: value2, ... }
```

NOTE_ 딕셔너리로 사용되는 key는 한 번 정의되면 변경 불가능합니다. 반면 value는 언제든지 변경 가능합니다.

다음 예제는 회원 1명의 정보(이름, 나이, 이메일)를 딕셔너리로 정의하고 있습니다.

예제 2-27 딕셔너리 기본

```
>>> user1 = {'name': '홍길동', 'age': 30, 'email': 'hong@hanbit.co.kr'}
>>> user1
{'name': '홍길동', 'age': 30, 'email': 'hong@hanbit.co.kr'}
>>> type(user1)   # user1의 타입 확인
<class 'dict'>
```

[예제 2-27]에서 사용한 딕셔너리 변수 user1은 다음 그림과 같은 형태로 저장됩니다.

그림 2-1 딕셔너리 객체 데이터 구성

user1   <class 'dict'>

Key	Value	Type
'name'	'홍길동'	<class 'str'>
'age'	30	<class 'int'>
'email'	'hong@hanbit.co.kr'	<class 'str'>

다음 예제는 key에 문자열을 사용했으며, value에 리스트를 저장하고 있습니다.

예제 2-28 딕셔너리의 키가 문자열

```
>>> dict1 = { 'Kei': [100, 'hi', 4.5] }
>>> dict1['Kei']      # Key가 'Kei'인 Value를 확인
[100, 'hi', 4.5]      # Key가 'Kei'인 Value는 List형
>>> dict1['Kei'][1]   # Key가 'Kei'인 Value(List형)의 1번째 요소 확인
'hi'
```

다음 예제는 key에 숫자를 사용했습니다.

예제 2-29 딕셔너리의 키가 숫자

```
>>> dict2 = { 10 : 'ten' }
>>> dict2[10]   # Key가 10인 Value를 확인
'ten'
```

> **NOTE_** 딕셔너리는 순서 없는 자료형이기 때문에 리스트처럼 인덱스로 value에 접근할 수 없고, key를 이
> 용해 value에 접근해야 합니다. 인덱스를 사용하면 오류가 발생합니다. 딕셔너리의 Key가 숫자인 경우에는
> 인덱스처럼 보이기 때문에 실수할 수 있으니 헷갈리지 않게 주의해야 합니다.

딕셔너리에 새로운 key/value 쌍을 추가하는 방법을 알아봅시다. 딕셔너리의 경우 데이터 쌍
을 추가하는 함수가 따로 존재하진 않고 대괄호를 이용해 원하는 key와 value를 저장하면 됩
니다.

예제 2-30 딕셔너리 데이터 쌍 추가(1)

```
>>> dict3 = { }         # 비어 있는 딕셔너리 생성
>>> dict3['a'] = 'A'    # key가 'a'인 value에 'A'를 저장
>>> dict3['b'] = 'B'    # key가 'b'인 value에 'B'를 저장
>>> dict3
{'a': 'A', 'b': 'B'}
```

이어서 리스트 자료형을 가지는 데이터 쌍을 딕셔너리에 추가해봅시다. 리스트나 튜플처럼 딕
셔너리의 value에도 다양한 형태의 자료형을 추가할 수 있습니다.

예제 2-31 딕셔너리 데이터 쌍 추가(2)

```
>>> dict3[3] = [1, 2, 3]   # key가 3인 value에 리스트 저장
>>> dict3
{'a': 'A', 'b': 'B', 3: [1, 2, 3]}
>>> dict3[4] = {'name': 'Kei', 'age': 35}   # key가 4인 value에 딕셔너리 저장
>>> dict3
{'a': 'A', 'b': 'B', 3: [1, 2, 3], 4: {'name': 'Kei', 'age': 35}}
```

이어서 딕셔너리에 저장되어 있는 데이터 쌍을 하나씩 삭제하는 방법과 모든 데이터 쌍을 한 번에 삭제하는 방법을 알아보겠습니다.

딕셔너리에서 특정 key를 가지는 데이터 쌍을 삭제하기 위해서는 del 키워드를 사용합니다. 딕셔너리가 가지고 있지 않는 key를 이용해 삭제하려 하면 에러가 발생합니다. 다음 예제에는 없지만 한 번 시도해서 어떻게 에러가 나는지 확인해보기 바랍니다. 초심자들은 갖가지 상황에서 에러를 많이 만나봐야 나중에 오류를 최소화할 수 있는 개발 능력이 생깁니다.

모든 데이터 쌍을 한 번에 삭제하기 위해서는 clear() 함수를 사용합니다. 어려운 내용이 아니니 예제를 통해 확인해봅시다.

예제 2-32 딕셔너리 데이터 쌍 삭제

```
>>> del dict3['a']  # key가 'a'인 데이터 쌍 삭제
>>> dict3
{'b': 'B', 3: [1, 2, 3], 4: {'name': 'Kei', 'age': 35}}
>>> del dict3[3]  # key가 3인 데이터 쌍 삭제
>>> dict3
{'b': 'B', 4: {'name': 'Kei', 'age': 35}}
>>> dict3.clear()  # dict3 딕셔너리의 데이터 쌍 모두 삭제
>>> dict3
{}
```

불리언

불리언^{boolean}은 참(True)과 거짓(False)을 나타내는 자료형으로, 해당 조건이 참인지 거짓인지 논리적으로 판별하는 데 사용합니다. 간단하게 불^{bool} 자료형으로 불리기도 합니다. 컴퓨팅 사고에서 매우 중요한 요소이므로 다양한 언어에서 지원하는 자료형입니다. 파이썬에서는 참은 True로, 거짓은 False로 표현합니다. true나 false처럼 첫 문자에 소문자를 사용하면 오류가 발생하니 첫 문자는 항상 대문자를 사용해야 합니다. 예제를 통해 사용 방법을 알아보겠습니다.

예제 2-33 불리언 자료형 사용

```
>>> check = True
>>> uncheck = False
```

```
>>> type(check)
<class 'bool'>
>>> uncheck
False
```

2.2.2 파이썬 제어문

프로그램 내부 코드는 동작 행위와 데이터 상태로 구분되어 있다고 했습니다. 앞서 배운 자료형은 데이터의 상태를 나타내기 위해 사용합니다. 데이터의 상태를 참조하면서 코드의 흐름을 제어해야 우리가 원하는 프로그램을 개발할 수 있습니다. 이 절에서는 어떻게 해야 코드의 진행 흐름을 제어할 수 있을지 배워봅니다.

if 조건문

if 조건문은 해당 조건을 판단했을 때 논리적으로 참(True)인 경우에만 조건문에 포함되어 있는 코드를 수행합니다. 주의할 점은 if 조건문에 포함된 코드들은 들여쓰기해야 됩니다. 파이썬은 다른 언어와 다르게 들여쓰기를 이용해서 조건문에 포함된 코드들을 묶습니다. 이 규칙을 지키지 않으면 오류가 발생합니다. 들여쓰기 횟수는 정해진 게 없지만 해당 코드의 윗라인 앞줄은 반드시 맞춰야 합니다. 조건문 다음에는 반드시 쌍점(:)을 사용해야 합니다. 실수로 빼먹는 경우가 많기 때문에 주의해야 합니다. 이는 조건문뿐만 아니라 다른 제어문에도 적용되는 내용이니 꼭 숙지하기 바랍니다.

```
if 조건1:
    코드          # 조건1이 True인 경우 실행
    코드
elif 조건2:   # 생략할 수 있으며, 조건이 많으면 여러 번 사용 가능
    코드          # 조건2가 True인 경우 실행
    코드
else:         # 다른 조건이 없는 경우 생략 가능
    코드          # if의 모든 조건이 해당되지 않는 경우 실행
    코드
```

조건이 여러 개일 때 if 제어문을 어떻게 사용하는지 예제를 통해 살펴봅시다. 파이썬 인터프리터에서는 if 제어문 내부로 들어갈 때 프롬프트가 ...으로 변합니다. 이때 Tab 키를 눌러 들

여쓰기를 합니다. 마지막으로 Enter 키를 입력하면 if 제어문을 빠져나오는 즉시 실행됩니다. 다른 제어문에서도 동일한 내용이니 실습할 때 주의하세요.

다음은 check 변수가 True일 때 check is true 문자열을 출력하는 예제입니다.

예제 2-34 if 제어문 사용(1)

```
>>> check = True
>>> if check:              # check 변수가 True인지 검사
... Tab print('-' * 13)    # '-' 문자를 13번 출력
... Tab print('check is true')
... Tab print('-' * 13)
... Enter
-------------
check is true
-------------
```

> **NOTE_** 파이썬에서는 곱셈 연산을 이용해서 동일한 문자를 n번 출력할 수 있습니다. 사용자에게 문자열을 출력할 때 많이 사용됩니다.

다음은 check 변수가 False일 때 check is false 문자열을 출력하는 예제입니다.

예제 2-35 if 제어문 사용(2)

```
>>> check = False
>>> if not check:          # check 변수가 False인지 검사
... Tab print('-' * 14)    # '-' 문자를 14번 출력
... Tab print('check is false')
... Tab print('-' * 14)
... Enter
--------------
check is false
--------------
```

check 변수가 True 또는 False인지 검사할 때 == 연산자(같음)나 != 연산자(같지 않음)를 이용할 수도 있습니다.

예제 2-36 if 제어문 사용(3)

```
>>> check = False
>>> if check == False:    # check 변수가 False인지 검사
... Tab print('-' * 14)   # '-' 문자를 14번 출력
... Tab print('check is false')
... Tab print('-' * 14)
... Enter
--------------
check is false
--------------
>>> if check != True:     # check 변수가 True가 아닌지 검사
... Tab print('-' * 14)   # '-' 문자를 14번 출력
... Tab print('check is false')
... Tab print('-' * 14)
... Enter
--------------
check is false
--------------
```

조건을 판별할 때 사용하는 비교 및 논리 연산자는 수학에서 사용하는 기호와 동일하거나 비슷하기 때문에 이해하는 데 어려움이 없을 겁니다. 다음 표에 많이 사용하는 연산자를 정리했습니다.

표 2-3 조건문에 사용하는 연산자

연산자	설명
A == B	A와 B가 동일하면 결과는 True
A != B	A와 B가 동일하지 않으면 결과는 True
A and B	A와 B가 모두 True면 결과는 True
A or B	A와 B 중 하나라도 True면 결과는 True
A	A가 True면 결과는 True
not A	A가 True가 아니면 결과는 True
A > B	A가 B보다 크면 결과는 True
A >= B	A가 B보다 크거나 같으면 결과는 True
A < B	A가 B보다 작으면 결과는 True
A <= B	A가 B보다 작거나 같으면 결과는 True

age 변수가 19 이상일 때와 미만일 때를 구분해서 메시지를 출력하는 예제를 살펴봅시다.

예제 2-37 if 제어문 사용(4)

```
>>> age = 15
>>> if age >= 19:   # 나이가 19세 이상인지 검사
... Tab print('You are an adult')
... else:
... Tab print('You are not an adult')
... Enter
You are not an adult
```

> **NOTE_** 파이썬 인터프리터를 이용해서 실습을 하면 결과를 바로 확인할 수 있는 장점은 있지만 앞의 예제처럼 제어문을 실습하는 경우에는 조건값을 변경해서 다시 실행하기 다소 불편합니다. 따라서 실무에서는 에디터를 별도로 사용합니다. 지금은 여러 번 반복해서 실습하는 것이 공부하는 입장에서 장점이 많기 때문에 조금 불편하더라도 조건값을 다양하게 바꿔가면서 많은 연습을 해보기 바랍니다.

조건이 여러 개인 경우에는 if 조건문 이외에 추가로 elif 조건문을 사용합니다. 제일 처음 if 조건식이 False라면 순차적으로 그다음 elif 조건식을 조사하며 그 결과가 True일 때까지 내려갑니다. 마지막 elif 조건식의 결과에서도 True가 아니라면 else 구문이 처리됩니다. 다음은 점수에 따라 성적을 분류하는 예제입니다.

예제 2-38 if 제어문 사용(4)

```
>>> score = 84
>>> if score >= 90:      # 점수가 90점 이상일 때
... Tab print('Grade A')
... elif score >= 80:    # 점수가 80점 이상, 90점 미만일 때
... Tab print('Grade B')
... elif score >= 70:    # 점수가 70점 이상, 80점 미만일 때
... Tab print('Grade C')
... else:                # 점수가 70점 미만일 때
... Tab print('Grade D')
... Enter
Grade B
```

다음은 거리 구간별로 요금을 측정하는 간단한 예제입니다.

예제 2-39 if 제어문 사용(4)

```
>>> dist = 300
>>> if dist >= 0 and dist <= 50:       # 거리가 0 ~ 50 사이일 때
... Tab print('1000won')
... elif dist > 50 and dist <= 100:    # 거리가 51 ~ 100 사이일 때
... Tab print('2000won')
... else:                              # 거리가 101 이상일 때
... Tab print('Over 3000won')
... Enter
Over 3000won
```

while 반복문

while 반복문은 해당 조건이 거짓(False)이 될 때까지 반복해서 코드를 수행합니다. 즉, 해당 조건이 참(True)인 동안 반복문에 포함된 코드를 반복해서 수행합니다. 이를 루프가 돌고 있다고 표현하기도 합니다. while 반복문 역시 if 제어문처럼 들여쓰기를 이용해 반복할 코드를 구분해줘야 합니다. 다음 절에 나올 for 반복문에서도 동일하게 적용되는 내용이니 꼭 기억하고 있어야 합니다.

```
while 조건:  # 조건이 False가 될 때까지 아래 코드들을 반복적으로 실행
    코드
    코드
    ...
```

while 반복문은 조건이 True인 동안 계속해서 코드를 실행시킨다고 했습니다. 여기서 조건이 False가 되지 않는다면 어떻게 될까요? 이런 경우 무한루프에 빠졌다고 표현합니다. 시스템이 무한루프에 빠지면 컴퓨터 자원이 루프 내용을 처리하는 데 몽땅 쓰여서 시스템이 느려지는 증상을 겪을 수도 있습니다. 따라서 개발자들은 반복문을 사용할 때 무한루프에 빠지지 않도록 신경 써서 개발해야 합니다.

> **NOTE_** 파이썬 인터프리터를 이용해서 반복문을 실습할 때 무한루프에 빠지면 당황하지 말고 Ctrl+C를 눌러 탈출하면 됩니다.

다음은 1부터 10까지의 숫자를 화면에 출력하는 예제입니다.

예제 2-40 while 반복문 사용(1)

```
>>> i = 1
>>> while i <= 10:          # 변수 i가 10 이하인지 검사
... Tab print('i=%d' % i)   # %d가 변수 i의 값으로 치환되어 출력됨
... Tab i = i + 1
... Enter
i=1
i=2
i=3
i=4
i=5
i=6
i=7
i=8
i=9
i=10
```

> **NOTE_** while 반복문 사용 예제의 print( ) 함수에서는 문자열 포매터 **%d**를 사용해서 문자열 출력 시 숫자 데이터로 치환하였습니다. 이를 문자열 포매팅 기능이라고 하며, 문자열 포매터는 변수의 자료형에 맞는 변수 내용을 표현할 수 있는 형식자를 의미합니다. 문자열 내에 정수나 실수, 문자열 등을 손쉽게 삽입할 수 있습니다.

표 2-4 문자열 포매팅 종류

문자열 포매팅	설명
%d	10진수 출력
%x	16진수 출력
%o	8진수 출력
%f	실수 출력
%s	문자열 출력

다음 예제는 사용자가 숫자를 입력해 메뉴를 선택하고, 선택된 메뉴에 따라 메시지를 출력하거나 프로그램을 종료합니다. 예제를 통해 무한루프를 탈출하거나 루프를 계속 진행하는 방법을 확인할 수 있습니다.

예제에는 처음 보는 함수 2개가 들어 있습니다. input( ) 함수는 프롬프트 상에서 사용자의 키보드 입력을 기다립니다. 사용자가 키보드로 입력하면 대기가 풀려버립니다. 이때 input( ) 함수를 통해 입력되는 키보드값은 문자열 데이터입니다. 키보드에서 숫자를 입력하더라도 input( ) 함수는 문자열로 반환합니다. 이를 실제 숫자로 변환해야 하는데 이때 int( ) 함수를 사용합니다. 나머지 부분은 이미 배운 내용입니다. 반드시 실제 키보드로 입력해서 결과를 확인해보기 바랍니다.

예제 2-41 while 반복문 사용(2)

```
>>> while True:   # 무한루프
... Tab print('input number : ')
... Tab menu = int(input())
... Tab if menu == 0: break   # 무한루프 중단
... Tab elif menu == 1: print('number one')
... Tab elif menu == 99:
... Tab Tab continue   # continue는 조건 검사 없이 다음 루프 진행
... Tab elif menu == 2:
... Tab Tab print('number two')
... Tab else:
... Tab Tab print('another number')
... Enter
input number :
1                 # 숫자 1 입력
number one        # menu == 1 조건
input number :
2                 # 숫자 2 입력
number two        # menu == 2 조건
input number :
3
another number    # 숫자 3은 else 조건
input number :
99                # menu == 99 조건. 다음 루프 진행(continue)
input number :
0                 # 숫자 0 입력. menu == 0 조건이라 무한루프 종료(break)
```

for 반복문

조건을 이용해 반복적으로 작업을 수행할 때는 while 반복문을 사용하며, 앞서 배운 리스트나 튜플, 문자열에서 요소를 하나씩 꺼내서 사용할 땐 for 반복문을 사용합니다. 첫 번째 요소부

터 시작해 마지막 요소까지 차례대로 변수에 대입되어 사용됩니다. 기본적인 사용법은 다음과
같습니다.

```
for 변수 in 리스트|튜플|문자열:
    코드
    코드
    ...
```

다음은 리스트 내용을 순차적으로 화면에 출력하는 예제입니다.

예제 2-42 for 반복문 사용

```
>>> numbers = [1, 2, 3, 4, 5]
>>> for n in numbers:
... Tab print(n)
... Enter
1
2
3
4
5
```

range( ) 함수를 이용하면 숫자 리스트를 쉽게 표현할 수 있습니다. 숫자 리스트의 시작과 끝
을 인자로 사용합니다. 인자로 사용되는 시작값을 생략하는 경우 0부터 시작합니다. 예를 들어
range(6)은 0부터 6 미만까지의 숫자를 갖는 range 객체를 만듭니다. 다음은 range( ) 함수
로 만든 숫자 리스트를 for 반복문으로 출력하는 예제입니다.

예제 2-43 range( ) 함수와 for 반복문 사용

```
>>> numbers = range(1, 6)    # 1에서 5까지 리스트 생성
>>> for n in numbers:
... Tab print(n)
... Enter
1
2
3
4
5
```

다음은 좌표(x, y)를 저장하는 리스트를 출력하는 예제입니다. 좌표 리스트의 요소들은 튜플로 표현되어 있는데, 루프를 돌 때마다 각 요소가 자동으로 변수 x, y에 대입됩니다. 이때 꼭 튜플이 아니더라도 여러 개의 요소를 가지는 자료형이면 자동으로 변수에 대입 가능합니다. 다만 요소 수와 자동으로 대입될 변수의 개수는 같아야 합니다.

예제 2-44 여러 개의 변수에 자동 대입되는 for 반복문

```
>>> coord = [ (0, 0), (10, 15), (20, 25) ]
>>> for x, y in coord:
... Tab print(x, y)
... Enter
0 0
10 15
20 25
```

이번엔 앞서 배운 딕셔너리의 데이터 쌍 요소들을 for 반복문을 이용해 출력해봅시다.

우선 딕셔너리의 key 리스트를 만들어봅시다. key 리스트의 경우 딕셔너리 내부의 keys() 함수를 이용합니다. 다음은 user 딕셔너리의 key만 모아서 dict_keys 객체로 반환하는 예제입니다.

예제 2-45 딕셔너리의 keys() 함수

```
>>> user = {'name': 'Kei', 'age': 35, 'nationality': 'Korea'}
>>> user.keys()
dict_keys(['name', 'age', 'nationality'])
```

이제 반환된 dict_keys 객체를 for 반복문으로 출력해봅시다.

예제 2-46 딕셔너리의 key 리스트 출력

```
>>> user = {'ame': 'Kei', 'age': 35, 'nationality': 'Korea'}
>>> for k in user.keys():
... Tab print(k)
... Enter
name
age
nationality
```

딕셔너리의 value 리스트도 만들어봅시다. value 리스트의 경우 딕셔너리 내부의 values() 함수를 이용합니다. 다음은 user 딕셔너리의 value만 모아서 dict_values 객체로 반환하는 예제입니다.

예제 2-47 딕셔너리의 values() 함수 사용

```
>>> user = {'name': 'Kei', 'age': 35, 'nationality': 'Korea'}
>>> user.values()
dict_values(['kei', 35, 'Korea'])
```

이제 반환된 dict_values 객체를 for 반복문으로 출력해봅시다.

예제 2-48 딕셔너리 value 리스트 출력

```
>>> user = {'name': 'Kei', 'age': 35, 'nationality': 'Korea'}
>>> for v in user.values ():
... Tab print(v)
... Enter
Kei
35
Korea
```

마지막으로 딕셔너리의 key/value 데이터 쌍 리스트도 만들어봅시다. 데이터 쌍 리스트의 경우 딕셔너리 내부의 items() 함수를 이용합니다. 다음은 user 딕셔너리의 데이터 쌍을 dict_items 객체로 반환하는 예제입니다.

예제 2-49 딕셔너리의 items() 함수 사용

```
>>> user = {'name': 'Kei', 'age': 35, 'nationality': 'Korea'}
>>> user.items ()
dict_items([('name', 'Kei'), ('age', 35), ('nationality', 'Korea')])
```

이제 반환된 dict_items 객체를 for 반복문으로 출력해봅시다.

```
>>> user = {'name': 'Kei', 'age': 35, 'nationality': 'Korea'}
>>> for k, v in user.items():
... Tab print(k, v)
... Enter
name Kei
age 35
nationality Korea
```

2.2.3 함수

함수란 하나의 기능을 수행하는 코드들의 집합입니다. 반복적으로 수행하는 코드들을 기능 단위로 묶어서 재사용할 수 있도록 구성한 겁니다. 잘 짜인 함수는 단 하나의 목적을 가지며, 함수명으로 그 함수의 역할을 유추할 수 있어야 합니다. 함수를 사용해서 프로그램을 개발하면 코드의 가독성이 좋아져서 유지보수를 손쉽게 할 수 있습니다.

함수는 기본적으로 다음 그림처럼 입력값과 결괏값을 가집니다. 함수는 입력값을 재료삼아 어떤 기능을 수행하며, 해당 기능이 완료되면 결괏값을 반환합니다. 물론 입력값과 결괏값이 없는 함수도 존재합니다.

그림 2-2 함수의 표현

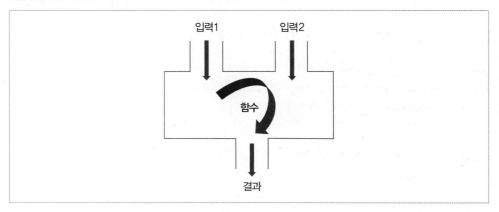

파이썬에서는 3가지 종류의 함수를 사용할 수 있습니다. 우리가 만든 사용자 정의 함수, 시스템에 내장되어 바로 사용할 수 있는 내장 함수, 다른 개발자들이 라이브러리 형태로 모듈화시켜 놓은 외장 함수가 있습니다. 3가지로 분류했지만 기본적으로는 동일한 형태의 함수입니다. 함수를 누가 만들었는지, 시스템에 내장되어 있는지, 외부 라이브러리 형태로 존재하는지에 따라 구분했을 뿐입니다. 이 절에서는 함수를 만드는 방법과 어떤 종류의 외장 및 내장 함수가 있는지 배웁니다.

사용자 정의 함수

사용자 정의 함수란 사용자가 직접 만든 함수를 말합니다. 사실 시스템 내장 함수 및 외장 함수도 따지고 보면 사용자 정의 함수입니다. 그래서 기본적으로 동일한 형태를 가지고 있습니다. 파이썬에서 함수를 어떻게 정의하는지 살펴봅시다. 함수 역시 들여쓰기를 이용해서 함수에 포함된 코드들을 묶으며, 소괄호 ( ) 뒤에 반드시 쌍점(:)을 사용해야 합니다. 앞서 배운 제어 구문과 동일한 규칙입니다. 함수명은 변수명과 동일한 명명 규칙을 가지고 있습니다. 경우에 따라서는 인자와 결괏값을 생략할 수 있습니다.

```
def 함수명(인자):
    코드
    코드
    ...
    return 결괏값
```

다음은 인자 a와 b를 더해 그 결과를 반환하는 예제입니다.

예제 2-51 add( ) 함수 사용

```
>>> def add(a, b):      # 사용자 정의 함수 add 정의
... Tab return a+b      # a+b의 결과를 반환
... Enter
>>> add(10, 20)         # a=10, b=20
30
```

이번에는 결과를 반환하지 않는 함수를 만들어봅시다. 다음 예제는 사용자 정보와 점수를 입력하면 양식에 맞게 화면에 출력하는 함수입니다.

```
>>> def print_user(user, score):  # 사용자 정보와 점수를 출력하는 함수
... Tab print("name : %s" % user['name'])
... Tab print("age : %d" % user['age'])
... Tab print("age : %d" % score)
... Enter
>>> user = {'name': 'Kei', 'age': 35 }  # user 정보 정의
>>> score = 86                          # score 정의
>>> print_user(user, score)
name : Kei
age : 35
score : 86
```

내장 함수

파이썬 시스템에 기본적으로 내장되어 있는 함수를 내장 함수라고 합니다. 이미 탑재되어 있어 별도로 모듈을 import하거나 함수를 정의하지 않아도 사용할 수 있습니다. 모든 종류의 내장 함수를 살펴보긴 힘들고, 이 절에서는 유용한 내장 함수를 선별해서 사용 예제와 함께 소개하 겠습니다. 무조건 외워야 하는 건 아니며 필요할 때마다 찾아보면 됩니다.

• format()

파이썬에서는 2가지 문자열 포매팅 방법을 제공합니다. 앞에서 설명한 %d를 이용한 문자열 포매팅 방법과 이번에 배우게 될 format() 함수를 이용하는 방법입니다. 기본적으로 %d와 동일한 기능을 하며, 변수 타입과 상관없이 중괄호 {}와 순서에 맞는 인덱스만 사용하면 됩니다. 자료형에 맞는 포매터를 사용하지 않아도 되기 때문에 편리합니다.

예제 2-53 format() 함수 사용

```
>>> print('integer : {} / float : {} / string : {}'.format(10, 3.14, "hello"))
integer : 10 / float : 3.14 / string : hello

>>> print('integer : {0} / float : {1} / string : {2}'.format(10, 3.14, "hello"))
integer : 10 / float : 3.14 / string : hello

>>> print('float : {1} / integer : {0} / string : {2}'.format(10, 3.14, "hello"))
float : 3.14 / integer : 10 / string : hello
```

• enumerate()

순서가 있는 자료형(리스트, 튜플, 문자열)을 입력하면 인덱스를 포함한 요솟값을 반환합니다. for 반복문을 이용해 순서가 있는 자료형을 탐색할 때 요솟값만 사용 가능한데, 이때 enumerate() 함수를 사용하면 편하게 인덱스를 활용할 수 있습니다.

예제 2-54 enumerate() 함수 사용

```
>>> numbers = [10, 11, 12, 13, 14]
>>> for idx, value in enumerate(numbers):
... Tab print('index:{} / value:{}'.format(idx, value))
... Enter
index:0 / value:10
index:1 / value:11
index:2 / value:12
index:3 / value:13
index:4 / value:14
```

• str()

입력으로 들어온 데이터를 문자열 객체로 반환합니다.

예제 2-55 str() 함수 사용

```
>>> str(10)  # 숫자 10을 문자열 '10'으로 변환하여 반환
'10'
>>> type(str(10))
<class 'str'>
>>> str("hello")
'hello'
>>> str("hello".upper())
'HELLO'
>>> str("HELLO".lower())
'hello'
>>> str([1,2,3])  # 리스트 [1,2,3]을 문자열 '[1,2,3]'으로 변환하여 반환
'[1,2,3]'
```

• join()

리스트에 포함되어 있는 요소들을 지정한 구분자로 구분해 문자열로 반환하는 함수입니다. 리스트 내 요소들을 문자열로 합칠 때 많이 사용합니다.

예제 2-56 join( ) 함수 사용

```
>>> names = ['Kei', 'Tonny', 'Grace', 'Jenny', 'Jaeyoo']
>>> ','.join(names)
'Kei,Tonny,Grace,Jenny,Jaeyoo'
>>> '/'.join(names)
'Kei/Tonny/Grace/Jenny/Jaeyoo'
```

• split( )

join( ) 함수와 반대로 문자열을 특정 구분자를 기준으로 분리해 리스트로 반환하는 함수입니다.

예제 2-57 split( ) 함수 사용

```
>>> names = ['Kei', 'Tonny', 'Grace', 'Jenny', 'Jaeyoo']
>>> names_str = ','.join(names)
>>> names_split = names_str.split(',')
>>> names_split
['Kei', 'Tonny', 'Grace', 'Jenny', 'Jaeyoo']
```

• id( )

객체를 입력받아 객체의 고유 주솟값(레퍼런스)을 반환하는 함수입니다. 해당 객체가 어떤 주소에 할당되어 있는지 확인하는 용도로 사용합니다. 고유 주솟값은 컴퓨터나 운영체제에 따라 달라질 수 있으니 다음 결과와 다르게 나온다고 실망할 필요는 없습니다.

예제 2-58 id( ) 함수 사용

```
>>> a = 10
>>> id(a)
4379870640
>>> b = a
>>> id(b)
4379870640    # 주소가 동일하기 때문에 a와 b는 동일한 객체
```

• find( )

특정 문자열을 찾기 위해 사용하는 함수입니다. 찾으려는 문자열을 입력받으면 그 문자열의 시작 위치를 반환합니다. 해당 문자열을 찾지 못하면 −1을 반환합니다.

예제 2-59 find() 함수 사용

```
>>> str = "I want to be a great programmer."
>>> str.find("be")  # 'be'의 시작 위치는 10
10
>>> str.find("I")   # 'I'의 시작 위치는 0
0
>>> str.find("i")   # 'i'는 str 변수 안에 없는 문자
-1
```

• **strip()**

주어진 문자열 양쪽 끝의 공백을 제거하는 함수입니다.

예제 2-60 strip() 함수 사용

```
>>> str = " I want to be a great programmer.  "
>>> new_str = str.strip()
>>> new_str
'I want to be a great programmer.'
```

• **filter()**

개별 요소를 반복적으로 셀 수 있는 객체^{iterable object}를 입력받아 각 요소를 함수로 수행한 후 결과가 True인 것만 묶어서 반환합니다. 다음은 숫자 리스트에서 짝수만 필터링하는 예제입니다. filter() 함수를 사용하지 않았다면 다소 복잡하게 구현되었을 예제입니다.

예제 2-61 filter() 함수 사용

```
>>> def is_even(number):
... Tab return number % 2 == 0  # 짝수면 True 반환
... Enter
>>> numbers = range(1, 21)
>>> even_list = list(filter(is_even, numbers))
>>> print(even_list)
[2, 4, 6, 8, 10, 12, 14, 16, 18, 20]
```

NOTE_ list 생성자는 생략 가능한 하나의 인자를 가지며, 인자로 들어온 데이터(객체)를 리스트로 반환해줍니다. 생성자는 클래스에서 배우는 개념이며 아직 배운 적이 없으므로 일종의 함수라고 생각하면 이해하기 쉬울 겁니다.

filter() 함수는 filter 객체 형태로 반환하기 때문에 결과를 리스트 형태로 사용할 수 없습니다. 리스트 형태로 사용하려면 list 생성자를 사용해야 합니다.

• **lambda 키워드**

lambda(람다)는 함수를 생성할 때 사용하는 키워드입니다. 주로 함수를 정의할 때 사용하는 def보다 간결하게 함수를 정의할 수 있으며, 익명 함수이기 때문에 한 번 사용되고 나면 heap 메모리 영역에서 삭제되어 메모리 관리에 효율적인 장점이 있습니다. 함수 내용이 복잡한 경우에는 def 키워드를 이용해 함수를 정의하는 편이 유리하지만 내용과 구성이 간단한 함수의 경우 lambda 함수를 사용하는 것이 편리합니다.

lambda 인자1, 인자2, ..., 인자n: 코드

다음은 인자로 받은 변수 x에 2를 곱하는 lambda 함수와 def로 정의한 함수를 비교한 그림입니다. lambda 함수는 한 줄에 함수 내용을 표현할 수 있어 일반 함수에 비해 표현법이 간편합니다.

그림 2-3 lambda 함수와 일반 함수 비교

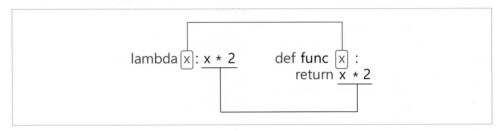

예제를 통해 간단하게 lambda 함수를 사용해봅시다.

예제 2-62 lambda 함수 사용

```
>>> f = lambda x: x*2
>>> f(2)
4
>>> f(4)
8
```

앞서 배운 `filter()` 함수에 lambda 함수를 이용해봅시다. 아래 예제처럼 lamda 함수를 함께 사용할 경우 아주 적은 양의 코드로 같은 효과를 낼 수 있습니다. 이런 부분이 lambda 함수의 큰 장점입니다.

예제 2-63 filter() 함수와 lambda 함수 사용

```
>>> numbers = range(1, 21)
>>> even_list = list(filter(lambda n: n%2==0, numbers))
>>> print(even_list)
[2, 4, 6, 8, 10, 12, 14, 16, 18, 20]
```

• map()

개별 요소를 반복적으로 셀 수 있는 객체를 입력받아 각 요소를 함수로 수행한 후 결과를 묶어서 반환합니다. `map()` 함수는 바로바로 계산하지 않기 때문에 게으른 연산$^{lazy\ evaluation}$을 한다고 합니다. 계산 결괏값이 필요할 때까지 게으름을 피우고 있다가 계산 시점에 오면 계산을 하는 형태죠. 계산이 필요할 때만 메모리를 사용하기 때문에 메모리 절약 효과는 있습니다. 입력된 숫자를 제곱하는 예제를 살펴봅시다.

예제 2-64 map() 함수 사용

```
>>> def square (number):
... Tab return number ** 2   # ** 연산자는 제곱을 의미
... Enter
>>> numbers = range(1, 5)   # 1, 2, 3, 4
>>> square_list = list(map(square, numbers))
>>> print(square_list)
[1, 4, 9, 16]
```

앞서 배운 lambda 함수를 이용해봅시다. [예제 2-64]와 비교해보기 바랍니다.

예제 2-65 map() 함수와 lambda 함수 사용

```
>>> numbers = range(1, 5)
>>> square_list = list(map(lambda x : x**2, numbers))
>>> print(square_list)
[1, 4, 9, 16]
```

외장 함수

전 세계 수많은 파이썬 사용자들이 만들어놓은 함수들을 묶어서 공개하고 있는데, 이를 라이브러리라고 합니다. 파이썬에는 이미 수많은 라이브러리가 존재합니다. 매일 쏟아져 나오는 라이브러리들을 다 알기엔 불가능에 가깝습니다. 따라서 본인이 원하는 라이브러리를 찾아서 활용하는 능력을 길러야 합니다. 사용자가 많은 라이브러리의 경우 문서화가 잘되어 있어서 사용하는 데 큰 문제가 없습니다. 이 절에서는 기본적으로 제공하는 표준 라이브러리의 외장 함수 사용법을 알아봅니다.

외장 함수는 클래스와 모듈 형태로 묶여 있습니다. 클래스와 모듈에 대한 자세한 내용은 다음 절에서 배울 겁니다. 외장 함수를 사용하기 위해서는 import 키워드를 사용하여 해당 모듈을 불러와야 합니다.

```
import 모듈명
```

• sys

sys는 파이썬 인터프리터와 관련된 정보와 기능을 제공하는 모듈입니다. 특히 명령행에서 인수를 전달받기 위해 많이 사용합니다.

다음처럼 명령 프롬프트 상에서 파이썬 프로그램을 실행할 때 인자를 추가할 수 있습니다. 이때 인수의 개수 제한은 없습니다. 시스템 메모리가 허용하는 한 필요한 만큼 사용할 수 있습니다.

```
> python for_test.py 'hello' 10
```

이 값은 sys.argv 리스트에 저장됩니다. 명령행에서 전달받은 인수를 이용해 메시지를 출력하는 방법을 예제를 통해 알아봅시다. 이번에는 파이썬 인터프리터 대신 에디터를 사용하겠습니다. 다음 예제를 작성한 뒤 for_test.py 파일로 저장하세요. 앞서 배운 내용을 활용해서 만든 예제라 이해하는 데 큰 어려움은 없을 겁니다.

```
import sys  # sys 모듈 불러오기

print(sys.argv)         # 시스템 인자로 들어온 리스트 내용 출력
msg = sys.argv[1]       # 'hello'
cnt = int(sys.argv[2])  # 10

for i in range(cnt):
    print(i, msg)
```

> **NOTE_** 이번 예제는 간단하기 때문에 어떤 에디터를 사용하든 상관없습니다. 간단하게 메모장을 사용해도 됩니다. 단, Tab 키나 4개의 공백을 이용해 들여쓰기를 지켜주세요. 파이썬 코딩 스타일 가이드라인(PEP8)에 서는 Tab 키가 아닌 4개의 공백을 권장하고 있습니다.

for_test.py 파일을 저장한 경로로 이동해 아래와 같이 파이썬 프로그램을 실행해봅시다.

▶ 실행 결과

```
> python for_test.py 'hello' 10
['for_test.py', 'hello', '10']  ❶
0 hello
1 hello
2 hello
3 hello
4 hello
5 hello
6 hello
7 hello
8 hello
9 hello
>
```

위 실행 결과에서 ❶번은 sys.argv 리스트를 출력한 결과입니다. 명령 프롬프트 상에서 python 명령 다음부터 시작해 공백 기준으로 나눈 결과가 sys.argv 리스트에 들어갑니다.

파이썬 프로그램을 종료할 때는 sys.exit( )를 입력합니다. 파이썬 인터프리터 상에서 Ctrl + D 를 눌러 종료하는 것과 같은 효과를 가집니다.

예제 2-67 sys.exit( ) 함수 사용

```
>>> import sys
>>> for n in range(100):
... Tab print(n)
... Tab if n == 10:    # n이 10이 되면 프로그램 종료
... Tab Tab sys.exit()
... Enter
0
1
2
3
4
5
6
7
8
9
10
# 프로그램 종료됨
```

• **pickle**

pickle 모듈은 파이썬 객체를 파일로 저장하고 메모리로 읽어올 수 있도록 도와주는 모듈입니다. 객체를 메모리에 저장해놓은 상황에서 프로그램이 종료되면 객체 내용이 다 사라집니다. 프로그램을 재실행시켰을 때도 유지되어야 하는 객체가 있다면 pickle 모듈을 사용해 파일로 저장하고 읽어오면 됩니다. 주로 프로그램 내부에서 사용되는 환경 설정이나 계산 결괏값을 프로그램 종료 후에도 유지시키기 위해 사용합니다.

다음은 pickle 모듈의 dump( ) 함수를 이용해 리스트와 딕셔너리 객체를 파일로 저장하는 예제입니다.

예제 2-68 객체를 파일로 저장하는 예

```
>>> import pickle  # pickle 모듈 임포트
>>> f = open('setting.txt', 'wb')  ❶
>>> setting = [ {'title': 'python program'}, {'author': 'Kei'} ]  ❷
>>> pickle.dump(setting, f)  ❸
>>> f.close()  ❹
```

❶에서는 open( ) 함수를 이용해 setting.txt 파일을 바이너리 쓰기(wb) 모드로 파일을 읽을 수 있는 파일 객체를 반환하고 있습니다. 이때 기존에 setting.txt 파일이 있다면 기존 내용을 덮어씁니다.

❷에서는 프로그램의 설정값이 들어 있는 딕셔너리를 요소로 가지는 리스트를 정의했습니다.

❸에서는 pickle.dump( ) 함수를 이용해 리스트 객체 setting의 내용을 파일 객체 f에 저장하고 있습니다.

❹에서는 파일 객체 f를 닫습니다. 시스템에서는 열 수 있는 파일 수가 한정되어 있기 때문에 파일을 사용한 후에는 반드시 닫아줘야 합니다.

다음은 pickle 모듈의 load( ) 함수를 이용해 파일로 저장되어 있는 리스트와 딕셔너리 객체를 메모리로 읽어와 출력하는 예제입니다.

예제 2-69 파일로 저장된 객체를 읽어오는 예

```
>>> import pickle  # pickle 모듈 임포트
>>> f = open('setting.txt', 'rb')  ❶
>>> setting = pickle.load(f)  ❷
>>> f.close()  ❸
>>> print(setting)  ❹
[{'title': 'python program'}, {'author': 'kei'}]
```

❶에서는 open( ) 함수를 이용해 setting.txt 파일을 바이너리 읽기(rb) 모드로 파일을 제어할 수 있는 파일 객체를 반환하고 있습니다. 이때 이전 예제에서 바이너리 모드로 파일을 기록했기 때문에 반드시 바이너리 모드로 읽어야 오류가 발생하지 않습니다.

❷에서는 pickle.load( ) 함수를 이용해 setting.txt 파일에 저장되어 있는 객체 정보를 읽어와 setting 변수에 객체를 생성합니다.

❸에서는 파일 객체 f를 닫습니다. 파일 객체는 사용 후 반드시 닫아줘야 합니다.

❹에서는 파일에서 읽어온 객체를 출력합니다.

• time
time 모듈은 시스템이 제공하는 시간과 관련된 유용한 함수들을 포함하고 있습니다. 시간을 다루는 방식은 지역이나 시스템에 따라 다르기 때문에 어떤 환경에서 실행하느냐에 따라 결과

가 조금씩 다를 수 있습니다. time 모듈 내에는 많은 함수가 존재하지만 이 책에서는 몇 가지 유용한 함수만 알아보겠습니다.

다음 예제에서는 time 모듈의 time( ) 함수를 이용해 현재 시간을 구해옵니다. 이때 UTC Universal Time Coordinated (협정 세계 표준시) 시간대를 사용해 현재 시간을 실수 형태로 반환해줍니다. 즉, 1970년 1월 1일 0시 0분 0초를 기준으로 경과한 시간을 초 단위로 반환해줍니다.

예제 2-70 time.time( ) 함수 사용

```
>>> import time   # time 모듈 임포트
>>> time.time()
1580399999.2832088
>>> time.time()
1580400010.742097   # 시간이 지날수록 계속 증가
```

time 모듈의 localtime( ) 함수는 time( ) 함수에서 반환된 실수 형태의 초 데이터를 UTC 기준의 struct_time 객체로 변환해줍니다. 인자가 없는 경우에는 현재 시간을 기준으로 반환합니다.

예제 2-71 time. localtime( ) 함수 사용

```
>>> import time   # time 모듈 임포트
>>> time.localtime(time.time())
time.struct_time(tm_year=2020, tm_mon=1, tm_mday=31, tm_hour=1, tm_min=2, tm_
sec=23, tm_wday=4, tm_yday=31, tm_isdst=0)
```

time 모듈의 strftime( ) 함수를 이용하면 우리가 원하는 형태로 날짜와 시간을 출력할 수 있습니다. 인자로는 시간과 관련된 포매팅과 localtime( ) 함수의 결괏값인 struct_time 객체를 사용합니다.

```
time.strftime('시간 포매팅', time.localtime(time.time()))
```

다음은 시간 포매팅 문자를 이용해 우리가 원하는 형태로 날짜와 시간을 출력하는 예제입니다.

예제 2-72 time.strftime() 함수 사용

```
>>> import time  # time 모듈 임포트
>>> lt = time.localtime(time.time())  ❶
>>> time.strftime('%Y/%m/%d %H:%M:%S', lt)  ❷
'2020/02/03 12:06:27'
```

❶에서는 현재 시간 정보를 UTC 기준의 struct_time 객체로 저장합니다.

❷에서는 time.strftime() 함수를 이용해 '년/월/일 시간(24H):분:초' 문자열 형태로 반환하고 있습니다.

다음은 strftime() 함수에 사용되는 시간 관련 포매팅 문자를 정리한 표입니다.

표 2-5 시간 관련 포매팅 문자

포매팅	설명	예
%Y	연도	2020
%m	월	01 ~ 12
%d	날짜	01 ~ 31
%B	월	January
%b	월(축약)	Jan
%A	요일	Monday
%a	요일(축약)	Mon
%H	24시간제 출력 형태	00 ~ 23
%l	12시간제 출력 형태	01 ~ 12
%p	AM 또는 PM	AM, PM
%M	분	00 ~ 59
%S	초	00 ~ 59

• **random**

random 모듈은 난숫값을 생성하는 기능과 다양한 랜덤 관련 함수를 제공하고 있습니다. 랜덤 함수는 어떤 조건을 임의로 선택하거나 데이터를 임의로 초기화할 필요가 있을 때 많이 사용합니다.

random 모듈의 random() 함수를 사용하면 0에서 1 사이의 실숫값을 랜덤으로 반환합니다. 랜덤 함수이기 때문에 실행될 때마다 결과가 다르게 나옵니다.

예제 2-73 random.random() 함수 사용

```
>>> import random  # random 모듈 임포트
>>> random.random()
0.9613930584522413
>>> random.random()
0.3872135580785344
```

random 모듈의 uniform() 함수를 사용하면 임의로 생성되는 실수의 범위를 정할 수 있습니다. 다음 예제는 1에서 2 미만의 실숫값을 랜덤으로 반환합니다. 여기서 uniform() 함수의 두 번째 인잣값은 난수 생성 범위에 들어가지 않습니다.

예제 2-74 time.uniform() 함수 사용

```
>>> import random   # random 모듈 임포트
>>> random.uniform(1, 2)  # 1 <= random < 2
1.2968817774460846
>>> random.uniform(1, 2)
1.3555274612252985
```

random 모듈의 randint() 함수는 2개 인자로 난수 범위를 지정해서 정수 난수를 생성합니다. uniform() 함수와 다르게 두 번째 인잣값이 난수 생성 범위에 들어갑니다. 다음 예제는 1에서 5 사이의 정수를 랜덤으로 반환합니다.

예제 2-75 time.uniform() 함수 사용

```
>>> import random   # random 모듈 임포트
>>> random.randint(1, 5)  # 1 <= random <= 5
5
>>> random.randint(1, 5)
2
```

2.2.4 클래스

객체지향 언어에서는 객체를 생성하기 위해 언어 차원에서 클래스를 지원합니다. 프로그램을 개발할 때 유사한 기능을 묶어 객체 단위로 해석하면 프로그램 복잡도를 크게 낮출 수 있는 장

점이 있습니다. 파이썬도 객체지향 언어이므로 클래스 문법을 제공하고 있습니다. 클래스를 설명하다 보면 객체와 인스턴스 이야기를 많이 하게 됩니다. 클래스가 메모리에 올라간 형태를 객체 또는 인스턴스라고 하거든요. 그럼 객체와 인스턴스를 간단하게 살펴봅시다.

파이썬에서 사용하는 모든 자료형은 객체입니다. 여기서 객체란 무엇일까요? 프로그램 내부 코드는 상태와 동작 행위로 구성되어 있다고 했습니다. 이때 데이터 상태와 동작 행위를 가지는 코드 그룹을 객체라고 합니다. 이러한 객체는 메모리에 적재되어야 사용할 수 있으며, 보통 하나의 객체는 어떤 문제를 해결하기 위해 동일한 목적을 갖는 상태와 동작 행위를 가지고 있습니다. 이런 객체를 이용해 프로그래밍하는 방법론을 객체지향 프로그래밍이라고 합니다. 객체가 어떤 클래스를 나타내는 경우엔 인스턴스instance라고 부릅니다. 언어에 따라서는 객체와 인스턴스를 혼용해서 사용하는 경우도 있으며, 넓은 의미에서 객체는 인스턴스를 포함하고 있습니다. 파이썬에서는 모든 데이터를 객체object로 보고 있으며, 모든 객체는 어떤 기능을 하는 클래스의 인스턴스입니다. 즉, 파이썬에서 생성하는 모든 객체는 인스턴스입니다.

인스턴스를 만들기 위해서는 어떻게 해야 할까요? 클래스를 사용하면 됩니다. 클래스는 인스턴스를 만들기 위해 필요한 설계도라 생각하면 편리합니다. 다음과 같이 클래스를 정의하기 위해서는 class 키워드를 사용하며, 내부에 메서드와 인스턴스 변수를 정의해서 사용할 수 있습니다. 앞에서 배웠던 함수 정의 방법과 거의 동일해 어려운 부분이 없을 겁니다.

```
class 클래스명:
    ...
```

NOTE_ 이번 예제부터는 파이썬의 인터프리터를 사용해 실습하기엔 많이 불편합니다. 따라서 앞으로는 에디터를 사용해 실습을 진행하겠습니다. 예제에서도 굳이 Tab 과 Enter 표기를 하지 않겠습니다. 이점 유의하세요. 에디터는 여러분이 익숙한 것을 사용하면 됩니다. 익숙한 에디터가 없는 경우 부록 A.6 'PyCharm 설치 및 프로젝트 생성'을 살펴보고 실습을 진행해주세요.

챗봇 기능을 흉내 낸 간단한 객체를 클래스를 이용해서 만들어보겠습니다. 이 객체는 간단한 메서드를 통해 인사 메시지와 챗봇 이름을 출력하는 기능을 갖고 있습니다. 간단하지만 클래스 정의에 가장 기본이 되는 예제이기 때문에 반드시 이해해야 합니다.

```python
# 챗봇 클래스
class Chatbot :     ❶
  def sayHello(self):    ❷
    print("say hello")

  def sayMyName(self):    ❸
    print("My name is Kbot :D")

# 챗봇 인스턴스 생성
chatbot = Chatbot()    ❹
chatbot.sayHello()     ❺
chatbot.sayMyName()    ❻
```

❶에서는 Chatbot이라는 클래스를 정의합니다. 보통 클래스명의 첫 글자는 대문자를 사용합니다. 일반 변수와 구분을 쉽게 하기 위해 예전부터 사용하던 규칙입니다.

❷에서는 'say hello' 문자열을 출력하는 메서드를 정의합니다. 클래스의 메서드를 정의할 때는 함수를 정의할 때와 마찬가지로 def 키워드를 사용합니다. 다만 첫 번째 인자로 반드시 self 키워드를 사용해야 합니다. self 키워드를 자세히 다루는 것은 이 책의 주제와 맞지 않습니다. 클래스 내부의 메서드를 정의할 때 첫 번째 인자로 self 키워드를 사용해야 한다는 정도만 알고 있어도 크게 문제되지 않습니다. 클래스 자신(self)이 갖고 있는 메서드 정도로 이해하세요.

❸에서는 'My name is Kbot :D' 문자열을 출력하는 메서드를 정의합니다.

❹에서는 Chatbot 클래스의 인스턴스를 생성합니다.

❺에서는 ❷에서 정의한 sayHello() 메서드를 호출합니다. 생성된 인스턴스에서 점(.)을 사용해 원하는 메서드를 호출합니다.

❻에서는 ❸에서 정의한 sayMyName() 메서드를 호출합니다.

[예제 2-76]의 결과는 다음과 같습니다.

▶ 챗봇 객체 생성 결과

```
say hello
My name is Kbot :D
```

생성자 및 소멸자

파이썬에서는 인스턴스가 생성될 때 자동으로 호출되는 생성자^{constructor}라는 메서드를 제공합니다. 생성자 메서드명은 사용자가 임의로 변경할 수 없으며, 생성자 메서드로 __init__을 사용합니다. 생성자는 인스턴스가 생성되는 시점에 실행되기 때문에 해당 객체를 동작시키기 위한 사전 작업을 하게 됩니다. 다음은 생성자를 사용하는 방법입니다.

```
class 클래스명:
  def __init__(self, 인자, ...):
    ...
```

> **NOTE_** 생성자 메서드 __init__에서는 밑줄 문자(underscore)를 양 옆에 두 개씩 사용합니다.

파이썬은 인스턴스가 소멸될 때 자동으로 호출되는 메서드도 제공합니다. 소멸자^{destructor}라고 부르며 생성자와 마찬가지로 메서드명이 정해져 있습니다. 소멸자 메서드로 __del__을 사용하며, 생성자와 다르게 인자를 사용할 수 없습니다. 인스턴스 객체가 소멸되는 시점에 호출되기 때문에 주로 객체가 사용하고 남은 메모리를 깨끗하게 청소하는 작업을 합니다. 다음은 소멸자를 사용하는 방법입니다.

```
class 클래스명:
  def __del__(self):  # 소멸자는 인자를 추가할 수 없음
    ...
```

다음은 생성자와 소멸자의 동작을 확인할 수 있는 예제입니다.

예제 2-77 생성자 및 소멸자 호출

```
class SimpleObj:
  def __init__(self):  ❶
    print('call __init__()')

  def __del__(self):  ❷
    print('call __del__()')

obj = SimpleObj()  ❸
print('obj instance is alive...')
del obj  ❹
```

❶에서는 SimpleObj 클래스의 생성자를 정의합니다. 즉, 인스턴스가 생성될 때 call __init__( )
문자열을 출력합니다.

❷에서는 SimpleObj 클래스의 소멸자를 정의합니다. 즉, 인스턴스가 소멸될 때 call __del__( )
문자열을 출력합니다.

❸에서는 SimpleObj 클래스의 인스턴스를 생성합니다. 이때 ❶의 생성자가 호출됩니다.

❹에서는 obj 인스턴스를 메모리에서 해제합니다. del 키워드를 이용해 해당 인스턴스 객체를
해제할 수 있습니다. 인스턴스가 메모리에서 해제될 때 객체가 소멸되는데 이때 소멸자가 호출
됩니다.

[예제 2-77]의 결과는 다음과 같습니다.

▶ 생성자 및 소멸자 호출 결과

```
call __init__()
obj instance is alive...
call __del__()
```

메서드와 인스턴스 변수

클래스는 메서드와 인스턴스 변수로 구성되어 있습니다. 메서드를 통해 객체의 행동을 정의하
고 인스턴스 변수를 이용해 객체의 상태를 표현할 수 있습니다. 앞서 배운 함수와 변수의 개념
과 동일하기 때문에 클래스 내부에서 사용되는 함수는 메서드, 클래스 안에서 전역적으로 사용
되는 변수는 인스턴스 변수라고 생각해도 큰 무리가 없습니다.

> **NOTE_** 클래스 내부에 선언된 함수를 메서드라고 부릅니다. 보통 함수가 메서드보다 포괄적인 의미를 가
> 지고 있기 때문에 혼용해서 사용하기도 합니다. 이 책에서도 혼용해서 사용하니 헷갈리지 않기 바랍니다.

메서드는 일반 함수와 동일하게 def 키워드를 사용해 정의하며, 인자를 사용하는 방식도 동일
합니다. 다만 인스턴스 객체가 갖고 있는 메서드에 접근하기 위해 첫 번째 인자는 반드시 self
키워드를 사용해야 합니다.

```
class 클래스명:
    def 메서드명(self, 인자):
        코드
        코드
        ...
```

인스턴스 변수는 한 번 선언되면 클래스의 모든 메서드에서 사용할 수 있으며, 다음과 같이 self 키워드를 붙여 선언합니다.

```
self.변수명 = 초깃값
```

다음은 사칙 연산을 수행하는 객체 예제입니다. 생성자는 어떤 역할을 하는지, 메서드와 멤버 변수는 어떻게 사용되는지 신경 쓰면서 실습해주세요.

예제 2-78 사칙 연산 클래스

```
class Calc:    # 사칙 연산 클래스
    def __init__(self, init_value):    ❶
        self.value = init_value    ❷

    def add(self, n):    ❸
        return self.value + n    ❹

    def sub(self, n):
        return self.value - n

    def mul(self, n):
        return self.value * n

    def div(self, n):
        return self.value / n

cal = Calc(100)    ❺
print("value = {0}".format(cal.value))    ❻

a = cal.add(100)
b = cal.sub(50)
c = cal.mul(2)
d = cal.div(2)

print("a={0}, b={1}, c={2}, d={3}".format(a, b, c, d))
```

❶에서는 Calc 클래스의 생성자를 정의합니다. 생성자 역시 메서드이므로 일반 함수와 같은 특성을 가집니다. 유의해야 할 점은 앞서 설명했듯이 메서드는 반드시 첫 번째 인자로 self 키워드를 사용해야 합니다. self 키워드를 첫 번째 인자로 사용하지 않으면 클래스는 내부에 존재하는 메서드로 인식할 수 없습니다.

❷는 생성자 함수 내부며, 생성자에서 받은 인자로 인스턴스 변수를 초기화합니다. 인스턴스 변수 역시 메서드와 마찬가지로 클래스 내부에 소속되어 있습니다. 따라서 인스턴스 변수로 사용하기 위해서는 self 키워드를 사용해야 합니다. 클래스의 인스턴스 변수로 선언하면 동일 클래스의 모든 메서드에서 자유롭게 사용할 수 있습니다.

❸에서는 덧셈 메서드를 정의했습니다. 이 함수도 Calc 클래스의 메서드이기 때문에 첫 번째 인자로 self 키워드를 사용했습니다.

❹는 덧셈 메서드 내부며, 인스턴스 변수 self.value에 인자로 받은 변수 n의 값을 더해서 반환하고 있습니다. self.value는 인스턴스 변수이기 때문에 덧셈 메서드에서 정의하지 않아도 사용할 수 있습니다.

❺에서는 Calc 클래스의 인스턴스를 생성하면서 인자로 초깃값 100을 입력했습니다. 입력받은 초깃값 100은 ❶에서 정의한 생성자의 인자 init_value에 저장됩니다. 여기서 주의할 점은 입력받은 초깃값이 첫 번째 인자 self에 저장되는 것이 아니라 두 번째 인자 init_value에 저장된다는 겁니다. self는 인스턴스 내부에서 자신을 참조하기 위해 사용하는 용도이기 때문에 실제로 인스턴스 메서드를 호출할 때 사용하는 값은 두 번째 인자부터 저장됩니다. 다른 메서드들도 동일하게 적용되는 내용이니 꼭 기억해두세요.

❻에서는 calc 인스턴스 변수 value의 값을 format() 함수를 이용해 출력합니다. 인스턴스 메서드를 호출하듯이 점(.)을 사용하면 인스턴스 변수에 접근 가능합니다.

나머지 부분은 ❶~❻에서 설명한 내용과 비슷하기 때문에 설명을 생략하겠습니다. 예제 코드와 결과를 직접 비교 확인해보세요.

[예제 2-78]의 결과는 다음과 같습니다.

▶ 사칙 연산 클래스 예제 결과

```
value = 100
a=200, b=50, c=200, d=50.0
```

2.2.5 모듈

모듈이란 여러 가지 함수나 클래스 등을 기능이나 목적별로 모아놓은 파일입니다. 만들어진 모듈은 다양한 프로그램에서 라이브러리 형태로 사용할 수 있으며, 앞서 예제를 실습하면서 이미 사용해보았습니다. 모듈을 만드는 이유는 무엇일까요? 간단한 프로그램일 때는 문제가 없겠지만, 하나의 프로그램 파일에 함수나 클래스를 너무 많이 작성하면 코드가 복잡해집니다. 그러면 유지보수 측면에서 문제가 발생합니다. 따라서 실무에서는 함수나 클래스를 목적이나 기능별로 묶어 모듈화시킵니다. 모듈화된 기능은 재사용하기 쉽기 때문에 중복 코드 문제도 자연스럽게 해결됩니다. 파이썬은 다른 언어에 비해 좋은 모듈이 많이 공개되어 있으므로 인기가 많습니다. 이 절에서는 모듈을 직접 만들어서 사용하는 방법을 알아보겠습니다.

사칙 연산을 수행하는 함수들을 묶은 모듈을 만들어봅시다. 모듈을 만들기 위해서는 파일을 따로 생성해야 합니다. 여기서 생성한 파일명은 모듈명으로 사용됩니다.

> **NOTE_** 모듈을 만들 때는 같은 목적을 가진 함수나 클래스들을 묶어서 모듈명을 결정해야 합니다. 모듈의 이름을 보고 해당 모듈의 기능을 유추할 수 있어야 좋은 모듈입니다. 만약 모듈에 관련 없는 함수가 들어 있으면 사용하는 입장에서 헷갈릴 수도 있습니다. 앞서 살펴본 random 모듈의 경우 이름만 봐도 어떤 기능을 하는 모듈인지 어떤 함수들이 들어 있을지 예상할 수 있습니다.

우리는 덧셈, 뺄셈, 곱셈, 나눗셈을 하는 함수들을 묶어놓은 모듈을 만들려고 합니다. 계산에 관련된 함수들을 모아놓았기 때문에 모듈명은 calc로 하겠습니다. 다음 소스 코드를 작성 후 calc.py 파일로 저장하세요.

예제 2-79 calc 모듈(calc.py)

```
# calc.py - calc 모듈 파일

# 덧셈 함수
def add(a, b): return a + b

# 뺄셈 함수
def sub(a, b): return a - b

# 곱셈 함수
def mul(a, b): return a * b

# 나눗셈 함수
def div(a, b): return a / b
```

이제 만들어진 모듈을 불러와 사용하는 방법을 알아봅시다. 이전 예제에서 다른 모듈을 불러왔을 때와 동일하게 import 키워드를 사용합니다. 다만 우리가 직접 만든 모듈이므로 모듈 파일과 실행하는 소스 파일이 동일한 경로에 있어야 합니다. 만약 다른 경로에 있다면 import할 때 경로를 지정해야 합니다. 다음 코드는 main.py입니다. calc.py 파일과 같은 경로에 작성한 뒤 실행합니다.

예제 2-80 calc 모듈 사용

```
# main.py
import calc  # calc 모듈을 불러옴. main.py와 같은 경로에 있어야 함

a = calc.add(10, 20)  # calc 모듈의 add 함수
print("add = {}".format(a))
b = calc.mul(10, 2)   # calc 모듈의 mul 함수
print("mul = {}".format(b))
```

다음은 calc 모듈의 함수를 호출한 결과를 보여주고 있습니다.

▶ main.py 실행 결과

```
add = 30
mul = 20
```

모듈의 함수를 호출할 때 모듈 지정 없이 함수만 호출하고 싶을 때가 있습니다. 즉, 위 예제에서 calc.add( ) 대신 모듈명 없이 add( )만 사용하고 싶을 때는 어떻게 해야 할까요? 다음과 같이 from 키워드와 import 키워드를 함께 사용하면 됩니다.

• **모듈에서 불러올 함수를 직접 지정하는 방법**

프로그램에서 모듈 함수를 지정해서 사용할 경우 다음과 같이 사용할 함수를 명시해줍니다. 사용할 모듈 함수만 지정하기 때문에 메모리나 불러오는 속도 면에서 장점이 있습니다.

```
from 모듈명 import 함수명, 함수명, ...
```

• **모듈에서 모든 함수를 불러오는 방법**

모듈 내 모든 함수를 사용하거나 어떤 함수를 사용할지 모르는 경우에는 다음과 같이 사용하면 됩니다.

```
from 모듈명 import *
```

앞의 예제를 from, import 키워드를 이용해 다시 작성해봅시다. 소스 파일명은 main1.py로 하겠습니다. 실행 결과는 앞의 예제와 동일합니다.

예제 2-81 calc 모듈 사용

```
# main1.py
# calc 모듈에서 add, mul 함수만 불러옴. main1.py와 같은 경로에 있어야 함
from calc import add, mul

a = add(10, 20)   # calc 모듈의 add 함수
print("add = {}".format(a))
b = mul(10, 2)    # calc 모듈의 mul 함수
print("add = {}".format(b))
```

2.2.6 예외 처리

프로그램을 개발하다 보면 다양한 에러를 만날 수 있습니다. 파이썬에서는 에러가 발생하는 예외 상황을 처리할 수 있는 방법을 제공하고 있습니다. 현업에서는 경험 많은 개발자일수록 프로그램 코드의 예외 처리 능력이 뛰어납니다. 그만큼 프로그램을 안정되게 동작시킬 수 있는 노하우가 있다는 이야기죠. 기본적인 오류 처리만 잘해도 예외 상황으로 프로그램이 죽어버리는 현상을 많이 줄일 수 있습니다. 파이썬에서는 이런 예외 처리를 할 수 있도록 try-except 구문을 문법적으로 제공하고 있습니다. 다음은 try-except 구문의 기본 구조입니다.

```
try:
    ...
except 오류 사항 as 오류 메시지 변수:
    ...
finally:
    ...
```

try 구문 안에 오류 발생 가능성이 있는 코드를 사용합니다. 만약 try 구문 안에 들어 있는 코드에서 예외가 발생하면 그 즉시 except 구문으로 코드 흐름이 점프하게 됩니다. 보통 except 구문에는 예외가 발생했을 때 예외 처리를 할 수 있는 코드가 들어 있습니다. finally 구문은

try 구문 수행 도중 예외 발생 여부와 상관없이 항상 실행되기 때문에 리소스 해제를 위해 많이 사용합니다. 리소스 해제가 필요 없는 경우에는 finally 구문을 생략할 수 있습니다. 다음 그림은 try 구문 안에서 오류 없이 정상적으로 수행될 때와 수행 도중 오류가 발생했을 때 코드 흐름이 어떻게 흘러가는지 보여줍니다.

그림 2-4 예외 처리 코드 흐름

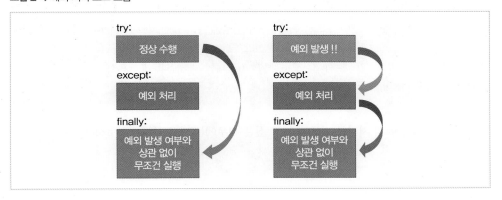

> **NOTE_** try 구문 내에 파일(리소스)을 읽고 쓰는 코드가 있다고 가정합시다. 만일 예기치 못한 오류가 발생하면 파일(리소스)이 열린 채로 except 구문으로 넘어가게 됩니다. 이때 finally 구문을 사용해 파일(리소스)을 닫지 않으면 메모리 누수가 발생합니다. 따라서 리소스를 사용하는 경우에는 반드시 finally 구문에 리소스를 반납하거나 해제하는 코드를 작성해야 합니다.

다음 예제는 어떤 숫자를 0으로 나눴을 때 발생하는 오류를 처리하는 가장 기본적인 방법을 보여줍니다.

예제 2-82 division by zero 예외 처리

```
try:
    a = 10
    b = 0
    c = a / b   # 0으로 나눌 수 없다.
    print(c)
except Exception as e:
    print(e)
```

10을 0으로 나눌 수 없기 때문에 파이썬에서는 예외를 발생시킵니다. 오류 메시지 변수인 e를 통해 오류 내용을 확인할 수 있습니다.

▶ division by zero 예외 처리 결과

```
division by zero
```

> **NOTE_** 숫자값을 0으로 나눌 경우 실제로 ZeroDivisionError 예외가 발생합니다. 파이썬에 존재하는 모든 예외는 Exception에서 파생되었습니다. 그러므로 최상위 오류 내용인 Exception을 사용하면 모든 오류 내용의 예외 처리가 가능합니다. 오류 내용에 따라 예외 처리를 다르게 하고 싶은 경우가 아니라면 Exception을 사용하면 편리합니다.

오류 내용에 따라 예외 처리를 다르게 하고 싶은 경우에는 다음 예제처럼 except 구문을 여러 개 사용합니다.

예제 2-83 여러 개의 예외 처리

```
try:
    a = 10
    b = 'zero'  # 'zero'를 0으로 바꾸고 실행하면 예외 처리가 달라집니다.
    c = a / b
except ZeroDivisionError as e:
    print(e)
except TypeError as e:
    print(e)
```

정수형(int) 10을 문자열 'zero'로 나눌 수 없기 때문에 TypeError 예외가 발생합니다. 변수 b에 'zero' 대신 숫자 0을 넣어 실습해보세요.

▶ 여러 개의 예외 처리 결과

```
unsupported operand type(s) for /: 'int' and 'str'
```

마지막으로 리소스를 사용할 때 예외 처리를 어떻게 해야 하는지 살펴봅시다. 이번 예제는 이전에 배운 내용을 기반으로 파일을 안전하게 사용하고 해제하는 방법을 보여줍니다. 리스트 데이터를 파일에 저장할 때 예상치 못한 에러가 발생하면 오류 내용을 출력하고 파일을 안전하게 닫는 코드입니다. finally 구문에서 파일을 닫기 때문에 에러 발생 없이 정상적으로 pikle.
dump() 함수 수행이 완료되어도 문제가 없습니다.

예제 2-84 파일을 안전하게 사용하는 예

```python
import pickle

f = open('setting.txt', 'wb')
try:
    setting = [ {'title': 'python program'}, {'author': 'Kei'} ]
    pickle.dump(setting, f)
except Exception as e:
    print(e)
finally:
    f.close()
```

2.2.7 엑셀 파일을 읽고 쓰는 방법

챗봇을 똑똑하게 만들려면 데이터 학습이 필요합니다. 추후 다시 설명할 것이지만 챗봇 엔진은
입력되는 질문에 맞는 답변을 채택하기 위해 사전에 학습 데이터가 데이터베이스에 저장되어
있어야 합니다. 챗봇의 학습 데이터를 데이터베이스에 저장하기 위해 학습 프로그램을 만드는
것도 좋지만 우리는 간편하게 정해진 엑셀 양식에 질문과 답변을 정리해서 데이터베이스에 저
장할 것입니다. 또한 이미 학습된 데이터를 덤프 뜨거나 어떤 작업의 보고서를 만들 때 엑셀 형
태로 저장하면 데이터를 해석할 때 엑셀 기능을 다양하게 활용할 수 있습니다. 따라서 파이썬
에서 엑셀 파일을 읽고 쓰는 방법을 반드시 알아야 합니다.

> **NOTE_** 여기서는 파이썬으로 엑셀 파일의 내용을 읽고 쓰는 방법을 살펴봅니다. 학습 데이터를 데이터베
> 이스에 저장하는 방법은 7장에서 설명할 겁니다.

다행히 파이썬에서 간단한 방법으로 엑셀 파일을 다룰 수 있게 하는 오픈소스 모듈이 많이 존
재합니다. 그중에서 문서화가 잘되어 있으며 많은 사용자를 보유하고 있는 모듈인 OpenPyXL
라이브러리를 살펴보겠습니다. OpenPyXL 모듈을 사용하면 엑셀 2010 파일(xlsx, xlsm, xltx,
xltm)을 읽고 쓸 수 있습니다. 하지만 OpenPyXL 모듈은 파이썬에서 기본적으로 제공하지 않
기 때문에 모듈을 직접 설치해야 합니다. 라이브러리 설치 방법은 부록을 참조하세요.

엑셀 파일을 읽고 쓸 수 있는 다른 라이브러리와 마찬가지로 OpenPyXL 모듈에서도 엑셀 문서 구조에 대한 용어를 많이 사용합니다. OpenPyXL 모듈 내 함수를 잘 사용하기 위해서는 엑셀 문서 구조를 파악할 필요가 있습니다. 엑셀 문서 구조는 다음 그림과 같습니다. 워크북^{Workbook}은 엑셀 문서를 의미합니다. 워크북은 하나 이상의 워크시트^{Worksheet}를 가지고 있으며, 파일명이 워크북의 이름이 됩니다. 워크시트는 데이터를 입력할 수 있는 셀^{cell}이 열^{column}과 행^{row} 형태로 구성되어 있는 엑셀 시트입니다. 또한 현재 활성화되어 있는 워크시트인 경우 액티브^{active} 시트 라고 합니다.

그림 2-5 엑셀 문서 구조

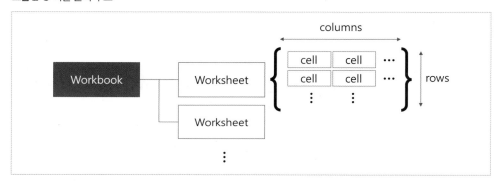

OpenPyXL로 엑셀 파일 읽기

OpenPyXL 모듈을 사용해 예제로 제공된 엑셀 파일을 읽어와 출력하는 방법을 살펴봅시다. 예제로 제공된 sample.xlsx 파일의 엑셀 내용은 다음과 같습니다.

그림 2-6 엑셀 예제 파일 내용

	A	B	C
1	이름	나이	전화번호
2	Kei	35	1234-1234
3	Hong	26	4320-1420
4	Kim	41	1234-5678
5	Choi	38	4023-3411
6	Go	27	1469-4023
7			

Sheet1

[그림 2-6]에서 워크북의 이름은 'sample'이며, 하나의 워크시트와 3개의 열과 6개의 행으로 구성된 셀이 존재하고 있으며, 'Sheet1'이 액티브 시트입니다. 이번 예제를 통해 워크북 내의 워크시트 셀에 어떻게 접근해서 데이터를 활용할 수 있는지 알아봅니다. 제공된 예제 엑셀 파일과 동일한 위치에 load_xls.py 파일을 생성하세요.

예제 2-85 엑셀 파일의 특정 셀 내용 읽어오기

```
import openpyxl  # openpyxl 모듈 불러오기

wb = openpyxl.load_workbook('./sample.xlsx')  ❶
sheet = wb['Sheet1']  ❷
print(sheet.max_column, sheet.max_row)  ❸
print(sheet.cell(row=1, column=1).value)  ❹
print(sheet.cell(row=2, column=1).value)  ❺
wb.close()  ❻
```

❶ 예제로 제공된 엑셀 파일을 열어 워크북 인스턴스 객체로 저장합니다.

❷ 읽어온 워크북 객체에서 워크시트 이름을 인덱스로 사용해 워크시트 인스턴스 객체를 가져옵니다.

❸ 워크시트에 저장되어 있는 열과 행의 크기를 출력합니다. 이는 [그림 2-6]에서 볼 수 있듯이 저장되어 있는 셀의 크기를 의미합니다.

❹ 워크시트 객체 cell( ) 함수를 이용해 (1, 1) 위치의 워크시트 셀 데이터 내용을 가져와 출력합니다. cell( ) 함수에서 셀의 위치는 반드시 1부터 시작해야 합니다.

파이썬에서는 함수를 호출할 때 인자 이름을 명시적으로 지정할 수 있습니다. 지금까지는 생략했지만 이번 예제처럼 명시적으로 지정할 경우 프로그램의 가독성이 높아지는 장점이 있습니다.

❺ (2, 1) 위치의 셀 데이터 내용을 출력합니다.

❻ ❶에서 열었던 엑셀 파일을 닫습니다. 사용을 완료한 리소스는 반드시 닫아야 합니다.

다음은 [예제 2-85]의 실행 결과입니다.

▶ load_xls.py 실행 결과

```
3 6
이름
Kei
```

워크시트에 저장되어 있는 모든 셀의 내용을 탐색하기 위해서는 어떻게 해야 할까요? Worksheet.iter_rows() 함수를 이용하면 워크시트 내에 모든 데이터를 행 기준으로 불러올 수 있습니다. 예제를 통해 자세하게 알아보겠습니다. 제공된 예제 엑셀 파일과 동일한 경로에 load_xls_2.py 파일을 생성하세요.

예제 2-86 엑셀 파일의 모든 셀 내용 읽어오기

```python
import openpyxl   # openpyxl 모듈 불러오기

wb = openpyxl.load_workbook('./sample.xlsx')
sheet = wb['Sheet1']

for row in sheet.iter_rows(min_row=2):   ❶
    for cell in row:   ❷
        print(cell.value)   ❸
    print('-' * 10)   ❹
wb.close()
```

❶ 워크시트 객체의 iter_rows() 함수를 이용해 워크시트 내의 모든 row 데이터를 탐색합니다. min_row 인자는 초기 탐색 시작 위치를 설정합니다. 여기서는 두 번째 행부터 탐색을 시작합니다. 텍스트 헤더[header]로 사용되는 첫 번째 행은 탐색하지 않습니다. min_row 인자를 생략하면 첫 번째 행부터 탐색을 시작합니다.

❷ 열[column] 단위 데이터를 출력하기 위해 for 루프를 시작합니다.

❸ 셀에 저장되어 있는 데이터 내용을 출력합니다.

❹ 하나의 행[row]이 끝나는 부분을 표시하기 위해 구분선을 출력하고 있습니다.

다음은 [예제 2-86]의 실행 결과입니다. [그림 2-6]의 엑셀 내용과 비교해보세요.

▶ load_xls_2.py 실행 결과

```
Kei
35
1234-1234
----------
Hong
26
4320-1420
----------
```

```
Kim
41
1234-5678
----------
Choi
38
4023-3411
----------
Go
27
1469-4023
----------
```

OpenPyXL 모듈은 여러 셀에 접근할 때 슬라이싱 기능을 이용해 특정 범위를 지정할 수 있는 방법을 제공합니다. 예제를 통해 자세하게 알아봅시다. 제공된 예제 엑셀 파일과 동일한 경로에 load_xls_3.py 파일을 생성해 예제를 작성합니다.

예제 2-87 엑셀 파일에서 지정한 셀 내용 읽어오기

```python
import openpyxl  # openpyxl 모듈 불러오기

wb = openpyxl.load_workbook('./sample.xlsx')
sheet = wb['Sheet1']

cells = sheet['A2':'C3']  ❶
for row in cells:  ❷
    for cell in row:  ❸
        print(cell.value)  ❹
    print('-' * 10)  ❺
wb.close()
```

❶ 워크시트 객체에서 A2에서 C3 셀까지 슬라이싱해 지정한 범위만큼 셀 데이터를 가져옵니다.

그림 2-7 지정한 셀 범위

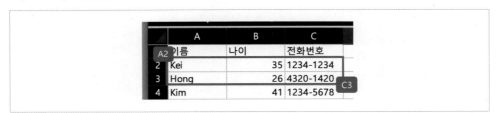

❷ 지정한 범위만큼 슬라이싱된 row 데이터를 탐색합니다.

❸ 열column 단위 데이터를 출력하기 위해 for 루프를 시작합니다.

❹ 셀에 저장되어 있는 데이터 내용을 출력합니다.

❺ 하나의 행row이 끝나는 부분을 표시하기 위해 구분선을 출력하고 있습니다.

다음은 [예제 2-87]의 실행 결과입니다. [그림 2-7]의 엑셀 내용과 비교해보기 바랍니다.

▶ load_xls_3.py 실행 결과

```
Kei
35
1234-1234
----------
Hong
26
4320-1420
----------
```

OpenPyXL로 엑셀 파일 쓰기

데이터를 OpenPyXL 모듈을 사용해 엑셀 파일로 저장해봅시다. 엑셀 파일을 생성하기 위해서는 워크북과 워크시트를 순차적으로 생성하고, 원하는 셀에 데이터를 기록하면 됩니다. 마지막으로 워크북을 저장하고 닫으면 우리가 기록한 데이터를 갖는 엑셀 파일이 생성됩니다. 다음 예제는 엑셀 파일에 이름과 전화번호를 기록하는 방법을 보여줍니다. write_xlsx.py 파일을 생성해 예제를 작성해봅시다. 앞서 배운 내용을 이용해 작성한 예제이기 때문에 지금까지 잘 따라온 분은 어려움 없이 이해할 수 있습니다. 이해되지 않는 부분이 있다면 앞서 배운 내용을 참조하세요.

예제 2-88 회원정보를 엑셀에 저장

```
import openpyxl  # openpyxl 모듈 불러오기

wb = openpyxl.Workbook()  ❶
sheet = wb.active  ❷
sheet.title = '회원정보'  ❸
```

```
# 표 헤더 컬럼 저장
header_titles = ['이름', '전화번호']   ❹
for idx, title in enumerate(header_titles):
    sheet.cell(row=1, column=idx+1, value=title)

# 표 내용 저장
members = [('kei', '010-1234-1234'), ('hong', '010-4321-1234')]   ❺
row_num = 2   # 1번째 row는 타이틀 위치
for r, member in enumerate(members):   # 회원정보 목록 탐색
    for c, v in enumerate(member):    # 이름, 전화번호 컬럼 탐색
        sheet.cell(row=row_num+r, column=c+1, value=v)

wb.save('./members.xlsx')   ❻
wb.close()   ❼
```

❶ 워크북 인스턴스 객체를 생성합니다.

❷ 현재 활성화된 워크시트 객체를 가져옵니다.

❸ 기본적으로 생성된 워크시트 제목은 'Sheet'입니다. 여기서 워크시트 제목을 '회원정보'로 변경합니다.

❹ 표의 헤더 컬럼으로 사용할 텍스트를 for 제어문을 이용해 순차적으로 엑셀에 저장하기 위해 리스트 형태로 저장했습니다. 워크시트 객체의 cell() 함수는 셀 데이터를 가져와 출력할 수도 있지만 원하는 셀에 데이터를 저장할 수도 있습니다. cell() 함수의 value 인자에 저장하고 싶은 데이터를 입력하면 해당 셀에 데이터가 저장됩니다. 다시 한 번 강조하지만 cell() 함수에서 셀의 위치를 사용할 때는 반드시 1부터 시작해야 합니다.

❺ 여러 명의 회원정보를 표현하기 위해 튜플을 자식 요소로 가지는 리스트를 생성했습니다. 따라서 모든 회원정보를 저장하기 위해서는 2중으로 중첩된 for 제어문을 사용해야 합니다. 모든 회원정보를 탐색하면서 차례대로 셀에 회원정보(이름, 전화번호)를 저장하고 있습니다.

❻ 엑셀 파일을 members.xlsx로 저장합니다.

❼ ❶에서 열었던 엑셀 파일을 닫습니다. 사용을 완료한 리소스는 반드시 닫아야 합니다.

다음은 [예제 2-88]을 실행한 후 생성된 엑셀 파일 내용입니다. 예제에서 사용한 데이터가 제대로 저장되어 있는지 확인해보세요.

그림 2-8 members.xlsx 파일 내용

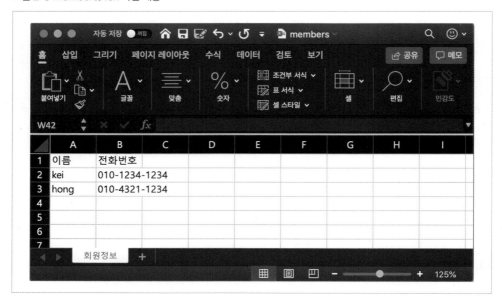

> **NOTE_** OpenPyXL 모듈은 단순히 셀에 데이터를 저장하는 기능 외에 셀 병합이나 서식, 스타일을 적용할
> 수 있는 다양한 기능을 제공합니다. 아래 URL은 OpenPyXL의 공식 기술 문서입니다. 한 번 훑어보면 좀 더
> 나은 엑셀 문서를 만들 수 있습니다.
>
> openpyxl.readthedocs.io/en/stable/index.html

2.3 데이터 분석을 위한 필수 라이브러리

챗봇 엔진 개발에 필요한 딥러닝 모델을 설계할 때 데이터 분석은 매우 중요합니다. 모델 개발
에 필요한 데이터를 분석하려면 다양한 수치 계산과 과학적인 접근법이 필요합니다. 이 절에서
는 데이터 분석을 위한 3가지 필수 라이브러리를 살펴보겠습니다. 챗봇 엔진 개발에 있어 가장
기본이 되는 내용이기 때문에 반드시 익숙해져야 합니다.

2.3.1 넘파이

넘파이^{NumPy} 라이브러리는 C언어로 구현되어 있기 때문에 빠른 배열 처리와 고성능 수치 계산을 지원합니다. 주로 벡터 및 행렬 연산에 필요한 기능을 제공합니다. 넘파이는 데이터 분석에 필요한 다양한 기능을 포함하고 있으며, 파이썬의 기본 자료구조보다 효율적인 방법으로 데이터를 다룰 수 있어 팬더스^{Pandas}나 맷플롯립$^{matplotlib.pyplot}$ 라이브러리에서도 사용하고 있습니다. 수학적 개념을 넘파이로 표현만 가능하다면 텐서플로 같은 딥러닝 프레임워크 없이도 딥러닝 모델을 구현할 수 있을 정도로 강력합니다.

> **NOTE_** 이 책은 딥러닝 모델을 다루는 책이 아니기 때문에 딥러닝 원리에 대한 설명이 부족할 수 있습니다. 딥러닝을 밑바닥부터 자세하게 알고 싶은 독자에게 한빛미디어에서 출간한 『밑바닥부터 시작하는 딥러닝』 책을 추천합니다. 넘파이만 이용해 딥러닝의 기본 원리를 파악할 수 있게 구성되어 있어 개념을 다지는 데 많은 도움을 줍니다.

수치 계산을 할 때는 배열이나 행렬을 많이 사용합니다. 이때 가장 기본이 되는 단위는 배열입니다. 배열은 행렬 개념으로 사용되며, 배열을 생성하려면 넘파이 라이브러리의 array( ) 함수를 이용합니다. 다음 예제는 1×1 행렬을 생성하는 예제입니다.

예제 2-89 넘파이 배열 생성

```
import numpy as np  ❶

arr = np.array([1, 2, 3])  ❷
print(arr)  ❸
print(type(arr))  ❹
```

❶ numpy 모듈을 np라는 이름으로 불러옵니다. as 키워드를 사용해 모듈의 별칭을 지정할 수 있습니다.

❷ np.array( ) 함수를 이용해 1차원 배열을 생성합니다. 배열은 행렬 개념으로 사용되기 때문에 이후 행렬 산술 연산에 유용하게 사용됩니다.

❸ 생성된 배열을 출력합니다.

❹ 생성된 배열의 타입을 출력합니다. array( ) 함수는 numpy.ndarray 객체로 배열을 만들어 반환합니다.

다음은 [예제 2-89]의 실행 결과입니다.

▶ 넘파이 배열 생성 결과

```
[1 2 3]
<class 'numpy.ndarray'>
```

수학에서 행렬^{matrix}은 1개 이상의 숫자를 사격형의 배열로 나열한 것을 의미합니다. 가로줄을 행^{row}, 세로줄을 열^{column}이라고 하며, 이를 합쳐 행렬이라 부릅니다. 대량의 수치 데이터를 연산할 때 행렬을 사용하면 컴퓨터가 효율적으로 처리할 수 있습니다. 딥러닝에서도 행렬을 이용해 벡터 연산을 하기 때문에 넘파이가 필수로 사용됩니다. 넘파이로 N차원 배열을 설명하기 전에 행렬에 대해 알아보겠습니다. 행렬에 대해 기억이 잘 안 나는 분은 이번 기회에 차근차근 이해하기 바랍니다. 딥러닝 모델을 공부할 때 행렬 연산을 모르면 어려움이 많습니다. 행렬은 어려운 수학 개념이 아니므로 너무 겁먹을 필요는 없습니다.

행렬은 행과 열로 구성되어 있으며, [그림 2-9]는 $m \times n$ 행렬의 예입니다.

그림 2-9 m×n 행렬

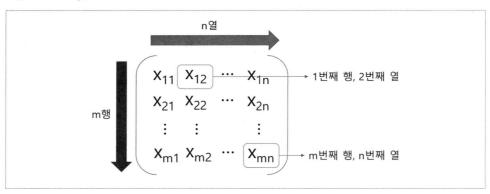

[그림 2-10]은 6개의 성분을 가지는 2×3 행렬입니다. 이 행렬을 넘파이 배열로 표현해봅시다.

그림 2-10 2×3 행렬

$$\begin{bmatrix} 1 & 2 & 3 \\ 4 & 5 & 6 \end{bmatrix}$$

N차원 배열 역시 array( ) 함수를 이용합니다. 열 요소들을 대괄호 [ ]로 묶고, 마지막에 대괄호 [ ]로 묶은 열 요소들을 다시 한 번 대괄호 [ ]로 묶으면 행렬 구조가 완성됩니다.

예제 2-90 2×3 행렬 표현

```python
import numpy as np

matrix = np.array([ [1, 2, 3], [4, 5, 6] ])
print(matrix)
```

다음은 넘파이 배열로 만든 2×3 행렬을 출력한 결과입니다.

▶ 2×3 행렬 출력 결과

```
[[1 2 3]
 [4 5 6]]
```

넘파이 배열의 산술 연산에 들어가기 전에 행렬 덧셈과 뺄셈 연산에 대해서 알아봅시다. $m \times n$ 행렬 A와 B에 대해 서로 같은 위치의 성분끼리 덧셈과 뺄셈 연산을 할 수 있습니다. 이때 행렬의 크기가 반드시 같아야 합니다.

[그림 2-11]은 2×2 행렬 A와 B의 덧셈을 보여주고 있습니다. 행렬 A와 B에서 같은 위치의 성분끼리 더하기 때문에 행렬 덧셈의 결과도 2×2 행렬입니다. 뺄셈 역시 덧셈과 동일한 방법으로 연산합니다.

그림 2-11 2×2 행렬 덧셈 방법

$$\begin{pmatrix} A_{11} & A_{12} \\ A_{21} & A_{22} \end{pmatrix} + \begin{pmatrix} B_{11} & B_{12} \\ B_{21} & B_{22} \end{pmatrix} = \begin{pmatrix} A_{11} + B_{11} & A_{12} + B_{12} \\ A_{21} + B_{21} & A_{22} + B_{22} \end{pmatrix}$$

NOTE_ 행렬의 덧셈과 뺄셈은 같은 크기일 때만 연산 가능하며, 연산 결괏값 역시 같은 크기의 행렬이 됩니다.

[그림 2-12]는 2×2 행렬의 덧셈을 보여줍니다. 넘파이 배열로 행렬의 덧셈 연산을 수행해봅시다.

그림 2-12 2×2 행렬의 덧셈

$$\begin{bmatrix} 1 & 2 \\ 3 & 4 \end{bmatrix} + \begin{bmatrix} 1 & 1 \\ 1 & 1 \end{bmatrix} = \begin{bmatrix} 2 & 3 \\ 4 & 5 \end{bmatrix}$$

예제 2-91 2×2 행렬 덧셈 연산

```
import numpy as np

A = np.array([ [1, 2], [3, 4] ])
B = np.array([ [1, 1], [1, 1] ])
C = A + B  # 행렬 덧셈 연산
print(C)
```

다음은 넘파이 배열을 이용한 행렬 덧셈 연산 결과입니다.

▶ 2×2 행렬 덧셈 결과

```
[[2 3]
 [4 5]]
```

행렬 곱셈의 경우 덧셈이나 뺄셈 연산에 비해 조금 까다롭습니다. 다음 [그림 2-13]의 조건이 충족되어야 곱셈 연산이 가능하기 때문입니다. 즉, $m \times k$ 행렬 A와 $k \times n$ 행렬 B가 있을 때 행렬 A의 열 크기 k와 행렬 B의 행 크기 k가 동일해야 곱셈 연산을 할 수 있습니다.

그림 2-13 행렬 곱셈의 조건

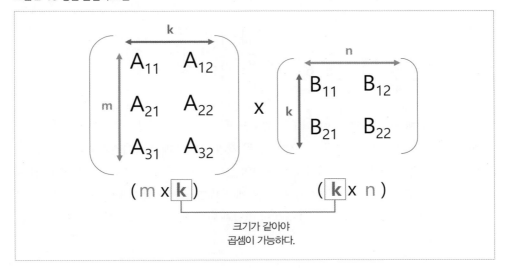

행렬 곱셈의 결과는 어떻게 나올까요? $m \times k$ 행렬 A와 $k \times n$ 행렬 B를 곱셈했을 때 행렬 AB는 $m \times n$의 크기로 결괏값이 나오며, 다음 그림처럼 선으로 연결된 성분들끼리 곱한 값을 더합니다. 이런 과정을 반복해 행렬 곱셈을 수행합니다.

그림 2-14 행렬 곱셈 방법

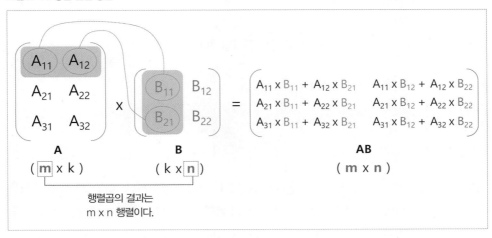

[그림 2-15]는 3×2 행렬과 2×2 행렬의 곱셈 수식입니다. 넘파이 배열로 행렬 곱셈 연산을 수행해봅시다.

그림 2-15 3×2 행렬과 2×2 행렬의 곱셈

$$\begin{bmatrix} 1 & 2 \\ 3 & 4 \\ 5 & 6 \end{bmatrix} * \begin{bmatrix} 2 & 3 \\ 2 & 3 \end{bmatrix} = \begin{bmatrix} 6 & 9 \\ 14 & 21 \\ 22 & 23 \end{bmatrix}$$

행렬 곱셈을 위해 넘파이에서는 matmul() 함수를 제공합니다. 여기서 주의할 점은 연산자 *를 사용하여 행렬 곱셈을 하면 안 된다는 겁니다. 두 개의 넘파이 배열 사이에 *와 + 연산자를 사용할 경우 배열의 크기가 서로 같아야 같은 위치의 성분끼리 곱셈 및 덧셈 연산을 합니다. 위 예제의 경우 matmul() 함수 대신 연산자 *를 사용하면 배열 크기가 맞지 않아 오류가 발생합니다. 배열 크기를 맞춘다 하더라도 행렬 곱셈의 방법과 맞지 않기 때문에 원하는 결괏값을 얻을 수 없습니다.

예제 2-92 A 행렬(3×2)과 B 행렬(2×2)의 곱셈

```
import numpy as np

A = np.array([ [1, 2], [3, 4], [5, 6] ])
B = np.array([ [2, 3], [2, 3] ])
C = np.matmul(A, B)  # 행렬 곱셈 A * B
print(C)  # 결과는 3x2 행렬
```

다음은 넘파이 배열을 이용한 행렬 곱셈 연산 결과입니다.

▶ A 행렬(3×2)과 B 행렬(2×2)의 곱셈 결과

```
[[ 6  9]
 [14 21]
 [22 33]]
```

넘파이를 이용하면 스칼라곱도 쉽게 할 수 있습니다. 여기서 스칼라는 벡터 공간에서 벡터를 곱할 수 있는 양이며 상숫값을 의미합니다. 갑자기 벡터 공간이라는 표현이 나왔는데, 벡터 공간도 행렬로 표현 가능하다는 정도만 알고 있으면 됩니다. 행렬에 대한 스칼라곱은 다음 그림처럼 각 요소별로 스칼라값을 곱하면 됩니다.

그림 2-16 행렬 스칼라곱 방법

$$k \begin{pmatrix} A_{11} & A_{12} \\ A_{21} & A_{22} \end{pmatrix} = \begin{pmatrix} kA_{11} & kA_{12} \\ kA_{21} & kA_{22} \end{pmatrix}$$

넘파이 배열의 스칼라(상수)곱의 경우 간단히 표현 가능합니다. 다음 예제는 2×2 행렬에 스칼라값 10을 곱하는 예제입니다. 간단하기 때문에 자세한 설명은 생략하겠습니다.

예제 2-93 스칼라곱

```python
import numpy as np

A = np.array([ [1, 2], [3, 4] ])  # 2x2 행렬
k = 10       # 스칼라
C = k * A  # 스칼라곱
print(C)   # 결과는 2x2 행렬
```

다음은 넘파이 배열을 이용한 스칼라곱 예제의 연산 결과입니다.

▶ 스칼라곱 연산 결과

```
[[10 20]
 [30 40]]
```

2.3.2 팬더스

팬더스^{pandas}는 데이터 분석 및 처리를 위한 필수 라이브러리입니다. 행과 열로 구성된 데이터 객체를 편리하게 관리할 수 있으며, 대용량 데이터를 처리하는 데 용이합니다. 또한 가공된 데이터를 저장하거나 저장된 파일을 불러와 데이터 객체로 만들 수 있는 기능을 제공합니다.

팬더스는 시리즈^{Series}, 데이터프레임^{DataFame}, 패널^{Panel} 등 세 가지 데이터 구조를 가지고 있습니다. 이 절에서는 활용도가 높은 시리즈와 데이터프레임만 다루겠습니다.

시리즈는 1차원 데이터로서 각 데이터값과 대응하는 인덱스를 지정할 수 있습니다. 인덱스를 생략할 경우 인덱스 번호가 자동으로 할당됩니다. 다음 예제를 통해 Series 객체를 생성하고 접근하는 방법을 알아봅시다.

예제 2-94 Series 객체 사용

```
import pandas as pd  ❶

# 인덱스를 생략한 시리즈 객체  ❷
numbers = pd.Series( [100, 200, 300] )

# 시리즈 객체 출력
print(numbers)  ❸

# 인덱스를 지정한 시리즈 객체  ❹
scores = pd.Series([90, 80, 99], index=['국어', '수학', '영어'])

# 시리즈 객체 출력
print(scores)  ❺

# 시리즈 객체의 인덱스 출력
print(scores.index)  ❻

# 시리즈 객체의 데이터값 출력
print(scores.values)  ❼

# 원하는 위치의 인덱스, 데이터값 출력
print(scores.index[1], scores.values[1])  ❽
```

❶ pandas 모듈을 pd라는 이름으로 불러옵니다.

❷ 리스트 데이터값으로 Series 객체를 생성합니다. Series 클래스의 생성자에 리스트 요소만 넣는 경우 인덱스 지정은 생략하며 인덱스 번호가 0부터 리스트 요소 수만큼 할당됩니다.

❸ 생성된 Series 객체를 출력합니다(Series 객체가 갖고 있는 인덱스별 데이터 요소들이 출력됩니다).

❹ 데이터로 사용될 리스트 요소와 인덱스로 사용될 리스트 요소를 이용해 Series 객체를 생성합니다. 이때 데이터로 사용될 리스트와 인덱스로 사용될 리스트의 크기가 동일해야 합니다.

❺ 생성된 Series 객체의 인덱스별 데이터 요소를 출력합니다.

❻ 생성된 Series 객체의 인덱스만 출력합니다. 이때 인덱스의 내용과 인덱스의 데이터 타입이 출력됩니다.

❼ 생성된 Series 객체의 데이터 리스트를 출력합니다.

❽ 인덱스와 데이터의 1번째 값을 출력합니다.

다음은 시리즈 데이터 객체 사용 예제의 결과입니다.

▶ Series 객체 사용 예제 결과

```
0    100
1    200
2    300
dtype: int64
국어    90
수학    80
영어    99
dtype: int64
Index(['국어', '수학', '영어'], dtype='object')
[90 80 99]
수학 80
```

데이터프레임은 2차원 데이터로서, 행 방향row 인덱스와 열 방향column 인덱스로 구성되어 있습니다. 시리즈가 인덱스와 데이터값으로 구성된 1차원 자료구조였다면 데이터프레임은 행과 열 방향 인덱스와 데이터값으로 구성된 2차원 자료구조로 레이블이나 카테고리가 있는 데이터를 보관하는 용도로 적합합니다. 실제로 딥러닝 모델의 학습 데이터는 2차원 구조로 구성되는 경우가 많아 데이터프레임을 많이 사용합니다.

다음 예제를 통해 행과 열로 구성되어 있는 2차원 데이터를 표현하고 조회하는 방법을 알아봅시다.

```
import pandas as pd

# 계절별 서울/부산 지역 온도 데이터 정의  ❶
temperatures = [[3.3, 34.5, 14.2, -10], [7.1, 32.1, 10.7, 2]]
seasons = ['Spring', 'Summer', 'Fall', 'Winter']
regions = ['Seoul', 'Pusan']

# 데이터프레임 객체 생성  ❷
data = pd.DataFrame(temperatures, index=regions, columns=seasons)

# 데이터프레임 객체의 데이터 출력
print(data)  ❸
print("=" * 50)  # 구분선
print(data.index)      ❹
print(data.columns)    ❺
print(data.values)     ❻
print("=" * 50)  # 구분선

# 서울의 봄 온도 데이터 출력
print(data['Spring']['Seoul'])   ❼
print("=" * 50)  # 구분선

# 앞부분에서 2번째 행까지 조회
print(data.head(2))  ❽
print("=" * 50)  # 구분선

# 뒷부분에서 1번째 행까지 조회
print(data.tail(1))  ❾
```

❶ 계절별 서울과 부산의 온도 데이터를 리스트로 정의합니다. 계절별로 해당 지역의 온도를 나타내는 temperatures 리스트는 행(지역)과 열(계절)을 나타내야 하기 때문에 2차원으로 정의했습니다. 계절 인덱스를 표현하는 seasons 리스트와 지역 인덱스를 표현하는 regions 리스트의 크기는 temperatures 리스트의 행과 열 크기와 동일해야 합니다.

❷ ❶에서 생성한 계절별 서울/부산 지역 온도 데이터를 DataFrame 객체로 생성합니다.

❸ ❷에서 생성한 DataFrame 객체를 출력합니다. 이때 행 방향 인덱스는 지역, 열 방향 인덱스는 계절을 의미합니다.

❹ 생성된 DataFrame 객체의 행 방향 인덱스를 출력합니다. 이때 행 방향 인덱스의 내용과 인덱스의 데이터 타입이 출력됩니다.

❺ 생성된 DataFrame 객체의 열 방향 인덱스를 출력합니다. 이때 열 방향 인덱스의 내용과 인덱스의 데이터 타입이 출력됩니다.

❻ 생성된 DataFrame 객체의 2차원 데이터 리스트를 출력합니다.

❼ 서울 지역의 봄 온도 데이터를 지정해서 출력합니다.

❽ DataFrame 객체의 head() 함수를 사용할 경우 앞에서 *n*개까지 데이터를 조회할 수 있습니다. 예제에서는 앞에서 2번째 행까지 가져와서 출력합니다.

❾ DataFrame 객체의 tail() 함수를 사용해 뒤에서 1번째 행까지 가져와서 출력합니다.

다음은 DataFrame 객체 사용 예제의 출력 결과입니다.

▶ DataFrame 객체 사용 예제 결과

```
        Spring  Summer  Fall  Winter
Seoul    3.3    34.5   14.2    -10
Pusan    7.1    32.1   10.7      2
==========================================================
Index(['Seoul', 'Pusan'], dtype='object')
Index(['Spring', 'Summer', 'Fall', 'Winter'], dtype='object')
[[  3.3 34.5 14.2 -10. ]
 [  7.1 32.1 10.7   2. ]]
==========================================================
3.3
==========================================================
        Spring  Summer  Fall  Winter
Seoul    3.3    34.5   14.2    -10
Pusan    7.1    32.1   10.7      2
==========================================================
        Spring  Summer  Fall  Winter
Pusan    7.1    32.1   10.7      2
```

2.2.7절에서 OpenPyXL 모듈을 이용해 엑셀 파일을 읽는 방법을 공부했습니다. OpenPyXL 모듈을 이용해 엑셀 파일 내용을 읽어와 데이터프레임을 생성할 수도 있지만 팬더스 모듈에서 제공하는 기능을 이용하면 간단하게 엑셀 파일 내용을 데이터프레임으로 생성할 수 있습니다. 엑셀 파일 외에도 CSV, 텍스트 파일, JSON 등 다양한 데이터 파일을 읽어 데이터프레임을 생성할 수 있습니다.

2.2.7절에서 사용했던 sample.xlsx 파일을 팬더스 모듈을 이용해 읽어와 데이터프레임 구조로 출력해보겠습니다. 읽어올 파일 종류에 따라 외부 파일 읽기 함수가 따로 존재합니다. 예제에서는 엑셀 파일을 읽어오기 때문에 read_excel() 함수를 이용합니다.

예제 2-96 엑셀 파일 읽기

```python
import pandas as pd

# sample.xlsx 엑셀 파일 읽어오기
user_list = pd.read_excel('sample.xlsx', sheet_name='Sheet1')
print(user_list)
```

다음은 엑셀로 불러온 파일 내용을 데이터프레임으로 출력한 결과입니다. 저장된 엑셀 내용에 맞게 행과 열 데이터가 출력되었습니다.

▶ 엑셀 파일 출력 결과

```
    이름   나이   전화번호
0   Kei   35   1234-1234
1  Hong   26   4320-1420
2   Kim   41   1234-5678
3  Choi   38   4023-3411
4    Go   27   1469-4023
```

2.3.3 맷플롯립

맷플롯립^{matplotlib} 라이브러리는 데이터를 플롯^{plot}이나 차트로 시각화할 수 있도록 도와주는 도구입니다. 맷플롯립 라이브러리는 라인플롯, 바차트, 파이차트, 히스토그램 등 다양한 차트와 플롯 스타일을 지원합니다. 데이터를 분석할 때 시각화 도구는 매우 중요합니다. 사람이 이해하기 힘든 수치 데이터를 이해할 수 있도록 도와주기 때문이죠. 이 절에서는 간단한 라인플롯과 바차트를 그리는 방법을 알아보겠습니다.

> **NOTE_** 맷플롯립을 이용한 다양한 스타일의 차트와 플롯을 확인하려면 다음 웹사이트를 방문하세요.
>
> matplotlib.org/gallery.html

맷플롯립 라이브러리를 사용하기 위해서는 우선 맷플롯립 모듈을 다음과 같이 불러와야 합니다. 여기서는 matplotlib.pyplot 모듈을 plt 별칭으로 지정했습니다. 별칭 지정 이후에는 간단하게 plt만으로 맷플롯립 모듈을 사용할 수 있습니다.

```
import matplotlib.pyplot as plt
```

맷플롯립을 이용해 가장 기본적인 직선그래프를 그려봅시다. 직선그래프를 그리기 위해서는 x, y축 데이터가 필요하며, 맷플롯립의 plot() 함수를 이용해 x, y축 데이터를 그립니다. 마지막으로 show() 함수를 이용해 plot() 함수를 통해 그린 그래프를 화면에 보여줍니다. 다음은 직선그래프를 그린 예제입니다.

예제 2-97 직선그래프

```
import matplotlib.pyplot as plt

# x, y축 데이터 정의
x = [a for a in range(0, 11)]  ❶
y = list(range(0, 11))  ❷

# x, y축 데이터 출력
print('x축', x)
print('y축', y)

# 그래프 출력
plt.plot(x, y)  ❸
plt.show()  ❹
```

❶ 파이썬에서는 리스트 안에 for 구문을 이용해서 직관적으로 리스트를 생성할 수 있습니다. 이를 리스트 내포list comprehension 기능이라 합니다. 다음 그림과 같이 range() 함수에서 만든 0에서 10까지의 숫자를 for 반복문을 이용해 리스트 요소로 순서대로 대입합니다. for 반복문 앞에 있는 변수 a는 표현식입니다. 따라서 수식이나 람다 함수를 사용해 계산된 결괏값을 리스트에 포함시킬 수 있습니다. ❶에서는 0에서 10까지의 정수를 요소로 갖는 리스트를 생성했습니다.

그림 2-17 리스트 내포 설명

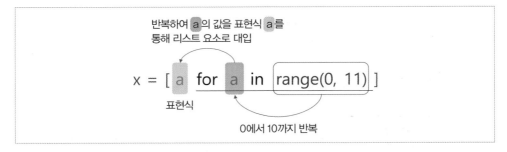

❷ range( ) 함수에서 만든 0에서 10까지의 정수를 요소로 갖는 리스트를 생성합니다. ❶에서의 결과와 동일합니다. 원하는 요소를 갖는 리스트를 생성하는 방법은 다양합니다. 각자의 취향에 따라 사용하면 됩니다.

❸ plot( ) 함수의 인자로 입력된 리스트 x, y의 데이터에 따라 그래프를 그립니다.

❹ plot( ) 함수를 통해 그린 그래프를 화면에 보여줍니다.

다음은 [예제 2-97]의 출력 결과와 화면에 출력된 그래프입니다.

▶ 직선그래프 예제 출력 결과

```
x축 [0, 1, 2, 3, 4, 5, 6, 7, 8, 9, 10]
y축 [0, 1, 2, 3, 4, 5, 6, 7, 8, 9, 10]
```

▶ 직선그래프 화면 출력 결과

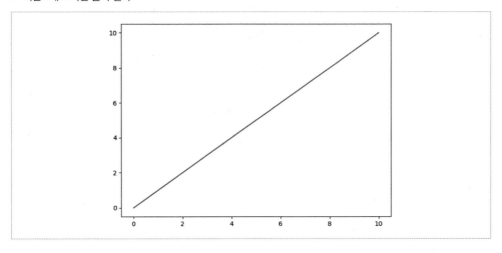

리스트 내포 기능을 이용해서 2차원 함수를 그래프로 표현해봅시다. 대부분의 내용이 앞서 배운 내용이라 자세한 설명은 생략하겠습니다. 반드시 실습해보고 결과를 눈으로 확인해보기 바랍니다.

예제 2-98 2차 함수 그래프

```python
import matplotlib.pyplot as plt

# 2차 함수 정의
# f(x) = x^2
f = lambda x: x ** 2

# x, y축 데이터 정의
x = [x for x in range(-8, 9)]
y = [f(y) for y in range(-8, 9)]

# x, y축 데이터 출력
print('x축', x)
print('y축', y)

# 그래프 출력
plt.plot(x, y)
plt.show()
```

다음은 [예제 2-98]의 출력 결과와 화면에 출력된 2차 함수 그래프입니다.

▶ 2차 함수 그래프 예제 출력 결과

```
x축 [-8, -7, -6, -5, -4, -3, -2, -1, 0, 1, 2, 3, 4, 5, 6, 7, 8]
y축 [64, 49, 36, 25, 16, 9, 4, 1, 0, 1, 4, 9, 16, 25, 36, 49, 64]
```

▶ 2차 함수 그래프 화면 출력 결과

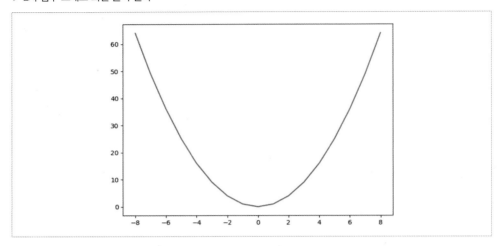

바차트는 카테고리별로 수치 데이터가 존재하는 경우 유용하게 사용됩니다. 맷플롯립은 세로
방향의 바차트를 그리는 bar( ) 함수를 제공합니다. 또한 바차트의 제목을 표기하거나 각 축에
텍스트를 표시할 수 있는 함수들을 제공합니다. 다음 예제를 살펴보면서 바차트를 어떻게 그리
는지 살펴봅시다.

> **NOTE_** 이 절에서는 세로 방향 바차트만 다루지만 맷플롯립에서는 barh( ) 함수를 이용해 가로 방향 바
> 차트도 그릴 수 있습니다. 사용 방법이 세로 방향 바차트와 크게 다르지 않기 때문에 이 책의 독자는 어렵지
> 않게 사용할 수 있을 겁니다. barh( ) 함수가 궁금한 분은 다음 웹사이트를 참고하세요.
>
> matplotlib.org/api/pyplot_api.html#matplotlib.pyplot.barh

예제 2-99 계절별 온도 바차트

```
import matplotlib.pyplot as plt

# 데이터 정의
temperatures = [3.3, 34.5, 14.2, -10]
x = list(range(4))
x_labels = ['Spring', 'Summer', 'Fall', 'Winter']

# 바차트 출력
plt.title("Bar Chart")        ❶
plt.bar(x, temperatures)      ❷
plt.xticks(x, x_labels)       ❸
```

```
plt.yticks(sorted(temperatures))   ④
plt.xlabel("season")   ⑤
plt.ylabel("temperature")   ⑥
plt.show()   ⑦
```

❶ 바차트의 제목을 지정합니다.

❷ bar( ) 함수의 인자로 입력된 리스트 x, y의 데이터에 따라 바차트를 그립니다. 이때 x축은 y축 데이터의 카테고리를 의미하기 때문에 단순히 인덱스값의 의미만 가지고 있습니다. 여기서는 range( ) 함수를 이용해 0~3까지 요소를 갖는 리스트를 x축 데이터로 사용하며, y축 데이터는 계절별 온돗값을 의미합니다.

❸ xticks( ) 함수를 이용해 각각의 x축 데이터 위치에 지정된 텍스트(Spring, Summer, Fall, Winter)를 표시합니다.

❹ yticks( ) 함수를 이용해 오름차순으로 정렬된 온돗값을 y축 데이터 위치에 표시합니다. sorted( ) 함수는 인자로 들어온 리스트 요소를 오름차순으로 정렬해주는 역할을 합니다.

❺ xlabel( ) 함수를 이용해 x축 레이블을 지정합니다.

❻ ylabel( ) 함수를 이용해 y축 레이블을 지정합니다.

❼ ❶~❻에서 설정한 내용을 기반으로 그려진 바차트를 화면에 보여줍니다.

다음은 [예제 2-99]의 계절별 온도 데이터를 바차트로 나타낸 결과 화면입니다.

▶ 바차트 출력 결과

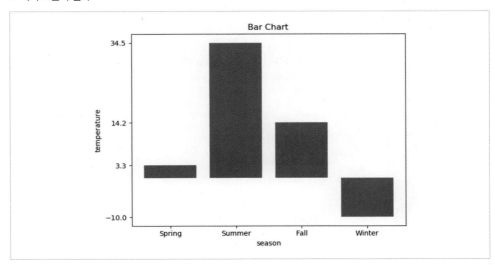

2.4 마치며

이 책은 파이썬 입문서가 아닙니다. 따라서 챗봇 개발에 꼭 필요한 내용만 추려서 소개했습니다. 이해가 안 되거나 애매한 부분이 있다면 반드시 반복해서 내용을 확인해야 합니다. 이 장의 내용을 충분히 이해했다면 앞으로 이 책의 내용을 따라하는 데 문법적으로 어려운 점은 없을 거라 봅니다. 이 장의 내용만으로는 부족하다고 느낀 독자도 있을 것입니다. 그런 경우엔 파이썬 입문서를 한 번 살펴보는 것도 도움이 될 겁니다.

토크나이징

3.1 토크나이징 소개

우리가 일상에서 사용하는 언어를 자연어라고 합니다. 컴퓨터는 자연어를 직접적으로 이해할 수 없습니다. 컴퓨터 분야에서는 자연어 의미를 분석해 컴퓨터가 처리할 수 있도록 하는 일을 자연어 처리$^{\text{Natural Language Processing}}$ 혹은 줄여서 NLP라고 합니다. 우리가 이 책에서 배울 챗봇 엔진도 자연어 처리의 한 분야입니다. 최근 딥러닝 기법이 발전되면서 이전에 비해 많은 기술적 진보를 이루었지만 아직까지 자연어를 완벽하게 컴퓨터에 이해시키는 일은 어렵습니다.

그럼 어떻게 해야 효율적으로 자연어를 컴퓨터에 이해시킬 수 있을까요? 여러 방법론이 존재하지만 그중 가장 일반적인 방법을 소개하겠습니다. 우선 어떤 문장을 일정한 의미가 있는 가장 작은 단어들로 나눕니다. 그다음 나눠진 단어들을 이용해 의미를 분석합니다. 여기서 가장 기본이 되는 단어들을 토큰^{token}이라고 합니다. 토큰의 단위는 토크나이징 방법에 따라 달라질 수 있지만 일반적으로 일정한 의미가 있는 가장 작은 정보 단위로 결정됩니다. 이 책에서는 토큰의 기준을 단어로 사용합니다. 이렇게 주어진 문장에서 토큰 단위로 정보를 나누는 작업을 토크나이징이라고 합니다. 토크나이징은 문장 형태의 데이터를 처리하기 위해 제일 처음 수행해야 하는 기본적인 작업이며, 주로 텍스트 전처리 과정에서 사용됩니다. 토크나이징을 어떻게 하느냐에 따라 성능 차이가 날 수 있습니다.

한국어 토크나이징을 구현하기 위해서는 한국어 문법에 대한 깊은 이해가 필요하지만 국어학자가 아닌 우리에게는 쉽지 않은 도전 과제입니다. 다행히 한국어 토크나이징을 지원하는 파이썬 라이브러리가 존재합니다. 이 장에서는 한국어 자연어 처리에 많이 사용하는 KoNLPy(코엔엘파이)를 알아보겠습니다.

3.2 KoNLPy

KoNLPy는 기본적인 한국어 자연어 처리를 위한 파이썬 라이브러리입니다. 공식 사이트에 따르면 코엔엘파이라고 읽습니다. KoNLPy는 오픈소스 소프트웨어이며, GPL v3 라이선스(또는 그 이상)에 따라 자유롭게 코드를 사용할 수 있어 한국어 자연어 처리 분야에서 많이 사용하는 라이브러리입니다.

> **NOTE_** KoNLPy의 한국어 자연어 처리를 위해 많은 분이 개발에 도움을 주고 있습니다. KoNLPy를 자세히 알고 싶은 분은 아래 웹사이트를 방문하세요.
> konlpy.org/ko/latest/

한국어 문장을 분석하려면 토크나이징 작업을 제일 먼저 수행해야 합니다. 이때 토큰 단위를 어떻게 정의하느냐에 따라 자연어 처리 성능에 영향을 미칩니다. 이 책에서는 형태소^{morpheme}를 토큰 단위로 사용할 겁니다. 형태소는 언어학에서 사용되는 용어이며, 일정한 의미가 있는 가장 작은 말의 단위입니다. 즉, 의미상 더 이상 쪼개지지 않는 단어를 뜻합니다. 형태소를 토큰 단위로 사용할 경우 단어와 품사 정보를 같이 활용할 수 있기 때문에 효과적입니다.

그럼 문장을 어떻게 형태소 단위로 토크나이징을 할 수 있을까요? 영어의 경우 단어의 변화가 크지 않고, 띄어쓰기로 단어를 구분하기 때문에 공백을 기준으로 토크나이징을 수행해도 큰 문제 없습니다. 하지만 한국어는 명사와 조사를 띄어 쓰지 않고, 용언에 따라 여러 가지 어미가 붙기 때문에 띄어쓰기만으로는 토크나이징할 수 없습니다. 따라서 한국어의 복잡한 특성에 따라 문장에서 형태소를 분석할 수 있는 도구가 필요합니다. 이를 형태소 분석기라 하며, 문장에서 형태소뿐만 아니라 어근, 접두사/접미사, 품사 등 다양한 언어적 속성의 구조를 파악해줍니다. 특히 문장에서 형태소를 추출하면서 형태소의 뜻과 문맥을 고려해 품사 태깅을 해줍니다. 예를 들어 '아버지가 방에 들어가신다.'라는 문장을 형태소 분석기를 통해 분석했을 때 다음과 같이 각각의 형태소에 품사가 태깅되어 반환됩니다. 이 책에서 배우게 될 챗봇 엔진은 분리된 형태소와 품사 정보를 활용해 문장의 의미를 분석합니다. 따라서 챗봇 개발에 있어 형태소 분석기는 매우 중요한 역할을 합니다.

▶ 형태소 분석기의 출력 결과

```
[('아버지', 'Noun'), ('가', 'Josa'), ('방', 'Noun'), ('에', 'Josa'), ('들어가신다',
 'Verb'), ('.', 'Punctuation')]
```

형태소 분석기는 형태소 의미를 고려해 품사를 태깅하는데, 여기서 품사란 단어를 의미나 형식, 기능에 따라 분류한 것을 말합니다. 형태소 분석기의 결과를 이해하는 데 품사의 종류와 의미를 알고 있으면 많은 도움이 됩니다. 다음 표에 한국어의 9품사를 간단히 정리했습니다.

표 3-1 9품사의 종류와 의미(출처 : 나무위키, https://namu.wiki/w/품사)

품사	설명
명사	주로 물건이나 사람, 동식물을 가리킬 때 쓰는 품사 예) 챗봇, 영수, 강아지, ...
대명사	사람이나 사물의 이름을 대신해서 쓰는 품사 예) 너, 우리, 무엇, 그것, ...
수사	숫자나 순서를 나타내는 품사 예) 하나, 둘, 1, 2, 첫째, 둘째, ...
동사	동작이나 작용을 나타내는 품사 예) 먹었다, 보았다, 간다, ...
형용사	사물의 성질이나 상태를 나태는 품사 예) 아름답다, 맵다, 희다, ...
관형사	체언(명사, 대명사, 수사) 앞에서 체언을 수식하는 품사 예) 이, 그, 저, 새, 헌, 옛, ...
부사	동사, 형용사, 동사구, 문장 전체를 수식하는 역할을 맡은 품사 예) 정말, 매우, 벌써, ...
조사	명사, 부사 따위에 붙어 문법 관계를 맺어주는 품사 예) ~이, ~가, ~에서, ...
감탄사	감탄이나 놀람, 느낌, 응답 등을 나타내는 품사 예) 꺄, 우아, 아하, ...

한국어의 복잡한 문법적인 구조 때문에 완벽한 형태소 분석기를 개발하는 일은 쉽지 않습니다. 다행히 KoNLPy의 내부 모듈에서는 사용하기 좋은 몇 가지 형태소 분석기를 통합해 라이브러리 형태로 제공합니다. 튜닝이 필요하긴 하지만 기본적인 성능이 괜찮은 편이라 실무에서도 많이 사용하고 있습니다. 이 절에서는 KoNLPy에서 제공하는 세 가지 종류의 형태소 분석기를 살펴보겠습니다. KoNLPy에서 각 형태소 분석기 함수의 인터페이스를 통일시킨 덕분에 세 가지 형태소 분석기 모듈에서 지원하는 함수 사용법이 거의 동일합니다. 가벼운 마음으로 실습해 보세요.

3.2.1 Kkma

Kkma는 서울대학교 IDS^{Intelligent Data Systems} 연구실에서 자연어 처리를 위해 개발한 한국어 형태소 분석기입니다. Kkma는 '꼬꼬마'로 발음하며, GPL v2 라이선스를 따릅니다.

KoNLPy의 꼬꼬마 형태소 분석기를 사용하기 위해서는 다음과 같이 `konlpy.tag` 패키지의 Kkma 모듈을 불러와야 합니다.

```
from konlpy.tag import Kkma
```

Kkma를 이용해 간단한 한국어 문장을 형태소 단위로 토크나이징해봅시다. Kkma는 다음 4가지 함수를 제공합니다.

표 3-2 Kkma 모듈의 함수 설명

함수	설명
morphs(phrase)	인자로 입력한 문장을 형태소 단위로 토크나이징합니다. 토크나이징된 형태소들은 리스트 형태로 반환됩니다.
nouns(phrase)	인자로 입력한 문장에서 품사가 명사인 토큰만 추출합니다.
pos(phrase, flatten=True)	POS tagger라 부르며, 인자로 입력한 문장에서 형태소를 추출한 뒤 품사 태깅을 합니다. 추출된 형태소와 그 형태소의 품사가 튜플 형태로 묶여서 리스트로 반환됩니다.
sentences(phrase)	인자로 입력한 여러 문장을 분리해주는 역할을 합니다. 분리된 문장은 리스트 형태로 반환됩니다.

다음은 Kkma에서 지원하는 4가지 함수를 이용해 간단한 문장을 토크나이징하는 예제입니다. 예제의 문장만 살펴보지 마시고, 직접 임의의 문장을 각 함수에 적용해 결과를 확인해보세요.

예제 3-1 꼬꼬마 형태소 분석기 사용

```
from konlpy.tag import Kkma

# 꼬꼬마 형태소 분석기 객체 생성
kkma = Kkma()

text = "아버지가 방에 들어갑니다."

# 형태소 추출
morphs = kkma.morphs(text)    ❶
print(morphs)
```

```
# 형태소와 품사 태그 추출
pos = kkma.pos(text)   ❷
print(pos)

# 명사만 추출
nouns = kkma.nouns(text)   ❸
print(nouns)

# 문장 분리
sentences = "오늘 날씨는 어때요? 내일은 덥다던데."
s = kkma.sentences(sentences)   ❹
print(s)
```

❶ text 변수에 저장된 문장을 형태소 단위로 토크나이징합니다. 토크나이징된 형태소들은 리스트 형태로 반환됩니다.

❷ text 변수에 저장된 문장을 품사 태깅합니다. 태깅된 품사와 형태소들은 리스트 형태로 반환됩니다.

❸ text 변수에 저장된 문장에서 품사가 명사인 단어들만 추출합니다.

❹ 복합 문장(2개 이상의 문장)이 있을 때 문장 단위로 토크나이징합니다. 화자가 챗봇에 질의할 때 여러 문장을 한 번에 입력하는 경우가 있습니다. 이때 유용하게 사용할 수 있는 함수입니다.

다음은 [예제 3-1]의 결과입니다. Kkma의 경우 분석 시간이 다른 형태소 분석기에 비해 느리지만 [표 3-1]의 Okt 기준의 품사 태그에 비해 지원하는 품사 태그가 다양합니다. 따라서 속도가 느리더라도 정확한 품사 정보가 필요할 때는 Kkma를 많이 사용합니다.

▶ Kkma 형태소 분석기 출력 결과

```
['아버지', '가', '방', '에', '들어가', 'ㅂ니다', '.']
[('아버지', 'NNG'), ('가', 'JKS'), ('방', 'NNG'), ('에', 'JKM'), ('들어가', 'VV'),
('ㅂ니다', 'EFN'), ('.', 'SF')]
['아버지', '방']
['오늘 날씨는 어 때요?', '내일은 덥다 던데.']
```

다음은 Kkma 형태소 분석의 품사 태그 정보를 정리한 표입니다. 이 표와 위 Kkma 형태소 분석기 출력 결과를 비교해보세요. 문장에 따라 정확한 형태소 분석이 안 될 수도 있습니다.

표 3-3 Kkma 품사 태그

품사	설명
NNG	일반 명사
JKS	주격 조사
JKM	부사격 조사
VV	동사
EFN	평서형 종결 어미
SF	마침표, 물음표, 느낌표

NOTE_ Kkma는 총 56개의 품사 태그를 지원합니다. [표 3-3]은 앞의 Kkma 결과에 나온 품사 태그 정보만 보여주고 있습니다. 임의의 문장으로 실습 시 표 내용 이외의 품사 태그가 나온다면 아래 웹사이트를 참고하세요.

kkma.snu.ac.kr/documents/?doc=postag

3.2.2 Komoran

Komoran^Korean Morphological ANalyzer은 Shineware에서 자바로 개발한 한국어 형태소 분석기입니다. '코모란'으로 발음하며, Apache 라이선스 2.0을 따르는 오픈소스 소프트웨어입니다. 경량화 버전도 존재하며, 다른 형태소 분석기와 다르게 공백이 포함된 형태소 단위로도 분석이 가능해 많이 사용합니다.

KoNLPy의 코모란 형태소 분석기를 사용하기 위해서는 다음과 같이 konlpy.tag 패키지의 Komoran 모듈을 불러와야 합니다.

```
from konlpy.tag import Komoran
```

Komoran를 이용해 간단한 한국어 문장에서 형태소 단위의 토크나이징을 해봅시다. Komoran은 다음 3가지 함수를 제공합니다. 앞서 배운 KKma 모듈의 함수와 인터페이스가 동일하여 이해하는 데 크게 어려움이 없을 겁니다.

표 3-4 Komoran 모듈의 함수 설명

함수	설명
morphs(phrase)	인자로 입력한 문장을 형태소 단위로 토크나이징합니다. 토크나이징된 형태소들은 리스트 형태로 반환됩니다.
nouns(phrase)	인자로 입력한 문장에서 품사가 명사인 토큰들만 추출합니다.
pos(phrase, flatten=True)	POS tagger라 부르며, 인자로 입력한 문장에서 형태소를 추출한 뒤 품사 태깅을 합니다. 추출된 형태소와 그 형태소의 품사가 튜플 형태로 묶여서 리스트로 반환됩니다.

다음은 Komoran에서 지원하는 3가지 함수를 이용해 간단한 문장을 토크나이징하는 예제입니다. 예제의 문장만 살펴보지 마시고, 직접 임의의 문장을 각 함수에 적용해 결과를 확인해보세요.

예제 3-2 Komoran 형태소 분석기 사용

```
from konlpy.tag import Komoran

# 코모란 형태소 분석기 객체 생성
komoran = Komoran()

text = "아버지가 방에 들어갑니다."

# 형태소 추출
morphs = komoran.morphs(text)    ❶
print(morphs)

# 형태소와 품사 태그 추출
pos = komoran.pos(text)    ❷
print(pos)

# 명사만 추출
nouns = komoran.nouns(text)    ❸
print(nouns)
```

❶ text 변수에 저장된 문장을 형태소 단위로 토크나이징합니다. 토크나이징된 형태소들은 리스트 형태로 반환됩니다.

❷ text 변수에 저장된 문장을 품사 태깅합니다. 태깅된 품사와 형태소들은 리스트 형태로 반환됩니다.

❸ text 변수에 저장된 문장에서 품사가 명사인 단어들만 추출합니다.

다음은 [예제 3-2]의 결과입니다. Komoran은 Kkma보다 형태소를 빠르게 분석하며 다양한
품사 태그를 지원합니다.

▶ Komoran 형태소 분석기 출력 결과

```
['아버지', '가', '방', '에', '들어가', 'ㅂ니다', '.']
[('아버지', 'NNG'), ('가', 'JKS'), ('방', 'NNG'), ('에', 'JKB'), ('들어가', 'VV'), ('
ㅂ니다', 'EF'), ('.', 'SF')]
['아버지', '방']
```

다음은 Komoran 형태소 분석기의 품사 태그 정보를 정리한 표입니다. 이 표와 위 Komoran
형태소 분석기 출력 결과를 비교해보세요. Komoran 형태소 분석기 역시 문장에 따라 정확한
형태소 분석이 안 될 수도 있습니다.

표 3-5 Komoran 품사 태그 표

품사	설명
NNG	일반 명사
JKS	주격 조사
JKB	부사격 조사
VV	동사
EF	종결 어미
SF	마침표, 물음표, 느낌표

NOTE_ Komoran은 총 42개의 품사 태그를 지원합니다. [표 3-5]는 앞의 Komoran 결과에 나온 품사 태
그 정보만 보여주고 있습니다. 임의의 문장으로 실습 시 표 내용 이외의 품사 태그가 나온다면 아래 웹사이트
를 참고하세요.

docs.komoran.kr/firststep/postypes.html

3.2.3 Okt

Okt^Open-source Korean Text Processor는 트위터에서 개발한 Twitter 한국어 처리기에서 파생된 오픈
소스(아파치 2.0 라이선스) 한국어 처리기입니다.

공식 홈페이지에 따르면 Okt는 빅데이터에서 간단한 한국어 처리를 통해 색인어를 추출하는 목표를 갖고 있기 때문에 완전한 수준의 형태소 분석을 지향하지 않습니다. 따라서 공식적으로는 Okt를 한국어 처리기라 표현하고 있습니다. 이 책에서는 편의상 형태소 분석기라고 부르겠습니다. Okt는 띄어쓰기가 어느 정도 되어 있는 문장을 빠르게 분석할 때 많이 사용합니다.

KoNLPy의 Okt 형태소 분석기를 사용하기 위해서는 다음과 같이 `konlpy.tag` 패키지의 `Okt` 모듈을 불러와야 합니다.

```
from konlpy.tag import Okt
```

Okt를 이용해 간단한 한국어 문장에서 형태소 단위의 토크나이징을 해봅시다. Okt은 다음 5가지 함수를 제공합니다.

표 3-6 Okt 모듈의 함수 설명

함수	설명
`morphs(phrase)`	인자로 입력한 문장을 형태소 단위로 토크나이징합니다. 토크나이징된 형태소들은 리스트 형태로 반환됩니다.
`nouns(phrase)`	인자로 입력한 문장에서 품사가 명사인 토큰들만 추출합니다.
`pos(phrase, stem=False, join=False)`	POS tagger라 부르며, 인자로 입력한 문장에서 형태소를 추출한 뒤 품사 태깅을 합니다. 추출된 형태소와 그 형태소의 품사가 튜플 형태로 묶여서 리스트로 반환됩니다.
`normalize(phrase)`	입력한 문장을 정규화시킵니다. 예) 정규화 이전 : 사랑핵ㅋ 　　　정규화 이후 : 사랑해ㅋㅋ
`phrases(phrase)`	입력한 문장에서 어구를 추출합니다. 예) 입력 : 오늘 날씨가 좋아요. 　　　출력 : ['오늘', '오늘 날씨', '날씨']

다음은 Okt에서 지원하는 5가지 함수를 이용해 간단한 문장을 토크나이징하는 예제입니다. 예제의 문장만 살펴보지 마시고, 직접 임의의 문장을 각 함수에 적용해 결과를 확인해보세요.

```
from konlpy.tag import Okt

# Okt 형태소 분석기 객체 생성
okt = Okt()

text = "아버지가 방에 들어갑니다."

# 형태소 추출
morphs = okt.morphs(text)    ❶
print(morphs)

# 형태소와 품사 태그 추출
pos = okt.pos(text)    ❷
print(pos)

# 명사만 추출
nouns = okt.nouns(text)    ❸
print(nouns)

# 정규화, 어구 추출
text = "오늘 날씨가 좋아욬ㅋㅋ"
print(okt.normalize(text))    ❹
print(okt.phrases(text))    ❺
```

❶ text 변수에 저장된 문장을 형태소 단위로 토크나이징합니다. 토크나이징된 형태소들은 리스트 형태로 반환됩니다.

❷ text 변수에 저장된 문장을 품사 태깅합니다. 태깅된 품사와 형태소들은 리스트 형태로 반환됩니다.

❸ text 변수에 저장된 문장에서 품사가 명사인 단어들만 추출합니다.

❹ text 변수에 저장된 문장을 정규화합니다. 화자가 챗봇에 질의할 때는 구어체나 오타가 섞인 채 입력하는 경우가 많습니다. 이때 입력된 문장을 정규화하면 성능 향상에 도움이 됩니다.

❺ text 변수에 저장된 문장을 어구 단위로 추출합니다.

다음은 [예제 3-3]의 결과입니다. Okt의 경우 앞서 소개한 형태소 분석기들보다 분석되는 품사 정보는 작지만 분석 속도는 제일 빠릅니다. 또한 normalize() 함수를 지원해 오타가 섞인 문장을 정규화해서 처리하는 데 효과적입니다.

▶ Okt 형태소 분석기 출력 결과

```
['아버지', '가', '방', '에', '들어갑니다', '.']
[('아버지', 'Noun'), ('가', 'Josa'), ('방', 'Noun'), ('에', 'Josa'), ('들어갑니다',
'Verb'), ('.', 'Punctuation')]
['아버지', '방']
오늘 날씨가 좋아요ㅋㅋ
['오늘', '오늘 날씨', '좋아욬', '날씨']
```

표 3-7 Okt 품사 태그 표

품사	설명
Noun	명사
Verb	동사
Adjective	형용사
Josa	조사
Punctuation	구두점

NOTE_ Okt를 더 자세히 알고 싶으면 아래 웹사이트를 참고하세요.

https://openkoreantext.org/

3.2.4 사용자 사전 구축

챗봇의 데이터 입력단은 인터넷 구어체와 관련이 많습니다. 일반적으로 챗봇 사용자들은 딱딱한 구어체나 문어체를 사용하지 않습니다. 새롭게 생겨나는 단어나 문장은 형태소 분석기에서 인식이 안 되는 경우가 많습니다. 기존의 많은 문장을 기반으로 학습하여 형태소 분석기 모델을 개발했기 때문에 새로운 형태의 단어와 문장은 인식률 저하의 원인이 됩니다. 이를 해결하기 위해 대부분의 형태소 분석기들은 사용자 사전을 추가할 수 있도록 구성되어 있습니다. 최근에는 사람이 일일이 사용자 사전을 구축하지 않더라도 데이터 기반으로 새로운 단어를 추출해 적용하는 기술이 개발되고 있지만 이 책에서는 해당 주제와 난이도가 맞지 않기 때문에 자세한 설명은 하지 않겠습니다. 다만 이 절에서는 형태소 분석기에서 인식하지 못하는 단어들을 직접 추가하는 방법은 설명하겠습니다.

Komoran이 다른 형태소 분석기에 비해 사전을 관리하는 방법이 편리하며 형태소 분석 성능과 속도가 괜찮은 편이라 앞으로는 Komoran 기준으로 챗봇을 만들어가겠습니다. KoNLPy를 이용하는 경우 함수들이 비슷해서 Kkma나 Okt를 사용해도 크게 문제는 없습니다. 다음 예제를 보면 문장에 '엔엘피'라는 새로운 단어가 등장했습니다.

예제 3-4 미등록 단어 형태소 분석

```
from konlpy.tag import Komoran

komoran = Komoran()
text = "우리 챗봇은 엔엘피를 좋아해."
pos = komoran.pos(text)
print(pos)
```

다음 결과를 보면 Komoran이 '엔엘피' 단어를 '엔', '엘', '피' 문자로 분리해 명사로 인식해버렸습니다. 단어 토큰을 사용해 의미를 분석하는 챗봇의 경우에는 오류를 낼 확률이 높습니다. 이를 해결하려면 Komoran의 사용자 사전에 '엔엘피'라는 신규 단어를 등록해야 합니다.

▶ 미등록 단어 형태소 분석 결과

```
[('우리', 'NP'), ('챗봇은', 'NA'), ('엔', 'NNB'), ('엘', 'NNP'), ('피', 'NNG'),
('를', 'JKO'), ('좋아하', 'VV'), ('아', 'EF'), ('.', 'SF')]
```

Komoran은 문장 내에 사전에 포함된 단어가 나오면 우선적으로 사전에 정의된 품사 태그를 붙입니다. 주로 사람 이름, 지명, 인터넷 용어, 특수 용어 등 고유명사를 인식하는 데 활용됩니다. 사용자 파일 포맷 예시는 다음과 같습니다. 단어와 품사를 Tab으로 구분해주어야 하며, 단어에는 띄어쓰기가 허용됩니다. 품사 정보를 생략하는 경우 기본적으로 고유명사(NNP)로 인식하며 라인 시작에 #을 사용하는 경우 주석 처리됩니다. 다음 내용을 user_dic.tsv 파일로 저장하세요. 다시 한 번 강조하지만 단어와 품사는 반드시 Tab으로 구분해주어야 합니다. 파일 포맷을 지키지 않으면 사용자 단어를 인식하지 못합니다.

```
#[단어] Tab [품사]
엔엘피 Tab NNG
나는 내일, 어제의 너와 만난다 Tab NNG
시샵
```

저장된 user_dic.tsv 파일과 동일한 경로에 다음 예제를 작성합니다.

예제 3-5 사용자 단어 사전 형태소 분석

```python
from konlpy.tag import Komoran

komoran = Komoran(userdic='./user_dic.tsv')   ❶
text = "우리 챗봇은 엔엘피를 좋아해."
pos = komoran.pos(text)   ❷
print(pos)
```

❶ 새로운 단어를 추가한 사용자 정의 파일 경로를 Komoran 생성자의 인자로 사용했습니다. 경로나 사용자 사전 파일 이름이 정확하지 않은 경우 FileNotFoundException이 발생하니 주의하세요.

❷ 사전에 포함된 단어는 우선적으로 우리가 정의한 품사 태그로 분석됩니다.

이전 결과와 다르게 '엔엘피' 단어를 Komoran에서 인식해 우리가 설정한 품사 태그 정보를 출력했습니다.

▶ 미등록 단어 형태소 분석 결과

```
[('우리', 'NP'), ('챗봇은', 'NA'), ('엔엘피', 'NNG'), ('를', 'JKO'), ('좋아하', 'VV'),
('아', 'EF'), ('.', 'SF')]
```

3.3 마치며

이 장에서는 한국어 토큰나이징을 알아보았습니다. 영어의 경우 단순히 토큰 정보만 필요하다면 띄어쓰기만 하더라도 훌륭한 결과를 보여줍니다. 하지만 한국어는 명사와 조사를 띄어쓰지 않고, 용언에 따라 여러 가지 어미가 붙기 때문에 띄어쓰기만으로는 토큰나이징을 할 수 없습니다. 따라서 KoNLPy의 형태소 분석기를 이용해 형태소 단위의 토큰과 품사 정보까지 추출하였습니다. 그러므로 추출된 정보에서 필요 없는 정보를 제거하는 과정이 추가되어야 합니다. 이런 일련의 과정을 전처리preprocessing라고 합니다. 전처리 과정은 챗봇 엔진에서 문장의 의미나 의도를 빠르게 잘 분석하기 위해 필수적으로 거쳐야 하는 작업입니다. 다행히 이렇게 어렵고 복잡한 일을 KoNLPy 라이브러리에서 해주고 있으니 정말 고마운 일입니다. 다시 한 번 한국어 자연어 처리를 위해 밤낮으로 힘쓰고 계신 오픈소스 개발자분들께 감사의 말씀 올리고 싶습니다.

마지막으로 이 장에서 소개한 형태소 분석기들의 장단점을 표로 정리하겠습니다. 다음 표를 참조하여 사용할 데이터의 특성이나 개발 환경에 따라 적합한 형태소 분석기를 고려하세요.

표 3-8 KoNLPy 형태소 분석기 비교

형태소 분석기	장점	단점
Kkma	분석 품질이 좋음. 지원하는 품사 태그가 가장 많음.	분석 속도가 느림. 사용자 사전으로 추가한 복합 명사에 대해 불완전하게 동작함.
Komoran	자소가 분리된 문장이나 오탈자에 강함. 사용자 사전 관리 용이.	적당한 분석 품질과 분석 속도.
Okt	매우 빠른 분석 속도. 정규화 기능 지원.	사용자 사전 관리 어려움. 용언 분석에 일관성이 부족함.

## CHAPTER 4

임베딩

4.1 임베딩이란?

컴퓨터는 자연어를 직접적으로 처리할 수 없습니다. 컴퓨터는 수치 연산만 가능하기 때문에 자연어를 숫자나 벡터 형태로 변환할 필요가 있습니다. 이런 일련 과정을 자연어 처리 분야에서는 임베딩embedding이라고 합니다. 즉, 임베딩은 단어나 문장을 수치화해 벡터 공간으로 표현하는 과정을 의미합니다. 따라서 다른 딥러닝 모델의 입력값으로 많이 사용됩니다.

임베딩은 말뭉치의 의미에 따라 벡터화하기 때문에 문법적인 정보가 포함되어 있습니다. 따라서 임베딩 품질이 좋다면 단순한 모델로도 훌륭한 결과를 얻을 수 있습니다.

임베딩 기법에는 문장 임베딩과 단어 임베딩이 있습니다. 문장 임베딩은 문장 전체를 벡터로 표현하는 방법이며, 단어 임베딩은 개별 단어를 벡터로 표현하는 방법입니다. 문장 임베딩의 경우 전체 문장의 흐름을 파악해 벡터로 변환하기 때문에 문맥적 의미를 지니는 장점이 있습니다. 그런 이유로 단어 임베딩에 비해 품질이 좋으며, 상용 시스템에 많이 사용됩니다. 하지만 임베딩하기 위해 많은 문장 데이터가 필요하며 학습하는 데 비용이 많이 들어갑니다. 단어 임베딩은 동음이의어에 대한 구분을 하지 않기 때문에 의미가 다르더라도 단어의 형태가 같다면 동일한 벡터값으로 표현되는 단점이 있습니다. 하지만 문장 임베딩에 비해 학습 방법이 간단해 여전히 실무에서 많이 사용합니다. 이 책에서는 초심자들이 따라할 수 있는 환경에서 챗봇 엔진을 만들어야 하기 때문에 단어 임베딩만 다룰 것입니다.

4.2 단어 임베딩

단어 임베딩은 말뭉치에서 각각의 단어를 벡터로 변환하는 기법을 의미합니다. 단어 임베딩은 의미와 문법적 정보를 지니고 있으며, 단어를 표현하는 방법에 따라 다양한 모델이 존재합니다.

3장에서는 토크나이징을 통해 문장 형태의 데이터를 최소한의 의미를 갖는 토큰 단위로 추출하는 방법을 배웠습니다. 추출된 토큰은 형태소 기반이기 때문에 컴퓨터에서 처리하기엔 단어 임베딩 기법이 효과적입니다. 이 절에서는 토크나이징을 통해 추출된 토큰들을 어떻게 단어 임베딩하는지 알아보겠습니다.

4.2.1 원-핫 인코딩

원-핫 인코딩one-hot encoding은 단어를 숫자 벡터로 변환하는 가장 기본적인 방법입니다. 명칭에서도 알 수 있듯이 요소들 중 단 하나의 값만 1이고 나머지 요솟값은 0인 인코딩을 의미합니다. 원-핫 인코딩으로 나온 결과를 원-핫 벡터라 하며, 전체 요소 중 단 하나의 값만 1이기 때문에 희소sparse 벡터라고 합니다.

다음 그림은 원-핫 인코딩 과정을 보여주고 있습니다.

그림 4-1 원-핫 인코딩 과정

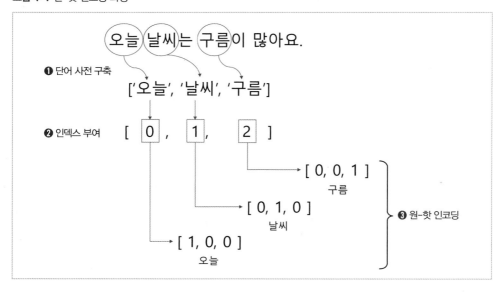

원-핫 인코딩을 하기 위해서는 단어 집합이라 불리는 사전을 먼저 만들어야 합니다. 여기서 사전은 말뭉치에서 나오는 서로 다른 모든 단어의 집합을 의미합니다. 말뭉치에 존재하는 모든 단어의 수가 원-핫 벡터의 차원을 결정합니다. 예를 들어 100개의 단어가 존재한다면 원-핫 벡터의 크기는 100차원이 됩니다. 사전이 구축이 되었다면 사전 내 단어 순서대로 고유한 인덱스 번호를 부여합니다. 단어의 인덱스 번호가 원-핫 인코딩에서 1의 값을 가지는 요소의 위치가 됩니다.

단어 사전 내의 단어들은 각각 고유한 원-핫 벡터를 가지며, [그림 4-1]에서 '오늘'이라는 단어의 원-핫 벡터는 [1, 0, 0]입니다. 컴퓨터에 [1, 0, 0]이란 벡터값이 들어오면 '오늘'이라고 인식할 수 있도록 처리할 수 있습니다. 다음 예제를 통해 실제 토크나이징한 값을 원-핫 벡터로 만들어봅시다.

예제 4-1 원-핫 인코딩

```
from konlpy.tag import Komoran
import numpy as np

komoran = Komoran()
text = "오늘 날씨는 구름이 많아요."

# 명사만 추출  ❶
nouns = komoran.nouns(text)
print(nouns)

# 단어 사전 구축 및 단어별 인덱스 부여  ❷
dics = {}
for word in nouns:
    if word not in dics.keys():
        dics[word] = len(dics)
print(dics)

# 원-핫 인코딩
nb_classes = len(dics)  ❸
targets = list(dics.values())  ❹
one_hot_targets = np.eye(nb_classes)[targets]  ❺
print(one_hot_targets)
```

❶ Komoran 형태소 분석기를 통해 '오늘 날씨는 구름이 많아요.' 문장에서 '오늘', '날씨', '구름'이라는 단어가 리스트로 추출됩니다.

❷ 형태소 분석기에서 추출된 단어별로 인덱스를 부여해 딕셔너리의 key(단어)와 value(인덱스)에 저장합니다. 원-핫 인코딩은 동일한 단어에 서로 다른 원-핫 벡터값을 가지면 안 되기 때문에 이미 저장된 단어는 다시 사전에 저장하지 않습니다.

❸ 원-핫 벡터 차원의 크기를 결정합니다. 단어 사전의 크기가 원-핫 벡터의 크기입니다.

❹ 넘파이의 원-핫 인코딩 기능을 사용하기 위해 딕셔너리 타입으로 되어 있는 단어 사전을 리스트 형태로 변환해야 합니다. 이때 단어별 인덱스값이 필요하기 때문에 딕셔너리의 values()함수를 이용해 value값만 리스트로 변환합니다.

❺ 원-핫 벡터를 만들기 위해서는 넘파이의 eye() 함수를 이용합니다. eye() 함수는 단위행렬을 만들어줍니다. eye() 함수의 인자 크기대로 단위행렬을 반환하며, eye() 함수 뒤에 붙은 [targets]를 이용해 생성된 단위행렬의 순서를 단어 사전의 순서에 맞게 정렬해줍니다.

다음은 [예제 4-1]의 실행 결과입니다. [그림 4-1]과 같이 단어별로 원-핫 벡터가 생성되었습니다.

▶ 원-핫 인코딩 예제 결과

```
['오늘', '날씨', '구름']
{'오늘': 0, '날씨': 1, '구름': 2}
[[1. 0. 0.]
 [0. 1. 0.]
 [0. 0. 1.]]
```

원-핫 인코딩의 경우 간단한 구현 방법에 비해 좋은 성능을 가지기 때문에 많은 사람이 사용하고 있습니다. 하지만 원-핫 벡터의 경우 단순히 단어의 순서에 의한 인덱스값을 기반으로 인코딩된 값이기 때문에 단어의 의미나 유사한 단어와의 관계를 담고 있지 않습니다. 또한 단어 사전의 크기가 커짐에 따라 원-핫 벡터의 차원도 커지는데 이때 메모리 낭비와 계산의 복잡도가 커집니다. 원-핫 벡터는 대부분의 요소가 0의 값을 가지고 있으므로 비효율적입니다.

4.2.2 희소 표현과 분산 표현

앞서 소개한 원-핫 인코딩은 표현하고자 하는 단어의 인덱스 요소만 1이고 나머지 요소는 모두 0으로 표현되는 희소 벡터(또는 희소 행렬)입니다. 이처럼 단어가 희소 벡터로 표현되는 방식을 희소 표현sparse representation이라 부릅니다. 희소 표현은 각각의 차원이 독립적인 정보를 지니고 있어 사람이 이해하기에 직관적인 장점이 있지만 단어 사전의 크기가 커질수록 메모리 낭비와 계산 복잡도가 커지는 단점도 있습니다. 또한 단어 간의 연관성이 전혀 없어 의미를 담을 수 없습니다.

그림 4-2 희소 표현 방식

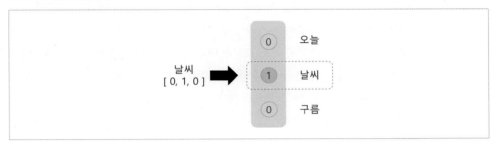

자연어 처리를 잘하기 위해서는 기본 토큰이 되는 단어의 의미와 주변 단어 간의 관계가 단어 임베딩에 표현되어야 합니다. 하지만 희소 표현의 경우 그러지 못합니다. 이를 해결하기 위해 각 단어 간의 유사성을 잘 표현하면서도 벡터 공간을 절약할 수 있는 방법을 고안했는데, 이를 분산 표현distributed representation이라고 합니다. 분산 표현은 한 단어의 정보가 특정 차원에 표현되지 않고 여러 차원에 분산되어 표현된다 하여 붙여진 이름입니다. 즉, 하나의 차원에 다양한 정보를 가지고 있습니다. 다차원 이야기에 내용이 어렵게 느껴질 수 있어 색상을 표현하는 방식을 잠깐 이야기하겠습니다. 색상을 표현하는 RGB 모델은 3차원 형태의 벡터로 생각할 수 있으며 분산 표현 방식입니다. 예를 들어 연두색은 RGB(204, 255, 204) 형태로 분산 표현을 하는 것이죠. 이를 희소 표현으로 한다면 벡터 차원의 크기가 엄청날 겁니다. 뿐만 아니라 다른 색상과의 유사성도 파악할 수 없을 겁니다. 이처럼 분산 표현은 희소 표현에 비해 장점이 많습니다. 따라서 단어 임베딩 기법에서 많이 사용하고 있는 방식입니다.

> NOTE_ 이해를 쉽게 하기 위해 분산 표현으로 RGB 색상을 예로 들었지만 신경망 모델에서의 분산 표현은 사람이 직관적으로 알 수 없는 형태의 수치로 표현됩니다.

그림 4-3 분산 표현 방식

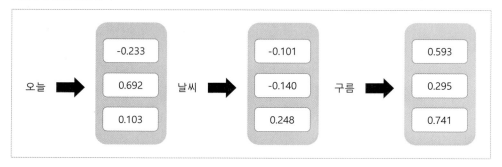

[그림 4-3]의 예시처럼 분산 표현 방식을 사용하면 단어 임베딩 벡터가 더 이상 희소하지 않습니다. 신경망에서는 분산 표현을 학습하는 과정에서 임베딩 벡터의 모든 차원에 의미 있는 데이터를 고르게 밀집시킵니다. 이 때문에 희소 표현과 반대로 데이터 손실을 최소화하면서 벡터 차원이 압축되는 효과가 생깁니다. 분산 표현 방식은 우리가 원하는 차원에 데이터를 최대한 밀집시킬 수 있어 밀집 표현^{dense representation}이라 부르기도 하며, 밀집 표현으로 만들어진 벡터를 밀집 벡터^{dense vector}라 합니다.

> **NOTE_** 앞으로 이 책에서는 분산 표현 방식과 밀집 표현 방식을 혼용해서 사용합니다. 같은 표현이니 헷갈리지 않도록 주의바랍니다.

희소 표현 방식에 비해 분산 표현 방식은 2가지 장점을 가집니다. 첫 번째는 임베딩 벡터의 차원을 데이터 손실을 최소화하면서 압축할 수 있습니다. 희소 표현 방식은 단어를 표현하는 데 너무 많은 차원이 필요합니다. 단어 사전이 커질수록 비효율적일 수밖에 없는데다가 희소 벡터이기 때문에 대부분의 값이 0이 됩니다. 입력 데이터의 차원이 너무 높아지면 신경망 모델의 학습이 어려워지는 차원의 저주^{curse of dimensionality} 문제가 발생합니다. 보통 몇 천, 몇 만 차원의 크기가 필요했던 희소 표현 방식에 비해 분산 표현 방식을 사용할 경우 100~200차원 정도만 사용해도 많은 단어를 표현할 수 있습니다. 두 번째 장점은 임베딩 벡터에는 단어의 의미, 주변 단어 간의 관계 등 많은 정보가 내포되어 있어 일반화 능력이 뛰어납니다. '남자'와 '남성'이라는 단어가 있다고 했을 때 희소 표현 방식에서는 그저 단 하나의 요솟값에 불과합니다. '남자'와 '남성'의 관계가 전혀 표현되어 있지 않습니다. 하지만 분산 표현 방식은 다릅니다. 벡터 공간 상에서 유사한 의미를 갖는 단어들은 비슷한 위치에 분포되어 있기 때문에 '남자'와 '남성'의 단어 위치는 매우 가깝습니다. 이런 두 단어 간의 거리를 계산할 수 있으면 컴퓨터는 '남자'와 '남성' 두 단어를 같은 의미로 해석할 수 있습니다. 이런 장점들 때문에 이 책에서도 분산 표현 방식의 단어 임베딩을 사용합니다.

그림 4-4 분산 표현 방식의 벡터 공간

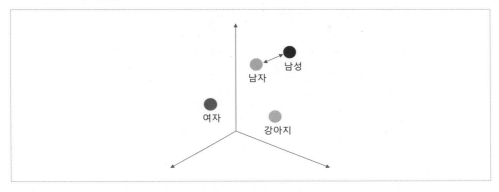

4.2.3 Word2Vec

앞서 소개한 원-핫 인코딩의 경우 구현은 간단하지만 치명적인 단점을 갖고 있습니다. 챗봇의 경우 많은 단어를 처리하면서 단어 간 유사도를 계산할 수 있어야 좋은 성능을 낼 수 있기 때문에 원-핫 인코딩 기법은 좋은 선택이 아닙니다. 따라서 분산 표현 형태의 단어 임베딩 모델을 사용할 것입니다. 이 절에서는 신경망 기반 단어 임베딩의 대표적인 방법인 Word2Vec 모델을 알아보겠습니다.

Word2Vec은 2013년 구글에서 발표했으며 가장 많이 사용하고 있는 단어 임베딩 모델입니다. 기존 신경망 기반의 단어 임베딩 모델에 비해 구조상 차이는 크게 없지만 계산량을 획기적으로 줄여 빠른 학습을 가능하게 하였습니다. Word2Vec 모델은 CBOW^{continuous bag-of-words}와 skip-gram 두 가지 모델로 제안되었습니다.

CBOW 모델은 맥락^{context word}이라 표현되는 주변 단어들을 이용해 타깃 단어를 예측하는 신경망 모델입니다. 신경망의 입력을 주변 단어들로 구성하고 출력을 타깃 단어로 설정해 학습된 가중치 데이터를 임베딩 벡터로 활용합니다. skip-gram 모델은 CBOW 모델과 반대로 하나의 타깃 단어를 이용해 주변 단어들을 예측하는 신경망 모델입니다. 입출력이 CBOW 모델과 반대로 되어 있기 때문에 skip-gram 모델이 CBOW 모델에 비해 예측해야 하는 맥락이 많아집니다. 따라서 단어 분산 표현력이 우수해 CBOW 모델에 비해 임베딩 품질이 우수합니다. 반면 CBOW 모델은 타깃 단어의 손실만 계산하면 되기 때문에 학습 속도가 빠른 장점이 있습니다. 다음은 Word2Vec의 두 가지 모델이 다루는 문제를 설명하는 그림입니다.

그림 4-5 Word2Vec의 두 가지 모델이 다루는 문제

CBOW 모델에서는 타깃 단어를 예측하기 위해 앞뒤 단어를 확인했습니다. 이때 앞뒤로 몇 개의 단어까지 확인할지 결정할 수 있는데 이 범위를 윈도우window라고 합니다. 예를 들어 윈도우 크기를 2로 한 경우 타깃 단어의 앞뒤 단어 2개까지 모델 학습을 위해 사용됩니다.

그림 4-6 CBOW와 skip-gram의 window size

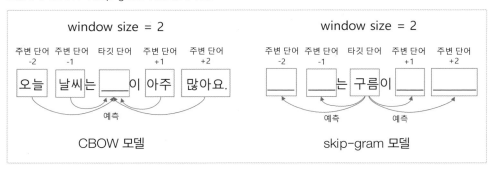

Word2Vec의 단어 임베딩은 해당 단어를 밀집 벡터로 표현하며 학습을 통해 의미상 비슷한 단어들을 비슷한 벡터 공간에 위치시킵니다. 또한 벡터 특성상 의미에 따라 방향성을 갖게 됩니다. 이때 방향성에 대해 이해해야 합니다. 임베딩된 벡터들 간 연산이 가능하기 때문에 [그림 4-7]처럼 단어 간 관계를 계산할 수 있습니다. 신기하게도 '왕'과 '여왕'의 방향 차이만큼 '남자'와 '여자'의 방향 차이가 생깁니다. 이런 특징을 이용해 자연어의 의미를 파악할 수 있습니다.

그림 4-7 Word2Vec의 두 가지 모델이 다루는 문제

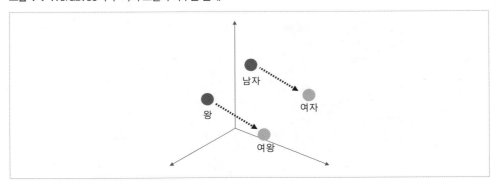

이제 Word2vec 모델을 파이썬 예제를 통해 사용해봅시다. Word2vec 모델을 텐서플로나 케라스 같은 신경망 라이브러리를 이용해 직접 구현할 수도 있지만 우리는 그럴 필요가 없습니다. Word2Vec을 사용할 수 있는 오픈소스 라이브러리가 이미 존재하며, 이 책에서는 토픽 모델링과 자연어 처리를 위한 라이브러리인 Gensim 패키지를 사용합니다. 사용법이 간단하며 임베딩 품질이 나쁘지 않아 많이 사용하고 있습니다.

한국어 Word2Vec을 만들기 위해서는 한국어 말뭉치를 수집해야 합니다. 웹에서는 한국어 위키나 네이버 영화 리뷰 데이터를 제외하곤 한국어 말뭉치를 구하기 쉽지 않습니다. 이번 예제는 네이버 영화 리뷰 데이터^{Naver Sentiment Movie Corpus, NSMC}를 이용해 Word2Vec 모델을 만들어보겠습니다. 말뭉치 데이터는 이 책에서 제공하는 예제와 함께 제공되지만 최신 버전의 말뭉치 데이터를 원하는 분은 github.com/e9t/nsmc에서 다운로드할 수 있습니다.

말뭉치 데이터는 양이 많기 때문에 모델을 학습하는 데 시간이 다소 걸립니다. Word2Vec을 사용할 때마다 오랜 시간이 걸리는 모델 학습을 매번 할 수 없으므로 각 단어의 임베딩 벡터가 설정되어 있는 모델을 파일로 저장합니다.

> **NOTE_** 필자의 맥북(Intel Core i9 2.3Ghz, 64GB 메모리)에서는 ratings.txt(19M) 파일을 Word2Vec 모델로 학습하는 데 150초 정도 소요되었습니다. 독자의 컴퓨터 사양에 따라 학습 시간이 다를 수 있습니다. 느긋하게 커피 한 잔 하고 오면 모델 파일이 생성되어 있을 겁니다.

예제로 제공된 ratings.txt 파일(네이버 영화 리뷰 말뭉치 데이터)과 동일한 위치에 create_word2vec_model.py 파일을 생성해 예제를 작성합니다.

```python
from gensim.models import Word2Vec
from konlpy.tag import Komoran
import time

# 네이버 영화 리뷰 데이터 읽어옴  ❶
def read_review_data(filename):
    with open(filename, 'r') as f:
        data = [line.split('\t') for line in f.read().splitlines()]
        data = data[1:]   # 헤더 제거
    return data

# 학습 시간 측정 시작  ❷
start = time.time()

# 리뷰 파일 읽어오기  ❸
print('1) 말뭉치 데이터 읽기 시작')
review_data = read_review_data('./ratings.txt')
print(len(review_data))  # 리뷰 데이터 전체 개수
print('1) 말뭉치 데이터 읽기 완료 : ', time.time() - start)

# 문장 단위로 명사만 추출해 학습 입력 데이터로 만듦  ❹
print('2) 형태소에서 명사만 추출 시작')
komoran = Komoran()
docs = [komoran.nouns(sentence[1]) for sentence in review_data]
print('2) 형태소에서 명사만 추출 완료 : ', time.time() - start)

# Word2Vec 모델 학습  ❺
print('3) Word2Vec 모델 학습 시작')
model = Word2Vec(sentences=docs, size=200, window=4, hs=1, min_count=2, sg=1)
print('3) Word2Vec 모델 학습 완료 : ', time.time() - start)

# 모델 저장  ❻
print('4) 학습된 모델 저장 시작')
model.save('nvmc.model')
print('4) 학습된 모델 저장 완료 : ', time.time() - start)

# 학습된 말뭉치 수, 코퍼스 내 전체 단어 수
print("corpus_count : ", model.corpus_count)
print("corpus_total_words : ", model.corpus_total_words)
```

❶ 네이버 영화 리뷰 말뭉치 파일(ratings.txt)을 읽어와 리스트로 반환하는 함수입니다. ratings.txt 파일은 라인마다 [Tab]을 사용해서 id, document, label 컬럼으로 데이터가 구분되어 있습니다. 따라서 read_review_data() 함수는 리뷰 데이터를 각 라인별로 읽어와 \t를 기준으로 데이터를 분리합니다. 그 후 첫 번째 행의 헤더를 제거하고 리뷰 데이터만 반환합니다.

❷ 각 코드의 수행 속도를 측정하기 위한 시작 시간을 저장합니다.

❸ ❶에서 정의한 read_review_data() 함수를 호출해 현재 경로에 있는 ratings.txt 파일을 리스트 형태로 읽어옵니다.

❹ Komoran 형태소 분석기를 이용해 불러온 리뷰 데이터에서 문장별로 명사만 추출합니다. 여기서 sentence[1]은 rating.txt 파일에서 document 컬럼의 데이터를 의미합니다.

❺ ❹에서 추출한 명사 리스트로 Word2Vec 모델을 학습시킵니다. 여기서 Word2Vec의 주요 하이퍼파라미터^{hyperparameter}는 다음과 같습니다.

- sentences : Word2Vec 모델 학습에 필요한 문장 데이터. Word2Vec 모델의 입력값으로 사용됩니다.
- size : 단어 임베딩 벡터의 차원(크기)
- window : 주변 단어 윈도우의 크기
- hs : 1(모델학습에 softmax 사용), 0(negative 옵션 값이 0이 아닐 때 음수 샘플링으로 사용)
- min_count : 단어 최소 빈도 수 제한(설정된 min_count 빈도 수 이하의 단어들은 학습하지 않음)
- sg : 0(CBOW 모델), 1(skip-gram 모델)

> **NOTE_** 하이퍼파라미터란 신경망 모델을 학습할 때 사용자가 직접 세팅해주는 값입니다. Word2Vec 클래스의 생성자를 호출할 때 사용하는 변수들은 학습 시 필요한 세팅값이기 때문에 인자가 아닌 하이퍼파라미터라는 표현을 사용했습니다. 일반적으로 함수에서 사용하는 인자(파라미터)와는 다른 개념입니다. 앞으로 신경망 모델에서 학습에 필요한 세팅값은 하이퍼파라미터로 표현하겠습니다.

❻ 모델을 현재 디렉터리에 nvmc.model(74M)이란 이름으로 저장합니다.

다음은 [예제 4-2]의 실행 결과입니다. 주요 실행 시점마다 계산 시간을 측정했으며, 전처리 과정으로 리뷰 데이터 20만 개에서 명사를 추출하는 데 약 130초 정도 소요되었고, 약 100만 개 정도의 단어 임베딩을 처리할 수 있는 Word2Vec 모델을 학습하고 저장하는 데 18초 정도 소요되었습니다.

▶ Word2Vec 모델 학습 결과

```
1) 말뭉치 데이터 읽기 시작
200000
1) 말뭉치 데이터 읽기 완료 : 0.32205796241760254
2) 형태소에서 명사만 추출 시작
2) 형태소에서 명사만 추출 완료 : 130.4175398349762
3) Word2Vec 모델 학습 시작
3) Word2Vec 모델 학습 완료 : 147.5308449268341
4) 학습된 모델 저장 시작
4) 학습된 모델 저장 완료 : 148.0353808403015
corpus_count : 200000
corpus_total_words : 1076896
```

이제 생성된 Word2Vec 모델 파일을 읽어와 실제로 단어 임베딩된 값과 벡터 공간상의 유사한 단어들을 확인하는 예제를 살펴봅시다. [예제 4-2]에서 저장한 모델 파일(nvmc.model)과 같은 위치에 load_word2vec_model.py 파일을 생성해 예제를 작성하세요.

예제 4-3 Word2Vec 모델 활용

```python
from gensim.models import Word2Vec

# 모델 로딩 ❶
model = Word2Vec.load('nvmc.model')
print("corpus_total_words : ", model.corpus_total_words)

# '사랑'이란 단어로 생성한 단어 임베딩 벡터 ❷
print('사랑 : ', model.wv['사랑'])

# 단어 유사도 계산 ❸
print("일요일 = 월요일\t", model.wv.similarity(w1='일요일', w2='월요일'))
print("안성기 = 배우\t", model.wv.similarity(w1='안성기', w2='배우'))
print("대기업 = 삼성\t", model.wv.similarity(w1='대기업', w2='삼성'))
print("일요일 != 삼성\t", model.wv.similarity(w1='일요일', w2='삼성'))
print("히어로 != 삼성\t", model.wv.similarity(w1='히어로', w2='삼성'))

# 가장 유사한 단어 추출 ❹
print(model.wv.most_similar("안성기", topn=5))
print(model.wv.most_similar("시리즈", topn=5))
```

❶ [예제 4-2]에서 생성한 모델 파일을 읽어와 Word2Vec 객체를 생성합니다.

❷ '사랑'이라는 단어로 생성한 단어 임베딩 벡터입니다. 모델을 학습할 때 설정한 size 하이퍼 파라미터만큼 단어 임베딩 벡터 차원 크기가 결정됩니다.

❸ gensim 패키지의 model.wv.similarity() 함수를 호출하면 두 단어 간의 유사도를 계산해줍 니다.

❹ gensim 패키지의 model.wv.most_similar() 함수를 호출할 경우 인자로 사용한 단어와 가 장 유사한 단어를 리스트로 반환해줍니다. 즉, 벡터 공간에서 가장 가까운 거리에 있는 단어들 을 반환합니다. topn 인자는 반환되는 유사한 단어 수를 의미하며, 예제에서는 5개까지 유사한 단어를 반환합니다.

다음은 [예제 4-3]의 실행 결과입니다. 원-핫 인코딩 방법에 비해 결과가 재미있습니다. '사랑' 의 단어 임베딩 벡터를 살펴보면 모든 차원에 골고루 데이터가 분포되어 있는 것을 볼 수 있습 니다. '일요일'과 '월요일'에 대한 유사도를 계산한 결과를 보면 0.69로 수치가 높습니다. 유사 도가 1에 가까울수록 두 단어는 동일한 의미이거나 문법적으로 관계되어 있을 확률이 높습니 다. '안성기'와 '배우'의 유사도 역시 0.53으로 두 단어 간에 관련이 있어 보입니다. 하지만 '히 어로'와 '삼성'은 유사도가 0.12로 매우 낮습니다. 이는 서로 관계없는 단어일 확률이 높습니 다. '시리즈'와 가장 유사한 단어를 5개 찾았을 때도 시리즈물 영화 제목이 반환되었습니다. 이 렇듯 Word2Vec을 단어 임베딩으로 사용하면 단어의 의미나 문법적인 특징까지도 벡터로 표 현할 수 있습니다. 예제를 통해 실습해보면 놀라울 정도로 유사한 단어를 찾는 경우도 있지만 이해하기 힘든 결과를 출력하는 경우도 있습니다. 이는 주제에 맞는 말뭉치 데이터가 부족해서 생기는 현상이니 품질 좋은 말뭉치 데이터를 학습하면 임베딩 성능이 많이 좋아집니다.

▶ Word2Vec 모델 활용 결과

```
corpus_total_words :   1076896

사랑 : [-2.48956800e-01 -1.99223772e-01  1.87762126e-01 -1.85398445e-01
  6.27396107e-02 -9.04270858e-02  1.59261078e-01 -1.05991602e-01
  1.33643940e-01 -8.52622837e-02  1.33381590e-01  8.18942785e-02
  2.69129872e-01  2.32022762e-01 -1.23370722e-01 -3.92550617e-01
 -1.88292965e-01 -7.08739907e-02  7.36204088e-02  2.62768537e-01
    ....
  1.20565683e-01 -2.88276613e-01 -1.99298233e-01  9.13245380e-02
  1.96150437e-01 -1.19561896e-01 -6.89079836e-02 -2.05629662e-01
  3.19373935e-01  8.01302418e-02 -2.70774931e-01 -1.01155646e-01]
```

```
일요일 = 월요일              0.69095075
안성기 = 배우              0.53823525
대기업 = 삼성              0.5587409
일요일 != 삼성             0.24961063
히어로 != 삼성             0.12447011

[('씨야', 0.7203094959259033), ('정려원', 0.716742753982544), ('지진희',
0.7002952098846436), ('김정학', 0.6940971612930298), ('한석규', 0.6911730766296387)]

[('캐리비안의 해적', 0.6928162574768066), ('비포 선셋', 0.6688486337661743),
('X맨', 0.66130530834198), ('러시아워', 0.6595261096954346), ('반지의 제왕',
0.6533516645431519)]
```

> **NOTE_** 모델 학습 시 신경망 내 각 노드의 초기 가중치가 랜덤으로 설정됩니다. 따라서 모델 학습을 할 때마다 단어 임베딩 벡터값이 변경됩니다. 그러므로 실습을 할 때 이 책의 결과와 다르게 보일 수 있습니다.

4.3 마치며

컴퓨터는 자연어를 있는 그대로 처리할 수 없으므로 연산 가능한 형태로 변환해야 합니다. 따라서 자연어를 컴퓨터 연산에 효율적인 벡터 형태로 변환하는 과정을 거치는데 이를 임베딩이라고 합니다. 말뭉치의 품질과 데이터양이 충분하다면 훌륭한 품질의 임베딩 모델을 구축할 수 있습니다. 이런 임베딩은 사람이 이해하는 정보를 컴퓨터가 이해할 수 있는 형태로 변환해주는 역할을 하기 때문에 일반적으로 신경망 모델의 입력으로 많이 사용됩니다.

이 장에서는 임베딩 모델의 간단한 설명과 더불어 사용 방법을 알아보았습니다. 이 책에서 같이 만들어볼 챗봇은 단어 기반 토큰을 활용한 단어 임베딩 벡터를 사용합니다. 따라서 3장과 4장의 내용은 직접적으로 서로 이어지는 내용입니다. 토크나이징을 해야 단어별로 단어 임베딩을 할 수 있기 때문입니다. 어떤 임베딩 방법을 사용하느냐에 따라 챗봇 엔진의 성능에도 많은 영향을 주기 때문에 매우 중요한 부분입니다. 이해가 안 되는 부분이 있다면 다시 앞부분으로 돌아가 반복 학습 부탁드리겠습니다.

## CHAPTER 5

텍스트 유사도

5.1 텍스트 유사도 개요

자연어 처리에서 문장 간에 의미가 얼마나 유사한지 계산하는 일은 매우 중요합니다. 사람은 두 개의 문장이 유사하다는 걸 어떻게 인지할까요? 우리는 의식하진 않지만 두 개의 문장에 동일한 단어나 의미상 비슷한 단어들이 얼마나 분포되어 있는지 직감적으로 파악합니다. 컴퓨터도 동일한 방법으로 두 문장 간의 유사도를 계산할 수 있습니다. 4장에서 배운 임베딩으로 각단어들의 벡터를 구한 다음 벡터 간의 거리를 계산하는 방법으로 단어 간의 의미가 얼마나 유사한지 계산할 수 있습니다. 문장 역시 단어들의 묶음이기 때문에 하나의 벡터로 묶어서 문장간의 유사도를 계산할 수 있습니다.

챗봇 개발에는 여러 가지 방법론이 있습니다. 이 책에서는 특정 분야에 적용되는 FAQ에 응대하는 Q&A 챗봇 개발을 다루고 있습니다. 때문에 챗봇 엔진에 입력되는 문장과 시스템에서 해당 주제의 답변과 연관되어 있는 질문이 얼마나 유사한지 계산할 수 있어야 적절한 답변을 출력할 수 있습니다. 이처럼 두 문장 간의 유사도를 계산하기 위해서는 문장 내에 존재하는 단어들을 수치화해야 합니다. 이때 언어 모델에 따라 통계를 이용하는 방법과 인공 신경망을 이용하는 방법으로 나눌 수 있습니다. 4장에서 배운 Word2Vec은 인공 신경망을 이용했고, 이 장에서는 통계적인 방법을 이용해 유사도를 계산하는 방법을 살펴볼 것입니다. 인공 신경망 방식의 성능이 절대적으로 좋은 건 아닙니다. 상황에 따라서 통계적인 방식이 더 적절할 수 있으며, 개발하려는 챗봇의 주제에 따라 사용하면 챗봇 엔진 성능 향상에 도움이 될 수 있습니다.

NOTE_ 심심이 같은 봇은 QnA 챗봇이 아닌 스몰토크에 적합하도록 개발된 챗봇입니다. 여기서 스몰토크란 누군가 처음 만났을 때 어색한 분위기를 누그러뜨릴 수 있는 가벼운 대화를 의미합니다. 때문에 심심이 같이 가볍게 농담식 대화나 일상 대화를 나눌 수 있는 봇을 개발하기 위해서는 이 책에서 소개하는 방법론으로는 적합하지 않습니다. 가볍게 나누는 일상 대화에 필요한 모든 상황이나 대화를 일일이 Q&A 형태로 학습하는 것은 불가능에 가깝습니다.

5.2 n-gram 유사도

n-gram은 주어진 문장에서 n개의 연속적인 단어 시퀀스(단어 나열)를 의미합니다. n-gram은 문장에서 n개의 단어를 토큰으로 사용합니다. 이는 이웃한 단어의 출현 횟수를 통계적으로 표현해 텍스트의 유사도를 계산하는 방법입니다. 손쉬운 구현 방식에 비해 학습 말뭉치 품질만 좋다면 괜찮은 성능을 보여줍니다. 서로 다른 문장을 n-gram으로 비교하면 단어의 출현 빈도에 기반한 유사도를 계산할 수 있으며 이를 통해 논문 인용이나 도용 정도를 조사할 수 있습니다. 다음 그림은 n에 따라 토큰을 분리한 예입니다.

그림 5-1 n에 따른 n-gram

> **1661년 6월 뉴턴은 선생님의 제안으로 트리니티에 입학하였다.**
>
> n=1 : 1661년 / 6월 / 뉴턴 / 선생님 / 제안 / 트리니티 / 입학
> (unigram)
>
> n=2 : 1661년 6월 / 6월 뉴턴 / 뉴턴 선생님 / 선생님 제안 / 제안 트리니티 / 트리니티 입학
> (bigram)
>
> n=3 : 1661년 6월 뉴턴 / 6월 뉴턴 선생님 / 뉴턴 선생님 제안 / 선생님 제안 트리니티 / 제안 트리니티 입학
> (trigram)
>
> n=4 : 1661년 6월 뉴턴 선생님 / 6월 뉴턴 선생님 제안 / 뉴턴 선생님 제안 트리니티 / 선생님 제안 트리티니 입학
> (4-gram)

n이 1인 경우 1-gram 또는 유니그램unigram, 2인 경우 2-gram 또는 바이그램bigram, 3인 경우 3-gram 또는 트라이그램trigram이라 부르며, 4 이상은 숫자만 앞쪽에 붙여 부릅니다. n-gram이 토큰을 어떻게 분리하는지 2-gram을 예로 들어 알아봅시다.

그림 5-2 2-gram 예시

이제 n-gram을 이용해 문장 간의 유사도를 계산해봅시다. 해당 문장을 n-gram으로 토큰을 분리한 후 단어 문서 행렬$^{\text{Term-Document Matrix, TDM}}$을 만듭니다. 이후 두 문장을 서로 비교해 동일한 단어의 출현 빈도를 확률로 계산해 유사도를 구할 수 있습니다. 다음은 두 문장을 A와 B로 표현했을 때 B가 A와 얼마나 유사한지 확률을 구하는 수식입니다.

$$similarity = \frac{tf(A, B)}{tokens(A)}$$ ······ n-gram 유사도

tf $^{\text{term frequency}}$는 두 문장 A와 B에서 동일한 토큰의 출현 빈도를 뜻하며, tokens는 해당 문장에서 전체 토큰 수를 의미합니다. 여기서 토큰이란 n-gram으로 분리된 단어입니다. 즉, 기준이 되는 문장 A에서 나온 전체 토큰 중에서 A와 B에 동일한 토큰이 얼마나 있는지 비율로 표현한 수식입니다. 1.0에 가까울수록 B가 A에 유사하다고 볼 수 있습니다.

2-gram을 이용해 아래 두 문장의 유사도를 계산하는 과정을 살펴봅시다.

    A : 6월에 뉴턴은 선생님의 제안으로 트리니티에 입학했다.
    B : 6월에 뉴턴은 선생님의 제안으로 대학교에 입학했다.

다음 그림은 문장 A와 B의 단어 문서 행렬을 표현한 표입니다. 행렬의 열은 문장 A의 2-gram 토큰값이며, 행은 문장 A와 B로 구성되어 있습니다. 열에 나열된 토큰들이 문장 A와 B에 얼마만큼 출현되는지 나타내고 있습니다. 문장 A에서는 당연히 6개의 토큰이 전부 나오며, 문장 B에서는 동일한 토큰이 4개 카운트되었습니다. 앞의 n-gram 유사도 수식에 따르면 4/6로 0.66의 유사도를 지니고 있습니다. 즉, 문장 B는 문장 A와 66% 유사합니다.

그림 5-3 단어 문서 행렬 표현

문장 A의 2-gram 토큰

문장 종류	('6월', '뉴턴')	('뉴턴', '선생님')	('선생님', '제안')	('제안', '트리니티')	('트리니티', '입학')	('입학')	
A	1	1	1	1	1	1	6
B	1	1	1	0	0	1	4

tokens(A)
tf(A, B)

> **NOTE_** 단어 문서 행렬(Term-Document Matrix, TDM)을 설명할 때 A와 B를 문장이라고 표현했습니다. 문장 단위로 유사도를 계산하고 있기 때문에 문장이라고 표현했지만 실무에서는 문서 단위로 유사도를 구하는 경우가 더 많으며, 해당 문서에서 단어들이 얼마나 나오는지 출현 빈도를 행렬로 표현합니다. 문장이 문서에 포함되는 개념으로 생각하기 바랍니다.

이제 n-gram의 개념을 정리했으니, 실제로 작동하는 코드를 만들어봅시다. 다음은 3개 문장 간의 유사도를 계산하는 예제입니다.

예제 5-1 2-gram 유사도 계산

```
from konlpy.tag import Komoran

# 어절 단위 n-gram ❶
def word_ngram(bow, num_gram):
    text = tuple(bow)
    ngrams = [text[x:x + num_gram] for x in range(0, len(text))]
    return tuple(ngrams)

# 유사도 계산 ❷
def similarity(doc1, doc2):
    cnt = 0
    for token in doc1:
        if token in doc2:
            cnt = cnt + 1
    return cnt/len(doc1)

# 문장 정의
sentence1 = '6월에 뉴턴은 선생님의 제안으로 트리니티에 입학했다.'
sentence2 = '6월에 뉴턴은 선생님의 제안으로 대학교에 입학했다.'
sentence3 = '나는 맛있는 밥을 뉴턴 선생님과 함께 먹었다.'
```

```python
# 형태소 분석기에서 명사(단어) 추출  ❸
komoran = Komoran()
bow1 = komoran.nouns(sentence1)
bow2 = komoran.nouns(sentence2)
bow3 = komoran.nouns(sentence3)

# 단어 n-gram 토큰 추출  ❹
doc1 = word_ngram(bow1, 2)   # 2-gram 방식으로 추출
doc2 = word_ngram(bow2, 2)
doc3 = word_ngram(bow3, 2)

# 추출된 n-gram 토큰 출력
print(doc1)
print(doc2)

# 유사도 계산
r1 = similarity(doc1, doc2)  ❺
r2 = similarity(doc3, doc1)  ❻

# 계산된 유사도 출력
print(r1)
print(r2)
```

❶ 어절 단위로 n-gram 토큰을 추출하는 함수입니다. 추출된 토큰들은 튜플 형태로 반환됩니다. [그림 5-2]의 예시처럼 슬라이싱을 이용해 문장을 어절 단위로 n개씩 끊어서 토큰을 저장합니다.

❷ [그림 5-3]의 예시처럼 doc1의 토큰이 doc2의 토큰과 얼마나 동일한지 횟수를 카운트합니다. 카운트된 값을 doc1의 전체 토큰 수로 나누면 유사도가 계산됩니다. 이때 결과가 1.0에 가까울수록 doc1과 유사해집니다.

❸ Komoran 형태소 분석기를 이용해 정의된 문장에서 명사를 리스트 형태로 추출합니다.

❹ ❶에서 정의한 word_ngram() 함수를 이용해 명사 리스트의 n-gram 토큰을 추출합니다. 여기서 word_ngram() 함수의 num_gram 인자에 2를 입력했으므로 2-gram 방식으로 토큰을 추출합니다.

❺ 문장1(doc1)과 문장2(doc2)의 유사도를 계산합니다. 유사도가 0.66으로 계산됩니다.

❻ 문장3(doc3)과 문장1(doc1)의 유사도를 계산합니다. 문장 3과 문장1은 연관성이 전혀 없으므로 유사도가 0으로 계산됩니다.

다음은 [예제 5-1]의 결과입니다. 추출된 n-gram 토큰들이 어떻게 구성되어 있는지, 비교 대상의 문장과 어떤 토큰들이 동일한지 확인해보세요.

▶ 2-gram 유사도 계산 결과

```
(('6월', '뉴턴'), ('뉴턴', '선생님'), ('선생님', '제안'), ('제안', '트리니티'), ('트리니
티', '입학'), ('입학',))
(('6월', '뉴턴'), ('뉴턴', '선생님'), ('선생님', '제안'), ('제안', '대학교'), ('대학교',
'입학'), ('입학',))
(('맛', '밥'), ('밥', '뉴턴'), ('뉴턴', '선생'), ('선생', '님과 함께'), ('님과 함께',))
0.6666666666666666
0.0
```

n-gram은 문장에 존재하는 모든 단어의 출현 빈도를 확인하는 것이 아니라 연속되는 문장에서 일부 단어(n으로 설정된 개수만큼)만 확인하다 보니 전체 문장을 고려한 언어 모델보다 정확도가 떨어질 수 있습니다. n-gram의 경우 n을 크게 잡을수록 비교 문장의 토큰과 비교할 때 카운트를 놓칠 확률이 커집니다. 하지만 n을 작게 잡을수록 카운트 확률은 높아지지만 문맥을 파악하는 정확도는 떨어질 수밖에 없는 구조이므로 n-gram 모델에서 n의 설정은 매우 중요합니다. 보통 1~5 사이의 값을 많이 사용합니다.

> **NOTE_** 이 절에선 어절 단위의 n-gram 모델만 살펴보았습니다. 하지만 음절 단위의 n-gram 모델도 존재하며, 두 모델의 결과는 학습 말뭉치 종류와 그 양에 따라 성능이 크게 차이 납니다. 일반적으로 학습 데이터가 작을 땐 음절 단위의 n-gram 모델이 유리하지만 문맥을 파악하는 정확도는 떨어질 수밖에 없는 단점이 존재합니다.

5.3 코사인 유사도

단어나 문장을 벡터로 표현할 수 있다면 벡터 간 거리나 각도를 이용해 유사성을 파악할 수 있습니다. 벡터 간 거리를 구하는 방법은 다양하지만 이 책에서는 코사인 유사도$^{cosine\ similarity}$를 설명하겠습니다.

코사인 유사도는 두 벡터 간 코사인 각도를 이용해 유사도를 측정하는 방법입니다. 일반적으로 코사인 유사도는 벡터의 크기가 중요하지 않을 때 그 거리를 측정하기 위해 사용합니다. 예를

들어 단어의 출현 빈도를 통해 유사도 계산을 한다면 동일한 단어가 많이 포함되어 있을수록 벡터의 크기가 커집니다. 이때 코사인 유사도는 벡터의 크기와 상관없이 결과가 안정적입니다. 앞서 배운 n-gram의 경우 동일한 단어가 문서 내에 자주 등장하면 유사도 결과에 안 좋은 영향을 미칠 수밖에 없습니다. 코사인 유사도는 다양한 차원에서 적용 가능해 실무에서 많이 사용합니다.

코사인은 −1~1 사이의 값을 가지며, 두 벡터의 방향이 완전히 동일한 경우에는 1, 반대 방향인 경우에는 −1, 두 벡터가 서로 직각을 이루면 0의 값을 가집니다. 즉, 두 벡터의 방향이 같아질수록 유사하다 볼 수 있습니다. 다음은 코사인 유사도의 수식입니다. 공간 벡터의 내적과 크기를 이용해 코사인 각도를 계산한다는 것을 알 수 있습니다.

$$similarity = \cos\theta = \frac{A \cdot B}{\|A\|\|B\|} = \frac{\sum_{i=1}^{n} A_i \times B_i}{\sqrt{\sum_{i=1}^{n}(A_i)^2} \times \sqrt{\sum_{i=1}^{n}(B_i)^2}}$$

...... 코사인 유사도

코사인 유사도를 이용해 아래 두 문장의 유사도를 계산하는 과정을 살펴봅시다.

A : 6월에 뉴턴은 선생님의 제안으로 트리니티에 입학했다.
B : 6월에 뉴턴은 선생님의 제안으로 대학교에 입학했다.

다음 그림은 문장 A와 B에서 단어 토큰(명사)만 추출하여 단어 문서 행렬을 표현한 표입니다. 행렬의 열은 문장 A와 B의 단어 토큰값이며, 행은 문장 A와 B로 구성되어 있습니다. 열에 나열된 토큰들은 문장 A와 B에 얼마만큼 출현되는지 나타내고 있습니다. 각 문장에서 토큰이 나올 때마다 +1씩 카운트했습니다.

그림 5-4 단어 문서 행렬 표현

		'6월'	'뉴턴'	'선생님'	'제안'	'트리니티'	' 입학'	' 대학'
문장 종류	A	1	1	1	1	1	1	0
	B	1	1	1	1	0	1	1

위 칸: 문장 A, B의 단어 토큰

[그림 5-4]를 보면 문장 A와 B의 벡터는 다음과 같이 정의되었습니다. 코사인 유사도의 수식을 이용해 유사도를 계산하는 과정을 살펴봅시다.

$$A = [1, 1, 1, 1, 1, 1, 0]$$
$$B = [1, 1, 1, 1, 0, 1, 1]$$

우선 앞의 코사인 유사도 수식의 분자를 계산합니다. 코사인 유사도 수식의 분자는 두 벡터의 내적을 의미합니다.

$$A \cdot B = \sum_{i=1}^{n} A_i \times B_i$$
$$= (1 \times 1) + (1 \times 1) + (1 \times 1) + (1 \times 1) + (1 \times 0) + (1 \times 1) + (0 \times 1)$$
$$= 1 + 1 + 1 + 1 + 0 + 1 + 0$$
$$= 5$$

다음으로 코사인 유사도 수식의 분모를 계산합니다. 코사인 유사도 수식의 분모는 두 벡터의 크기의 곱을 의미합니다.

$$\|A\| \|B\| = \sqrt{\sum_{i=1}^{n} (A_i)^2} \times \sqrt{\sum_{i=1}^{n} (B_i)^2}$$
$$= \sqrt{1^2 + 1^2 + 1^2 + 1^2 + 1^2 + 1^2 + 0^2} \times \sqrt{1^2 + 1^2 + 1^2 + 1^2 + 0^2 + 1^2 + 1^2}$$
$$= \sqrt{6} \times \sqrt{6}$$
$$= \sqrt{36}$$
$$= 6$$

두 벡터의 내적은 5, 두 벡터 크기의 곱은 6이 나왔습니다. 이 계산 값을 이용해 코사인 각도를 계산하면 0.83이 나옵니다. 즉, 문장 A와 B는 83%의 유사성을 갖고 있습니다. 고등학교 수학 시간에 배운 간단한 개념으로 두 문장 간의 유사도를 계산할 수 있다는 점이 신기할 따름입니다.

$$similarity = \cos\theta = \frac{A \cdot B}{\|A\| \|B\|} = \frac{5}{6} = 0.8333333333$$

이제 코사인 유사도에 대한 개념을 정리했으니 실제로 작동하는 코드를 만들어봅시다. 다음은 3개 문장 간의 코사인 유사도를 계산하는 예제입니다.

```
from konlpy.tag import Komoran
import numpy as np
from numpy import dot
from numpy.linalg import norm

# 코사인 유사도 계산  ❶
def cos_sim(vec1, vec2):
    return dot(vec1, vec2) / (norm(vec1) * norm(vec2))

# TDM 만들기  ❷
def make_term_doc_mat(sentence_bow, word_dics):
    freq_mat = {}

    for word in word_dics:
        freq_mat[word] = 0

    for word in word_dics:
        if word in sentence_bow:
            freq_mat[word] += 1

    return freq_mat

# 단어 벡터 만들기  ❸
def make_vector(tdm):
    vec = []
    for key in tdm:
        vec.append(tdm[key])
    return vec

# 문장 정의
sentence1 = '6월에 뉴턴은 선생님의 제안으로 트리니티에 입학했다.'
sentence2 = '6월에 뉴턴은 선생님의 제안으로 대학교에 입학했다.'
sentence3 = '나는 맛있는 밥을 뉴턴 선생님과 함께 먹었다.'

# 형태소 분석기를 이용해 단어 묶음 리스트 생성  ❹
komoran = Komoran()
bow1 = komoran.nouns(sentence1)
bow2 = komoran.nouns(sentence2)
bow3 = komoran.nouns(sentence3)

# 단어 묶음 리스트를 하나로 합침  ❺
bow = bow1 + bow2 + bow3
```

```
# 단어 묶음에서 중복을 제거해 단어 사전 구축  ❻
word_dics = []
for token in bow:
    if token not in word_dics:
        word_dics.append(token)


# 문장별 단어 문서 행렬 계산  ❼
freq_list1 = make_term_doc_mat(bow1, word_dics)
freq_list2 = make_term_doc_mat(bow2, word_dics)
freq_list3 = make_term_doc_mat(bow3, word_dics)
print(freq_list1)
print(freq_list2)
print(freq_list3)

# 문장 벡터 생성  ❽
doc1 = np.array(make_vector(freq_list1))
doc2 = np.array(make_vector(freq_list2))
doc3 = np.array(make_vector(freq_list3))

# 코사인 유사도 계산  ❾
r1 = cos_sim(doc1, doc2)
r2 = cos_sim(doc3, doc1)
print(r1)
print(r2)
```

❶ 코사인 유사도를 계산하는 함수입니다. 코사인 유사도 계산에는 넘파이에서 제공하는 벡터 내적을 계산하는 함수와 노름^{norm}을 계산하는 함수를 이용합니다. 넘파이 패키지의 dot( ) 함수는 인자로 들어온 2개의 넘파이 배열을 내적곱$^{dot\ product}$합니다. 이전에 배운 행렬곱과는 엄연히 다른 연산이니 헷갈리면 안 됩니다. 넘파이에서는 norm( ) 함수를 제공합니다. 여기서 노름은 벡터의 크기를 나타내는 수학 용어입니다. 벡터의 노름에는 여러 가지 종류가 있지만 코사인 유사도에서는 L2 노름(유클리드 노름)을 주로 사용합니다. L2 노름의 수식은 다음과 같습니다.

$$l_2 norm = \sqrt{\sum_{i=1}^{n} |x_i|^2} = 유클리드 노름$$

코사인 유사도 수식의 분모에 있는 벡터의 크기를 계산하는 부분과 동일하기 때문에 벡터의 크기 계산에 넘파이의 norm( ) 함수를 사용합니다. norm( ) 함수의 인자로 들어온 넘파이 배열의 노름 크기를 계산합니다.

❷ 비교 문장에서 추출한 단어 사전을 기준으로 문장에 해당 단어들이 얼마나 포함되어 있는지 나타내는 단어 문서 행렬^{TDM}을 만들어주는 함수입니다.

❸ 단어 문서 행렬에서 표현된 토큰들의 출현 빈도 데이터를 벡터로 만들어주는 함수입니다.

❹ Komoran 형태소 분석기를 이용해 정의된 문장에서 명사를 리스트 형태로 추출합니다.

❺ 3개의 문장에서 추출한 단어 리스트를 하나의 리스트로 합칩니다.

❻ 하나로 합쳐진 단어 묶음 리스트에서 중복된 단어를 제거해 새로운 단어 사전 리스트를 구축합니다.

❼ 각 문장마다 단어 문서 행렬 리스트를 만든 후 출력합니다.

❽ 각 문장마다 벡터를 생성해 넘파이 배열로 변환합니다. ❶에서 만든 코사인 유사도 함수의 인자는 반드시 넘파이 배열로 넘겨야 합니다.

❾ 문장1(doc1)과 문장2(doc2)의 유사도를 계산합니다. 유사도는 0.83이며, n-gram 유사도 방식보다 정확도가 높습니다. 또한 의미가 전혀 다른 문장3(doc3)과 문장1(doc1)의 유사도는 0.18로 낮게 나왔습니다. n-gram 유사도의 경우 겹치는 n-gram 토큰이 없기 때문에 결과가 0이 나왔습니다. 하지만 유심히 생각해보면 의미상 연관성은 없었지만 '뉴턴'과 '선생님'이라는 단어가 문장1과 문장3에 포함되어 있기 때문에 작게나마 유사도가 측정되었습니다. 코사인 유사도가 n-gram 유사도에 비해 성능상 이점이 많은 것을 확인할 수 있습니다.

다음은 [예제 5-2]의 결과입니다. 출력된 결과에서 단어 문서 행렬이 어떻게 구성되었는지, 비교 대상의 문장과 벡터값이 어떻게 다른지 확인해보세요. 또한 여러 문장으로 변경해가며 결과를 확인해보세요.

▶ 코사인 유사도 계산 결과

```
{'6월': 1, '뉴턴': 1, '선생님': 1, '제안': 1, '트리니티': 1, '입학': 1, '대학교': 0, '맛': 0, '밥': 0, '선생': 0, '님과 함께': 0}
{'6월': 1, '뉴턴': 1, '선생님': 1, '제안': 1, '트리니티': 0, '입학': 1, '대학교': 1, '맛': 0, '밥': 0, '선생': 0, '님과 함께': 0}
{'6월': 0, '뉴턴': 1, '선생님': 0, '제안': 0, '트리니티': 0, '입학': 0, '대학교': 0, '맛': 1, '밥': 1, '선생': 1, '님과 함께': 1}
0.8333333333333335
0.18257418583505536
```

5.4 마치며

우리는 3, 4, 5장에서 자연어 처리에 있어 기본적이면서 핵심이 되는 내용을 공부했습니다. 다시 한 번 정리해보겠습니다. 자연어 처리를 하기 위해서는 제일 먼저 3장에서 다룬 토크나이징을 해야 합니다. 토크나이징이란 주어진 문장에서 최소한의 의미를 가지는 단어들을 토큰화시키는 과정입니다. 추출된 토큰들은 아직까지 자연어 형태이므로 컴퓨터가 연산하거나 처리할 수 없습니다. 그렇기 때문에 4장에서 다룬 임베딩 처리를 해야 합니다. 즉, 컴퓨터가 계산하기 용이한 벡터 형태로 수치화시키는 과정을 거쳐야 합니다. 임베딩에는 여러 가지 방법이 있지만 우리는 단어를 기준으로 임베딩 벡터로 변환했습니다. 이러한 일련의 과정을 거쳐 컴퓨터가 연산할 수 있는 형태로 변환했습니다.

이 장에서는 3장과 4장에서 배운 내용을 기반으로 문장 간의 유사도를 계산하는 방법을 다뤘습니다. 예제에서는 출현 빈도를 이용해서 간단하게 임베딩 벡터를 만들어보았지만 Word2Vec처럼 인공 신경망 기반의 임베딩 벡터도 동일한 방식으로 직접 유사도를 계산할 수 있습니다. 하지만 4장에서 배운 Word2Vec 라이브러리에 유사도를 계산하는 함수들을 제공하므로 직접 예제로 구현하는 내용은 담지 않았습니다.

이 책에서 목표하는 챗봇은 Q&A 챗봇입니다. 챗봇 엔진에 어떤 질문이 입력되었을 때 우리는 해당 질문에 적절한 답변을 출력할 수 있어야 합니다. 이때 입력된 질문과 시스템에 저장되어 있는 질문-답변 데이터의 유사도를 계산할 수 있어야 해당 질문에 연관된 답변을 내보낼 수 있습니다.

다음 장에선 챗봇 엔진 개발에 필요한 딥러닝 모델을 알아볼 겁니다. 지금까지 다룬 내용에서 이해되지 않는 부분이 있다면 3, 4, 5장의 내용을 복습하기 바랍니다.

## CHAPTER 6

챗봇 엔진에 필요한 딥러닝 모델

6.1 빠르게 케라스 정리하기

이 장에서는 챗봇 엔진 개발에 필요한 딥러닝 모델의 간단한 이론과 구현 방법을 알아보겠습니다. 이론을 설명할 때 수학적인 내용은 최대한 배제하고 개발자 입장에서 이해하기 쉽도록 그림과 라이브러리 활용 수준에서 진행할 것이니 겁먹을 필요는 없습니다(수학적인 내용이 나온다 하더라도 중고등학교 때 배운 기본적인 수준입니다).

아무것도 없는 상태에서 딥러닝 모델을 구축하려면 시간과 노력이 많이 들어갑니다. 거인의 어깨 위에 서서 세상을 멀리 보았던 뉴턴처럼 우리도 공개된 딥러닝 프레임워크를 사용해 챗봇 엔진을 배우겠습니다. 딥러닝 프레임워크는 여러 종류가 공개되어 있습니다. 각 프레임워크마다 장단점이 존재하며, 개발자의 취향에 따라 다양한 프레임워크가 사용되고 있습니다. 이 책에서는 직관적이고 사용하기 쉬운 케라스^{Keras} 프레임워크를 선택했습니다. 무엇보다도 빠른 연구 개발에 목적을 두고 있고, 모듈 구성이 간단해 비전문가들도 상대적으로 쉽게 사용할 수 있기 때문입니다.

케라스는 신경망 모델을 구축할 수 있는 고수준 API 라이브러리입니다. 최근 텐서플로 2.0에 기본 API로 채택되어 구글의 전격적인 지원을 받고 있습니다. 같은 신경망 모델을 텐서플로 1.x 코드와 케라스를 이용해 구현한 코드와 비교해보면 케라스의 매력에 빠지지 않을 수 없습니다. 이 책에서는 텐서플로 2.1 버전의 케라스 API를 이용해 챗봇 개발에 필요한 모델을 구현할 겁니다. 이제 차근차근 공부해봅시다.

6.1.1 인공 신경망

인공 신경망^{Artificial Neural Network}은 두뇌의 신경세포인 뉴런을 수학적으로 모방한 모델입니다. 간단히 신경망이라고 부르기도 합니다(이 책에서는 인공 신경망과 신경망을 혼용해서 사용합니다). 우리 두뇌는 뉴런이 100조 개 이상의 시냅스(뉴런과 뉴런을 연결하는 역할)를 통해 망을 구성하고 있습니다. 각 뉴런은 다른 뉴런에서 입력 신호를 받아 일정 크기 이상의 신호인지 확인합니다. 이때 임계치를 넘어서면 다른 뉴런으로 신호를 보내는 형태로 구성되어 있습니다. 이렇게 연결되어 있는 뉴런에 의미 있는 신호가 들어오면 그 신호에 반응하는 출력 신호를 내보내도록 구성되어 있습니다. 인공 신경망 역시 이와 동일한 방법으로 모델링되어 있습니다. 인공 신경망 뉴런에 들어온 입력값이 임계치를 넘어 활성화되면 다음 뉴런으로 출력값을 내보냅니다. 다음은 인공 신경망 뉴런 모델을 수학적으로 표현한 그림입니다.

그림 6-1 인공 신경망 뉴런 모델의 수학적 표현

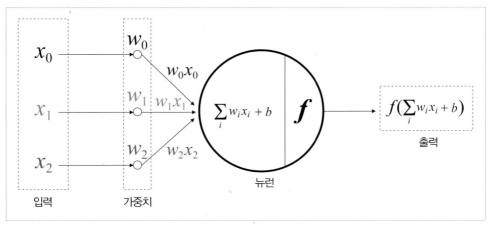

그림에서는 3개의 입력값을 받아 1개의 출력값을 내보내고 있습니다. 뉴런의 출력 수는 항상 1이며, 입력 수는 해결하려는 문제에 따라 임의로 정할 수 있습니다(출력 수가 더 필요한 경우

에는 뉴런 수를 늘리면 됩니다). 즉, 인공 신경망에서 뉴런이라는 함수에 입력값 x_0, x_1, x_2를 집어넣었을 때 어떠한 방식으로 계산된 출력값 1개가 나온다 생각하면 됩니다. 여기서 어떠한 방식은 뉴런이 수학적으로 동작하는 방식을 의미하며, 해당 뉴런이 수학적으로 어떻게 동작하는지 정확하게 알고 있을 필요는 없습니다. 100% 다 이해한다면 좋겠지만 지금 단계에서 알아야 할 것들이 너무 많기 때문에 무리할 필요는 없습니다. 다행히 케라스에서 함수 호출 형태로 쉽게 사용할 수 있기 때문에 개념 정도만 이해해도 크게 문제될 것 없습니다.

그림을 조금 더 자세하게 들여다봅시다. 수식으로 표현해놓았지만 사실 간단합니다. 뉴런에 3개의 값(x_0, x_1, x_2)이 입력되고 있습니다. 뉴런에는 입력 개수만큼의 가중치(w_0, w_1, w_2)와 1개의 편향값(b)을 가지고 있습니다. 이는 뉴런의 동작 특성을 나타내는 중요한 파라미터로서 이 값들을 조정해 원하는 출력값을 만들어냅니다. 실제 정답에 근사하는 출력값을 만들기 위해 뉴런의 가중치와 편향값을 반복적으로 조정합니다. 이런 반복적인 과정을 학습이라고 합니다.

다시 뉴런의 계산 과정을 보면 입력된 x_i값들과 대응되는 뉴런의 가중치 w_i값들을 각각 곱해서 모두 더해줍니다. 그리고 편향값 b를 통해 결괏값을 조정합니다. 수식으로 표현하면 다음과 같습니다. 간단한 1차 함수의 모양입니다.

$$y = (w_0 x_0 + w_1 x_1 + w_2 x_2) + b$$

실제 뉴런은 입력된 신호가 특정 강도 이상일 때만 다음 뉴런으로 신호를 전달한다고 했습니다. 인공 신경망의 뉴런에서도 동일한 역할을 하는 영역이 있습니다. [그림 6-1]에서 f로 표시된 영역입니다. 이를 활성화 함수라 부르며, 가중치 계산 결괏값 y가 최종적으로 어떤 형태의 출력값으로 내보낼지 결정합니다. 활성화 함수에는 여러 종류가 있으며, 출력 형태에 따라 선택하면 됩니다. 가장 유명한 3가지 활성화 함수를 소개하겠습니다. 활성화 함수의 수식은 깊게 고민하지 마시고 함수 그래프 모양과 어떻게 활용될 수 있는지에 집중하면 됩니다.

우선 가장 기본이 되는 스텝 함수step function를 설명하겠습니다. 이 함수는 그래프 모양이 계단과 같아 스텝 함수라고 부릅니다. 스텝 함수는 입력값이 0보다 클 때는 1로, 0 이하일 때는 0으로 만듭니다. 즉, 입력값이 양수일 때만 활성화시킵니다.

$$h(x) = \begin{cases} 0 & (x \le 0) \\ 1 & (x > 0) \end{cases} \qquad \cdots\cdots \text{스텝 함수}$$

다음 그림은 스텝 함수의 결과를 그래프로 그린 것입니다. X축은 스텝 함수의 입력값을, Y축은 스텝 함수의 결괏값을 나타냅니다. 스텝 함수는 어떻게 활용될까요? Y축 스텝 함수의 결괏값은 0 또는 1입니다. 입력값에 대해 판별해야 하는 결과가 합격/불합격, True/False 등 이진 분류 문제일 때 사용합니다.

그림 6-2 스텝 함수 그래프

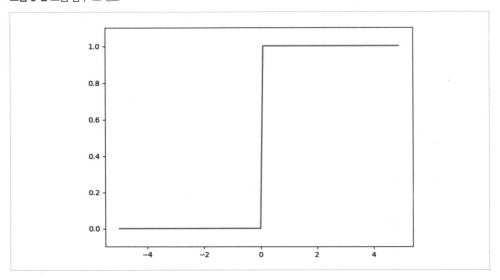

하지만 스텝 함수는 결과를 너무 극단적으로 나누기 때문에 실제로 사용하기엔 문제가 조금 있습니다. 예를 들어 0.1의 경우 0에 가깝지만 0보다 크기 때문에 무조건 1로 출력됩니다. 이런 경우엔 확률을 이용해서 결과를 소수점으로 표현하는 것이 훨씬 자연스럽습니다. 이진 분류에서 이런 문제를 해결하기 위해 사용하는 활성화 함수는 시그모이드 함수^{sigmoid function}입니다. 시그모이드 함수는 스텝 함수에서 판단 기준이 되는 임계치 부근의 데이터를 고려하지 않는 문제를 해결하기 위해 계단 모양을 완만한 형태로 표현했습니다. 다음은 시그모이드 함수의 수식입니다.

$$S(t) = \frac{1}{1 + e^{-t}}$$ ...... 시그모이드 함수

시그모이드 함수의 결과를 그래프로 그리면 다음과 같습니다.

그림 6-3 시그모이드 함수 그래프

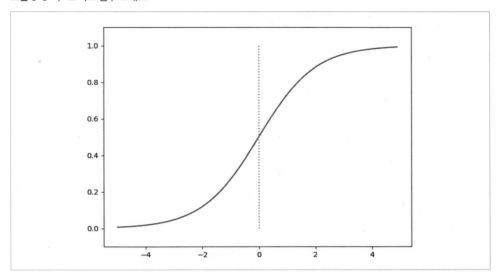

X축은 시그모이드 함수의 입력값, Y축은 시그모이드 함수의 결괏값을 나타냅니다. 시그모이드 함수의 경우 0에서 1까지의 출력값이 확률로 표현됩니다. 따라서 합격일 확률, 거짓일 확률 등으로 표현할 수 있습니다. 입력한 값을 성공 또는 실패로 나누는 문제에서 시그모이드 함수를 사용한다고 가정합시다. 이때 입력값이 0.2인 경우 시그모이드 함수의 출력값은 0.54 정도 됩니다. 성공 판정의 기준이 되는 임계치를 0으로 봤을 때 0.2는 성공일 확률을 약 54% 정도로 생각할 수 있습니다. 하지만 시그모이드 입력값이 커질수록 미분값이 0으로 수렴하게 되는 단점이 있습니다. 갑자기 미분 이야기가 나왔지만 신경 쓰지 않아도 됩니다. 가중치와 편향을 조정하는 과정이 모델 학습이라 했습니다. 이때 가중치와 편향을 조정하기 위해 사용하는 수학적 도구가 미분입니다. 시그모이드 함수 특성상 신경망이 깊어질수록 최종 미분값이 0으로 수렴할 수밖에 없어 학습이 잘 안 된다는 사실만 알고 있으면 됩니다. 또한 시그모이드 함수의 분모에 exp 함수를 사용합니다. exp 함수는 연산 비용이 큽니다. 이런 단점 때문에 최근에는 신경망을 여러 계층(심층 신경망)으로 구현하는 경우 잘 사용하지 않습니다.

마지막으로 최근 들어 활성화 함수로 가장 많이 사용하는 ReLU[Rectified Linear Unit] 함수를 알아보겠습니다. 수식은 다음과 같습니다.

$$f(x) = \begin{cases} 0 & (x < 0) \\ x & (x \geq 0) \end{cases} \qquad \cdots\cdots \text{ ReLU 함수}$$

ReLU 함수의 구성은 매우 간단합니다. 입력값이 0 이상인 경우에는 기울기가 1인 직선이고, 0보다 작을 땐 결괏값이 0입니다. 시그모이드 함수에 비해 연산 비용이 크지 않아 학습 속도가 빠릅니다. 또한 시그모이드 함수의 문제를 완화시키는 데 효과적이라 뉴런의 활성화 함수로 많이 사용하고 있습니다. 다음 그림은 ReLU 함수의 결과를 그래프로 그린 것입니다.

그림 6-4 ReLU 함수 그래프

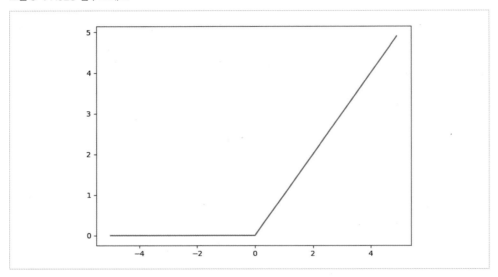

실제로 문제를 신경망 모델로 해결할 때는 1개의 뉴런만 사용하진 않습니다. 문제가 복잡할수록 뉴런 수가 늘어나야 하며 신경망의 계층도 깊어져야 합니다. 입력층과 출력층으로만 구성되어 있는 단순한 신경망을 단층 신경망이라 하며, 입력층과 1개 이상의 은닉층, 출력층으로 구성되어 있는 신경망을 심층 신경망Deep Neural Network, DNN이라 합니다. 우리가 흔히 이야기하는 딥러닝과 신경망은 심층 신경망을 의미합니다(이 책에서 별다른 설명이 없는 경우 신경망이라는 표현이 나온다면 심층 신경망을 의미합니다). 신경망 계층이 깊게deep 구성되어 각각의 뉴런을 학습learning시킨다 하여 딥러닝 모델이라 부릅니다. 다음은 단층 신경망과 심층 신경망을 표현한 그림입니다. 주로 입력층을 구성하는 뉴런들은 1개의 입력값을 가지며 가중치와 활성화 함수를 갖고 있지 않아 입력된 값 그대로 출력되는 특징을 가지고 있습니다. 출력층의 뉴런은 각각 1개의 출력값을 갖고 있으며, 지정된 활성화 함수에 따른 출력 범위를 가지고 있습니다. 복잡한 문제일수록 뉴런과 은닉층 수를 늘리면 성능이 좋아진다고 알려져 있지만 계산해야 하는 파라미터가 많아지면 학습비용이 올라가는 단점이 있습니다. 문제 난이도에 비해 은닉층이 너무 깊어지거나 뉴런 수가 많은 경우에 학습이 잘 안 되는 문제도 있으니 많은 실험을 통해 최적의 결과를 내는 쪽으로 결정해야 합니다.

그림 6-5 단층 신경망과 심층 신경망

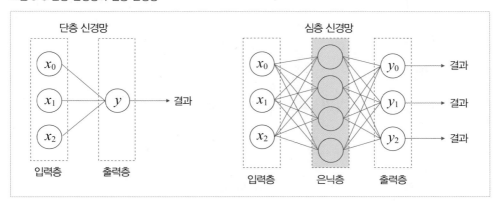

신경망 학습에 대해 조금 더 이야기해봅시다. 이 부분은 자세하게 파고들면 수학적인 내용이 너무 많이 나옵니다. 여기서는 신경망 모델이 어떤 방법으로 학습하는지 개념 정도만 파악하는 걸 목표로 진행합니다. 최대한 학습 과정에 대해 수학적 내용 없이 그림을 해석하는 방향으로 설명하겠습니다.

> **NOTE_** 이후 케라스를 이용해 신경망 모델을 구현하는 과정에서 뉴런과 노드를 혼용해서 사용합니다. 둘 다 같은 의미이니 혼돈 없길 바랍니다.

해당 신경망 모델에서 입력층으로부터 출력층까지 데이터가 순방향으로 전파되는 과정을 순전파$^{forward\ propagation}$라 합니다. 데이터가 순방향으로 전파될 때 현 단계 뉴런의 가중치와 전 단계 뉴런의 출력값의 곱을 입력값으로 받습니다. 이 값은 다시 활성화 함수를 통해 다음 뉴런으로 전파됩니다. 최종적으로 출력층에서 나온 결괏값($yout$)이 모델에서 예상한 결과입니다.

그림 6-6 신경망의 순전파

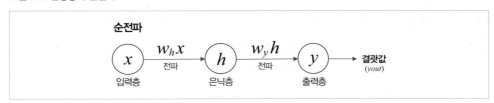

앞의 그림에서 이미 학습이 완료돼 최적의 가중치를 찾았다면 해당 결괏값은 모델의 예측값으로 활용할 수 있습니다. 하지만 우리가 목표하는 실젯값^{target}과 비교해 오차가 많이 발생했다면 다음 순전파 진행 시 오차가 줄어드는 방향으로 가중치(w_h, w_y)를 역방향으로 갱신해나갑니다. 이 과정을 역전파$^{back\ propagation}$라고 합니다. 다음 그림은 역전파 흐름을 나타낸 것입니다.

그림 6-7 신경망의 역전파

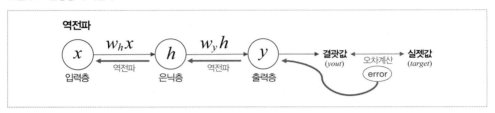

최종적으로 나온 순전파 결괏값과 우리가 목표하는 실젯값의 차이를 오차라고 합니다. 성능 좋은 모델이란 순전파의 결괏값과 실젯값의 차이가 크지 않은 모델을 의미합니다. 즉, 오차가 작은 모델일수록 예측 정확도가 높습니다. 그럼 오차가 발생했을 때 각 뉴런의 가중치를 어떻게 조정할까요? 가중치 조정은 순전파의 역방향으로 진행됩니다. 이때 각 단계별로 만나는 뉴런의 가중치가 얼마만큼 조정되어야 오차를 줄일 수 있는지 계산해 가중치를 갱신합니다(편미분을 통해 오차가 줄어들 수 있는 가중치 변화 방향의 크기를 계산합니다). 이런 일련의 과정을 역전파$^{back\ propagation}$라 부르며, 딥러닝 모델에서 학습이란 역전파를 이용해 오차를 최대한 줄일 수 있도록 가중치를 조정하는 과정을 의미합니다.

> **NOTE_** 시그모이드 함수의 경우 학습 시 층이 깊어질수록 미분값이 0으로 수렴합니다. 역전파 진행 시 편미분을 통해 오차가 줄어들 수 있는 가중치 변화 방향의 크기를 계산합니다. 이때 미분값이 0이면 가중치 변화가 생기지 않습니다. 즉, 가중치가 갱신되지 않아 학습이 안 되는 문제가 발생합니다. 따라서 심층 신경망의 원활한 학습을 위해 내부 은닉층의 활성화 함수에는 ReLU를 많이 사용하며, 0에서 1까지 확률적인 표현을 위해 출력층에만 시그모이드 함수를 사용해 정확도를 올립니다.

6.1.2 딥러닝 분류 모델 만들기

텐서플로 2.1에 포함된 케라스 API에서 제공하는 클래스와 모델 개발 방법론을 빠르게 파악하기 위해 간단한 딥러닝 모델을 만들어보겠습니다. 딥러닝 프레임워크를 처음 배울 때 항상 나오는 Hello world 같은 예제가 있습니다. 바로 MNIST^{Modified National Institute of Standards and} ^{Technology} 분류 예제입니다. MNIST는 사람이 손글씨로 쓴 0~9까지의 숫자를 이미지화한 데이터셋입니다. MNIST의 숫자 이미지는 28×28 픽셀 크기의 흑백 이미지입니다. 총 60,000개의 학습 이미지와 10,000개의 테스트 이미지를 포함하고 있습니다. 총 70,000개의 숫자 이미지가 실제 숫자값으로 라벨링되어 있어 분류 문제를 해결하기 위한 딥러닝 예제로 많이 사용합니다. 다음 그림은 MNIST 테스트 데이터셋의 샘플 이미지를 보여줍니다.

그림 6-8 MNIST 테스트 데이터셋의 샘플 이미지(출처 : 위키백과)

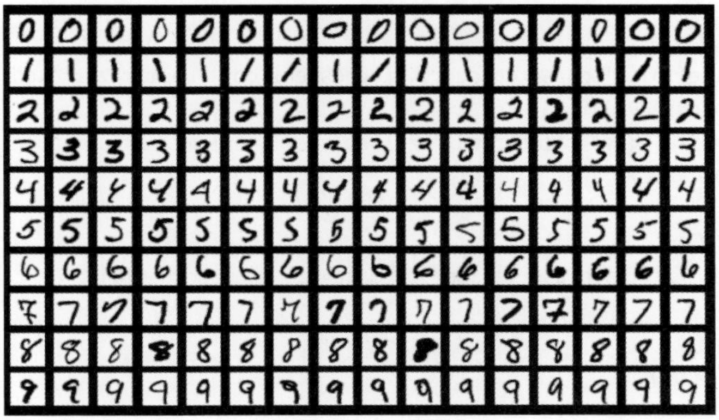

실제로 케라스를 이용해 MNIST의 숫자 이미지를 분류할 수 있는 모델을 만들어봅시다. 간단한 예제지만 분류 정확도가 94%가 넘을 만큼 성능이 뛰어납니다. 다음 예제는 MNIST 숫자 이미지를 분류하는 전체 코드입니다.

예제 6-1 MNIST 분류 모델 학습

```
# 필요한 모듈 임포트  ❶
import tensorflow as tf
import matplotlib.pyplot as plt
from tensorflow.keras.datasets import mnist
from tensorflow.keras.models import Sequential
from tensorflow.keras.layers import Flatten, Dense

# MNIST 데이터셋 가져오기  ❷
(x_train, y_train), (x_test, y_test) = mnist.load_data()
x_train, x_test = x_train / 255.0, x_test / 255.0  # 데이터 정규화
```

```python
# tf.data를 사용하여 데이터셋을 섞고 배치 만들기  ❸
ds = tf.data.Dataset.from_tensor_slices((x_train, y_train)).shuffle(10000)
train_size = int(len(x_train) * 0.7)  # 학습셋:검증셋 = 7:3
train_ds = ds.take(train_size).batch(20)
val_ds = ds.skip(train_size).batch(20)

# MNIST 분류 모델 구성  ❹
model = Sequential()
model.add(Flatten(input_shape=(28, 28)))
model.add(Dense(20, activation='relu'))
model.add(Dense(20, activation='relu'))
model.add(Dense(10, activation='softmax'))

# 모델 생성  ❺
model.compile(loss='sparse_categorical_crossentropy', optimizer='sgd',
metrics=['accuracy'])
# model.compile(loss='categorical_crossentropy', optimizer='sgd',
metrics=['accuracy'])

# 모델 학습  ❻
hist = model.fit(train_ds, validation_data=val_ds, epochs=10)

# 모델 평가  ❼
print('모델 평가')
model.evaluate(x_test, y_test)

# 모델 정보 출력  ❽
model.summary()

# 모델 저장  ❾
model.save('mnist_model.h5')

# 학습 결과 그래프 그리기
fig, loss_ax = plt.subplots()
acc_ax = loss_ax.twinx()

loss_ax.plot(hist.history['loss'], 'y', label='train loss')
loss_ax.plot(hist.history['val_loss'], 'r', label='val loss')

acc_ax.plot(hist.history['accuracy'], 'b', label='train acc')
acc_ax.plot(hist.history['val_accuracy'], 'g', label='val acc')

loss_ax.set_xlabel('epoch')
loss_ax.set_ylabel('loss')
```

```
acc_ax.set_ylabel('accuracy')

loss_ax.legend(loc='upper left')
acc_ax.legend(loc='lower left')
plt.show()
```

전체 예제 코드가 조금 길어 기능별로 번호를 매겼습니다. 중요한 부분은 각 번호 영역의 코드를 다시 보여드리면서 비교 설명하겠습니다.

❶ 본 예제를 수행하기 위해 필요한 tensorflow와 matplotlib.pyplot 모듈을 불러왔습니다.

❷ MNIST 데이터셋을 가져와 데이터를 정규화하는 부분입니다.

```
(x_train, y_train), (x_test, y_test) = mnist.load_data()
x_train, x_test = x_train / 255.0, x_test / 255.0  # 데이터 정규화
```

텐서플로에서는 MNIST 데이터셋을 기본적으로 제공하고 있습니다. load_data() 함수를 이용해 학습 데이터셋(60,000개)과 테스트 데이터셋(10,000개)을 다운로드한 후 넘파이 배열 형태로 가져옵니다. 이때 x_train에는 학습에 필요한 60,000장의 숫자 이미지(28*28) 데이터가 저장되며, y_train에는 60,000장의 숫자 이미지의 라벨링된 실제 숫자값이 저장됩니다. 즉, 학습 이미지의 정답값이 저장됩니다. x_test와 y_test 역시 동일한 형태며, 학습이 완료된 모델을 테스트하기 위해 필요한 데이터셋입니다.

그림 6-9 MNIST 데이터셋 배열 구조

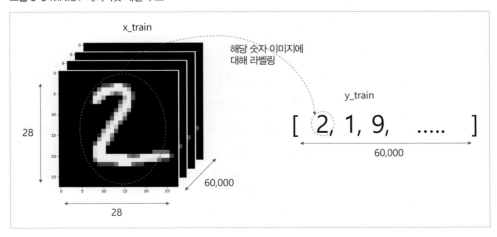

다운로드한 데이터셋은 숫자 이미지들이 배열 형태로 저장되어 있으며 픽셀값의 범위가 0~255 사이입니다. 우리가 만드는 신경망 입력층에는 0~1 사이의 값을 입력합니다. 따라서 픽셀값을 255로 나누어 0~1 사이의 실숫값으로 정규화해서 다시 넘파이 배열에 저장합니다.

❸ 학습에 필요한 데이터셋을 랜덤으로 섞은 후 학습용 데이터셋과 검증용 데이터셋을 7:3 비율로 나누어 학습에 필요한 텐서플로 데이터셋 객체를 생성하는 부분입니다.

```
ds = tf.data.Dataset.from_tensor_slices((x_train, y_train)).shuffle(10000)
train_size = int(len(x_train) * 0.7)  # 학습셋:검증셋 = 7:3
train_ds = ds.take(train_size).batch(20)
val_ds = ds.skip(train_size).batch(20)
```

60,000개의 학습 데이터셋에서 70%는 실제 학습용 데이터셋으로 사용하고, 나머지 30%는 학습 과정에서 제대로 학습이 이루어지는지 검증하기 위한 검증용 데이터셋으로 사용합니다. 이때 배치 사이즈를 20으로 지정했습니다. 배치 사이즈는 학습 시 샘플 수를 의미하며, 배치 사이즈가 작을수록 가중치 갱신이 자주 일어납니다. 당연한 이야기지만 배치 사이즈는 전체 학습 데이터셋보다 작거나 동일해야 합니다.

❹ MNIST 데이터셋을 학습하기 위한 신경망 모델을 구성한 부분입니다. 입력층 1개와 은닉층 2개, 출력층 1개로 구성되어 있는 간단한 심층 신경망입니다.

```
model = Sequential()
model.add(Flatten(input_shape=(28, 28)))
model.add(Dense(20, activation='relu'))
model.add(Dense(20, activation='relu'))
model.add(Dense(10, activation='softmax'))
```

케라스에서 모델을 만드는 방법은 2가지입니다. 예제에서는 순차 모델sequential model을 사용했습니다. 신경망 계층을 예제에서처럼 순차적으로 더해주기 때문에 순차 모델이라 부르며, 신경망을 구성하는 방법 중 가장 기본적인 방법입니다. 조금 복잡한 모델을 구성하기 위해서는 함수형 모델functional model 방법을 사용해야 합니다. 이는 신경망 계층을 일종의 함수로 정의하여 모델을 설계하는 방식입니다. 순차 모델에 비해 세세하게 모델을 만들 수 있어 복잡한 신경망을 만들 때 많이 사용합니다.

다음은 예제에서 구성한 신경망 모델을 블록도로 표현한 그림입니다. 신경망의 입력층으로 Flatten( )을 사용했습니다. Flatten 계층은 28×28 크기의 2차원 이미지를 1차원으로 평탄화^{flatten}시킵니다. 가로와 세로로 표현된 2차원 배열을 쭉 일렬로 나열해 1차원으로 만들었습니다(따라서 신경망의 뉴런이 784개가 되었습니다). 입력층에서는 활성화 함수 없이 입력된 데이터 그대로 다음 은닉층으로 전달합니다. 2개의 은닉층은 Dense( )를 사용해 출력 크기가 20, 활성화 함수로 ReLU를 사용하도록 만들었습니다. 마지막으로 활성화 함수로 Softmax를 사용하는 출력층을 만들었습니다. 숫자 이미지를 판별해야 하는 값은 0~9까지 총 10가지이기 때문에 출력층의 크기를 10으로 지정했습니다.

입력층 Flatten을 제외한 나머지 층에서는 입력 크기를 따로 지정하지 않았습니다. 케라스에서는 이전 층의 출력 개수로 입력 크기를 자동으로 계산하기 때문에 생략 가능합니다.

그림 6-10 MNIST 예제 신경망 모델 블록도

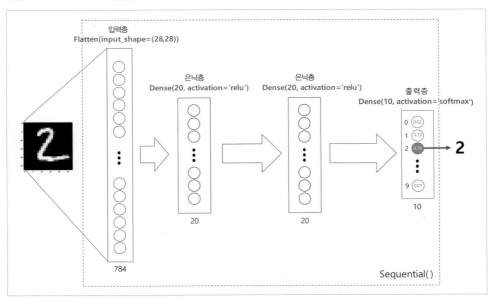

여기서 출력층의 활성화 함수인 소프트맥스^{Softmax}에 대해 설명하겠습니다. 소프트맥스 함수는 입력받은 값을 출력으로 0~1 사이의 값으로 정규화합니다. 이 함수는 출력값들의 총합이 항상 1이 되는 특징을 갖고 있어 결과를 확률로 표현할 수 있습니다. 분류하고 싶은 클래스 개수만큼 출력으로 구성하며 가장 큰 출력값을 가지는 클래스가 결괏값으로 사용됩니다. 예제에서는

숫자 2를 손으로 그린 이미지가 신경망을 거치면서 마지막 출력층의 뉴런 10개에서 각각 소프트맥스 연산된 수칫값으로 출력됩니다. 그중 2번째 뉴런의 결괏값이 가장 크기 때문에 숫자 2로 판별되었습니다.

❺ ④에서 정의한 신경망 모델을 실제로 생성하는 부분입니다. 모델의 출력값과 실제 정답의 오차를 계산하는 손실 함수로는 sparse_categorical_crossentropy를 사용하며, 오차를 보정하는 옵티마이저로는 SGD를 사용합니다. 모델의 성능을 평가하는 데 사용하는 측정 항목은 accuracy를 사용합니다.

```
model.compile(loss='sparse_categorical_crossentropy', optimizer='sgd',
metrics=['accuracy'])
```

케라스에서는 다양한 손실 함수$^{loss\ function}$를 지원합니다. 손실 함수의 수학적인 내용을 지금 당장 알 필요는 없습니다. 다만 손실 함수를 어떤 용도와 의미로 사용하는지 이해해야 합니다. 신경망 모델 학습 시 가중치를 조정한다고 했는데, 이때 모델의 결괏값과 실제 정답과의 오차를 줄일 수 있는 방향으로 신경망 내부의 가중치를 갱신합니다. 손실 함수란 모델의 결괏값과 실제 정답과의 오차를 계산하는 함수를 의미합니다. 예제에서는 손실 함수로 sparse_categorical_crossentropy를 사용했습니다. 어렵게 생각하지 마시고 본 예제처럼 다중 클래스를 분류하는 문제에서는 손실 함수로 sparse_categorical_crossentropy를 사용하면 좋은 성능을 낼 수 있다는 생각으로 도구처럼 사용해주세요.

> NOTE_ 모델에 입력되는 데이터에 대해 3개 이상의 선택지 중 하나를 골라야 한다면 다중 클래스 분류 문제입니다. 다중 클래스 분류 문제를 해결하는 신경망 출력층의 활성화 함수로 Softmax를 사용하며, 손실 함수로 sparse_categorical_crossentropy를 사용합니다.

❻ 앞에서 생성한 모델을 실제 학습합니다. 케라스의 fit() 함수를 이용해 학습하는데, fit() 함수의 인자로는 학습에 필요한 데이터셋, 검증에 필요한 데이터셋, 그리고 에포크값을 사용합니다.

```
hist = model.fit(train_ds, validation_data=val_ds, epochs=10)
```

에포크란 학습 횟수를 의미하며, 에포크값만큼 학습을 수행합니다. 앞서 이야기한 배치와 에포크는 모델 학습 시 필요한 중요한 하이퍼파라미터이므로 실험을 통해 최적화된 값을 찾아야 합니다. 에포크가 너무 클 경우 오버피팅(과적합)이 일어날 가능성이 있으므로 적당한 값을 사용해야 합니다.

> **NOTE_** 오버피팅이란 주어진 데이터에 과하게 학습된 상태를 이야기합니다. 즉, 불필요한 잡음(noise)이 모델에 과도하게 반영된 상태입니다. 모델이 오버피팅 상태일 때는 학습 데이터로는 좋은 성능을 보이지만 실제 데이터에서는 성능이 급격하게 떨어집니다.

❼ ❻에서 학습이 완료된 모델을 케라스의 evaluate( ) 함수를 이용해 성능을 평가합니다. evaluate( ) 함수의 인자에는 테스트용 데이터셋을 사용합니다.

```
model.evaluate(x_test, y_test)
```

❽ ❹에서 정의한 신경망 모델의 정보를 화면에 출력합니다. 출력 정보에는 정의한 모델의 구성 요소(계층 종류, 출력 형태)들을 보여줍니다.

```
model.summary()
```

❾ 학습이 완료된 모델을 h5 파일 포맷으로 저장합니다. 심층 신경망의 경우 학습 시간이 짧지 않습니다. 해당 모델을 사용할 때마다 학습을 다시 하기엔 우리에게 시간이 한정되어 있습니다. 모델 파일에는 신경망 구성과 가중치 및 상태 정보 등이 저장되어 있으므로 해당 모델 파일을 다시 불러오면 모델 구성과 학습 없이 빠르게 사용할 수 있습니다.

```
model.save('mnist_model.h5')
```

❿ ❻의 학습 과정에서 나온 학습 히스토리 데이터를 그래프로 출력합니다. 그래프에는 손실값^{loss}과 학습 정확도^{accuracy}를 보여줍니다.

```
fig, loss_ax = plt.subplots()
acc_ax = loss_ax.twinx()

loss_ax.plot(hist.history['loss'], 'y', label='train loss')
loss_ax.plot(hist.history['val_loss'], 'r', label='val loss')
```

```
acc_ax.plot(hist.history['accuracy'], 'b', label='train acc')
acc_ax.plot(hist.history['val_accuracy'], 'g', label='val acc')

loss_ax.set_xlabel('epoch')
loss_ax.set_ylabel('loss')
acc_ax.set_ylabel('accuracy')

loss_ax.legend(loc='upper left')
acc_ax.legend(loc='lower left')
plt.show()
```

다음 그림은 학습 과정에서 저장된 학습 및 검증 손실값과 정확도를 `matplotlib.pyplot` 모듈로 그린 그래프 결과입니다.

그림 6-11 학습 및 검증 손실값과 정확도 그래프

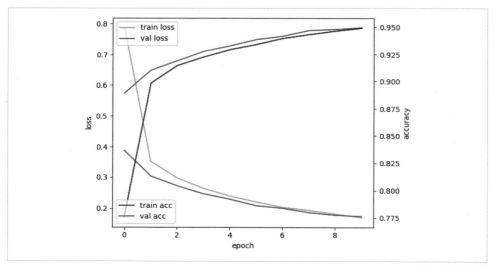

X축은 에포크(학습 횟수)를 의미하며, Y축은 손실값과 정확도를 의미합니다. 학습 횟수가 증가할수록 학습과 검증 데이터의 정확도가 올라가고 있으며, 손실값은 감소하고 있습니다.

에포크값을 너무 크게 부여하면 오버피팅이 발생할 수 있으므로 주의해야 합니다. 일반적으로 학습이 잘 이루어진 경우라면 학습 횟수가 증가하면서 정확도는 올라가고 손실값은 점점 감소하는 그래프를 보여줍니다. 모델 학습 시 정확도와 손실값이 어떻게 변화하는지 지속적으로 모니터링해서 하이퍼파라미터를 튜닝하는 작업을 좋은 결과가 나올 때까지 반복해야 합니다.

6.1.3 학습된 딥러닝 모델 사용하기

모델 학습 결과로 저장된 파일을 불러와 사용하는 방법을 살펴보겠습니다. 심층 신경망의 경우 모델이 복잡할수록 학습 시간이 오래 걸립니다. 모델을 사용할 때마다 매번 학습할 수 없기 때문에 학습된 모델을 파일 형태로 저장해두어야 합니다. 이후 실제 서비스에서는 모델 파일을 불러와 신경망 모델 객체를 생성한 후 입력한 데이터를 분류하거나 미래 데이터를 예측합니다.

다음 예제는 앞서 저장한 모델 파일을 불러와 테스트셋에 포함되어 있는 임의의 숫자 이미지를 분류하는 전체 코드입니다.

예제 6-2 MNIST 분류 모델 파일 불러오기

```python
from tensorflow.keras.datasets import mnist
from tensorflow.keras.models import load_model
import matplotlib.pyplot as plt

# MNIST 데이터셋 가져오기  ❶
_, (x_test, y_test) = mnist.load_data()
x_test = x_test / 255.0  # 데이터 정규화

# 모델 불러오기  ❷
model = load_model('mnist_model.h5')
model.summary()
model.evaluate(x_test, y_test, verbose=2)

# 테스트셋에서 20번째 이미지 출력  ❸
plt.imshow(x_test[20], cmap="gray")
plt.show()

# 테스트셋의 20번째 이미지 클래스 분류  ❹
picks = [20]
predict = model.predict_classes(x_test[picks])
print("손글씨 이미지 예측값 : ", predict)
```

❶ MNIST 데이터셋을 가져와 데이터를 정규화하는 부분입니다. 본 예제에서는 이미 학습된 모델을 불러와 사용하기 때문에 테스트셋만 사용합니다.

```python
_, (x_test, y_test) = mnist.load_data()
x_test = x_test / 255.0  # 데이터 정규화
```

❷ 케라스의 load_model() 함수를 이용해 모델 파일을 불러옵니다. 성공적으로 모델 파일을 불러왔다면 학습된 모델 객체를 반환합니다. 파일에 저장된 모델 정보를 확인하기 위해 summary() 함수를 호출하고, 테스트셋 데이터를 이용해 모델 성능을 평가합니다.

```
model = load_model('mnist_model.h5')
model.summary()
model.evaluate(x_test, y_test)
```

❸ matplotlib.pyplot의 imshow() 함수를 이용해 테스트셋의 20번째 숫자 이미지를 흑백으로 출력합니다. 실제 예측된 값과 비교하기 위해 이미지로 출력해보았습니다.

```
plt.imshow(x_test[20], cmap="gray")
plt.show()
```

❹ 케라스 모델의 predict_classes() 함수는 입력 데이터에 대해 클래스를 예측(분류)한 값을 반환합니다. 예제에서는 테스트셋의 20번째 숫자 이미지가 어떤 클래스에 포함되어 있는지 판단합니다.

```
picks = [20]
predict = model.predict_classes(x_test[picks])
print("손글씨 이미지 예측값 : ", predict)
```

다음은 [예제 6-2]의 실행 결과입니다. mnist_model.h5 파일에서 불러온 모델의 정보와 테스트셋의 모델 성능 평가 결과가 출력되었습니다.

▶ MNIST 분류 모델 파일 불러오기 결과

Layer (type)	Output Shape	Param #
flatten (Flatten)	(None, 784)	0
dense (Dense)	(None, 20)	15700
dense_1 (Dense)	(None, 20)	420

Model: "sequential"

```
dense_2 (Dense)                     (None, 10)                    210
=================================================================
Total params: 16,330
Trainable params: 16,330
Non-trainable params: 0

10000/10000 - 0s - loss: 0.1814 - accuracy: 0.9466
손글씨 이미지 예측값 :  [9]
```

위 결과에서 보면 테스트셋의 20번째 이미지를 숫자 9로 판별하였습니다. 실제로 [예제 6-2]
의 ❸의 결과를 보면 다음 그림과 같이 9처럼 생긴 이미지가 출력됩니다.

그림 6-12 MNIST 테스트셋 20번째 데이터 이미지 출력

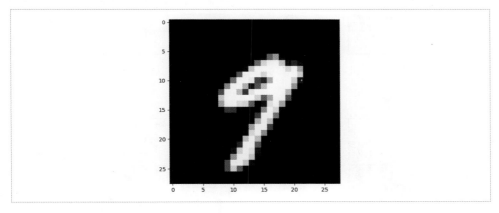

앞으로 심층 신경망 모델을 만들 때 이 절에서 배운 소스 구조에서 크게 벗어나지 않는 형태로
진행됩니다. 이해가 안 되는 부분이 있다면 반복해서 분석해주세요.

6.2 문장 분류를 위한 CNN 모델

이 절에서는 챗봇 엔진에 문장 의도 분류를 위해 사용하는 CNN^{Convolutional Neural Network} 모델을
알아봅니다. CNN은 합성곱 신경망으로 불리며, 컴퓨터 비전 분야에서 대표적으로 사용되는 딥
러닝 모델입니다. 특히 이미지를 분류해내는 데 좋은 성능을 가지고 있습니다. 최근에는 자율주
행 자동차 및 얼굴인식 등 이미지를 판별해야 하는 분야에서 많이 사용하고 있습니다.

6.2.1 CNN 모델 개념

CNN을 이해하려면 합성곱^{convolution}과 풀링^{pooling} 연산이 무엇인지 알아야 합니다. 합성곱 연산이란 다음 그림처럼 합성곱 필터^{filter}로 불리는 특정 크기의 행렬을 이미지 데이터(혹은 문장 데이터) 행렬에 슬라이딩하면서 곱하고 더하는 연산을 의미합니다. 여기서 합성곱 필터는 경우에 따라 마스크^{mask}, 윈도우^{window}, 커널^{kernel} 등 다양하게 불리지만 우리는 필터 혹은 커널이라고 부르겠습니다.

그림 6-13 합성곱 연산 과정

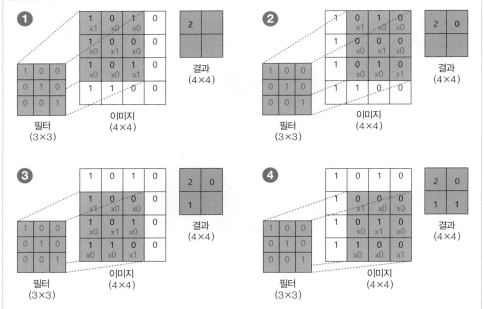

[그림 6-13]은 4×4 크기의 이미지 데이터 행렬을 대상으로 3×3 크기의 필터를 통해 합성곱 연산 과정을 단계별로 보여주고 있습니다. ❶ 단계를 보면 3×3 필터를 4×4 이미지 위에 겹쳐 놓았습니다. 이때 겹쳐진 필터값과 이미지값을 항목별로 곱한 뒤 전부 더해주면 첫 번째 합성곱 연산이 완료됩니다.

다음 ❷ 단계를 보겠습니다. 필터 위치를 오른쪽으로 한 칸 이동해 합성곱 연산을 하고 있습니다. 이처럼 필터 위치를 몇 칸 이동할지 결정하는 값을 스트라이드^{stride}라고 합니다. 예제에서는 스트라이드값을 1로 사용했지만 경우에 따라서는 2 이상 되는 값을 사용하기도 합니다. 이렇게 필터가 이미지 데이터 행렬 위를 상하좌우로 이동하는 동작을 슬라이딩이라 합니다.

나머지 ❸, ❹ 단계 역시 같은 방법으로 반복합니다. 합성곱 연산은 필터가 더 이상 슬라이딩 할 수 없을 때까지 반복합니다. 최종적으로 나온 결과를 특징맵feature map이라 부릅니다. 합성곱 연산을 거칠 때마다 필터 크기와 스트라이드값에 따라 특징맵의 크기가 작아지게 되는데, 이를 방지하기 위해 패딩padding을 사용합니다. 패딩은 주로 출력 크기를 조정할 목적으로 사용하며, 패딩 처리된 영역은 0으로 채워집니다. 패딩을 적용한 채 합성곱 연산을 수행하면 입력 데이터와 동일한 크기로 다음 계층으로 전달할 수 있습니다.

다음 그림을 보면 4×4 크기의 이미지 데이터에 패딩을 1만큼 적용했습니다. 그 결과 6×6 크기의 이미지 데이터 행렬이 만들어졌습니다. 정리하자면 입력 데이터 크기와 패딩, 스트라이드값에 의해 출력 데이터의 크기가 결정됩니다. 패딩과 스트라이드값에 따른 출력 크기는 케라스에서 알아서 계산해주기 때문에 개념 정도만 파악하면 됩니다.

그림 6-14 패딩을 1만큼 적용한 이미지 데이터 행렬

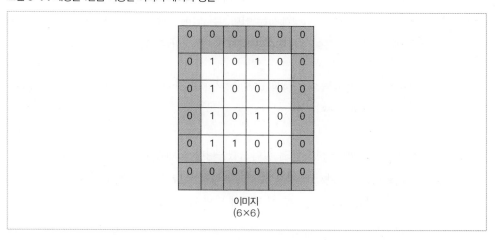

이미지
(6×6)

풀링 연산이란 합성곱 연산 결과로 나온 특징맵의 크기를 줄이거나 주요한 특징을 추출하기 위해 사용하는 연산입니다. 풀링 연산에는 최대 풀링max pooling과 평균 풀링average pooling 연산이 있는데, 주로 최대 풀링 연산을 사용합니다. 풀링 연산에도 합성곱 연산에서 사용하는 윈도우 크기 (풀링 연산에서는 필터보단 윈도우라는 용어를 사용), 스트라이드, 패딩 개념이 동일하게 적용됩니다. [그림 6-15]에서는 2×2 윈도우 크기로 스트라이드 2만큼 적용했을 때 최대 풀링된 결과를 보여주고 있습니다.

그림 6-15 최대 풀링 적용(윈도우 크기 : 2×2, 스트라이드 : 2)

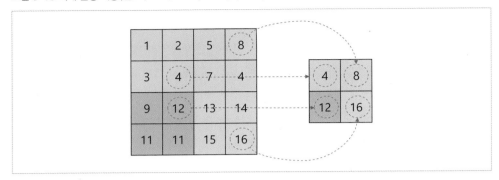

6.2.2 챗봇 문답 데이터 감정 분류 모델 구현

예제로 제공된 chatbot_data.csv 파일을 이용해 문장을 감정 클래스별로 분류하는 CNN 모델을 구현해보겠습니다. CNN의 경우 이미지 분류 외에 임베딩 품질만 괜찮다면 자연어 분류에도 좋은 성능을 냅니다. 컴퓨터 입장에서는 이미지든 임베딩 처리된 자연어든 수치(벡터)로 표현 가능한 대상이면 특징을 뽑아내도록 CNN 모델을 학습할 수 있습니다.

> **NOTE_** 예제로 제공되는 데이터는 송영숙 님이 깃허브에 공유하신 한국어 챗봇 데이터입니다.
> github.com/songys/Chatbot_data

CNN 모델 구현에 앞서 데이터셋 구조를 알아보겠습니다. chatbot_data.csv 파일 내용을 살펴보면 Q(질문), A(답변), label(감정) 열로 구성되어 있습니다. 예제에서는 질문 데이터를 감정 클래스별로 분류하는 모델만 구현하기 때문에 답변 데이터는 사용하지 않습니다.

제공된 데이터는 다음 표와 같이 세 가지 클래스로 구분되어 있으며 [그림 6-16]과 같은 문답이 구성되어 있습니다.

Label	의미
0	일상다반사
1	이별(부정)
2	사랑(긍정)

그림 6-16 챗봇 데이터 파일 내용

ChatbotData

Q	A	label
12시 땡!	하루가 또 가네요.	0
1지망 학교 떨어졌어	위로해 드립니다.	0
3박4일 놀러가고 싶다	여행은 언제나 좋죠.	0
3박4일 정도 놀러가고 싶다	여행은 언제나 좋죠.	0
말도 안되는 이유로 결별 선언하는 그녀	진짜 이유를 말하지 못하는 사정이 있나봐요.	1
말만듣던 환승에 치가 떨리네	환승은 진짜 답도 없네요.	1
말하자면 길어	말해주세요.	1
맘 잡았다고 생각했는데	마음 잡기가 쉽지 않아요.	1
맘 추스리며.	잘 추스리길 바랄게요.	1
어제 동창회 갔는데 나 개랑 썸 타는 것 같	만남은 항상 좋아요.	2
어제 짝남이랑 꿈에서 놀았는데 다시 꾸고	꿈에서 깨어난 게 아쉽겠어요.	2
어제 짝남이랑 놀았는데 꿈같다.	또 함께 놀 수 있을 거예요.	2
어제 짝남한테 너무 차갑게 말한 것 같아.	후회한다면 사과하는게 어떨까요.	2
어제 짝녀랑 데이트했는데 꿈만 같습니다.	또 데이트할 수 있어요.	2
어제 짝녀한테 너무 차갑게 말한 듯.	사과하는게 좋겠어요.	2
어플로 만난 남자친구 계속 만나는게 맞는	어떻게 만났든 마음만 진짜면 돼요.	2
어플로 만난 여자친구 계속 연애하는게 맞	무엇으로 만났든 진심이면 돼요.	2
언제 사랑 받는 구나 느껴?	작은 일에도 나를 배려해줄 때요.	2

다음은 chatbot_data.csv 파일을 읽어와 CNN 모델을 생성하고 감정 클래스를 분류하는 예제입니다.

예제 6-3 문장 감정 분류 CNN 모델

```
# 필요한 모듈 임포트
import pandas as pd
import tensorflow as tf
from tensorflow.keras import preprocessing
from tensorflow.keras.models import Model
from tensorflow.keras.layers import Input, Embedding, Dense, Dropout, Conv1D,
GlobalMaxPool1D, concatenate

# 데이터 읽어오기  ❶
train_file = "./chatbot_data.csv"
data = pd.read_csv(train_file, delimiter=',')
features = data['Q'].tolist()
labels = data['label'].tolist()

# 단어 인덱스 시퀀스 벡터  ❷
corpus = [preprocessing.text.text_to_word_sequence(text) for text in features]
```

```python
tokenizer = preprocessing.text.Tokenizer()
tokenizer.fit_on_texts(corpus)
sequences = tokenizer.texts_to_sequences(corpus)
word_index = tokenizer.word_index

MAX_SEQ_LEN = 15  # 단어 시퀀스 벡터 크기
padded_seqs = preprocessing.sequence.pad_sequences(sequences, maxlen=MAX_SEQ_LEN,
padding='post')

# 학습용, 검증용, 테스트용 데이터셋 생성  ❸
# 학습셋:검증셋:테스트셋 = 7:2:1
ds = tf.data.Dataset.from_tensor_slices((padded_seqs, labels))
ds = ds.shuffle(len(features))

train_size = int(len(padded_seqs) * 0.7)
val_size = int(len(padded_seqs) * 0.2)
test_size = int(len(padded_seqs) * 0.1)

train_ds = ds.take(train_size).batch(20)
val_ds = ds.skip(train_size).take(val_size).batch(20)
test_ds = ds.skip(train_size + val_size).take(test_size).batch(20)

# 하이퍼파라미터 설정
dropout_prob = 0.5
EMB_SIZE = 128
EPOCH = 5
VOCAB_SIZE = len(word_index) + 1  #전체 단어 수

# CNN 모델 정의  ❹
input_layer = Input(shape=(MAX_SEQ_LEN,))
embedding_layer = Embedding(VOCAB_SIZE, EMB_SIZE, input_length=MAX_SEQ_LEN)(input_
layer)
dropout_emb = Dropout(rate=dropout_prob)(embedding_layer)

conv1 = Conv1D(
    filters=128,
    kernel_size=3,
    padding='valid',
    activation=tf.nn.relu)(dropout_emb)
pool1 = GlobalMaxPool1D()(conv1)

conv2 = Conv1D(
    filters=128,
    kernel_size=4,
    padding='valid',
```

```
        activation=tf.nn.relu)(dropout_emb)
pool2 = GlobalMaxPool1D()(conv2)

conv3 = Conv1D(
    filters=128,
    kernel_size=5,
    padding='valid',
    activation=tf.nn.relu)(dropout_emb)
pool3 = GlobalMaxPool1D()(conv3)

# 3, 4, 5-gram 이후 합치기
concat = concatenate([pool1, pool2, pool3])

hidden = Dense(128, activation=tf.nn.relu)(concat)
dropout_hidden = Dropout(rate=dropout_prob)(hidden)
logits = Dense(3, name='logits')(dropout_hidden)
predictions = Dense(3, activation=tf.nn.softmax)(logits)

# 모델 생성  ❺
model = Model(inputs=input_layer, outputs=predictions)
model.compile(optimizer='adam',
              loss='sparse_categorical_crossentropy',
              metrics=['accuracy'])

# 모델 학습  ❻
model.fit(train_ds, validation_data=val_ds, epochs=EPOCH, verbose=1)

# 모델 평가(테스트 데이터셋 이용)  ❼
loss, accuracy = model.evaluate(test_ds, verbose=1)
print('Accuracy: %f' % (accuracy * 100))
print('loss: %f' % (loss))

# 모델 저장  ❽
model.save('cnn_model.h5')
```

❶ Pandas의 read_csv() 함수를 이용해 chatbot_data.csv 파일을 읽어와 CNN 모델 학습 시 필요한 Q(질문)와 label(감정) 데이터를 features와 labels 리스트에 저장합니다.

```
train_file = "./chatbot_data.csv"
data = pd.read_csv(train_file, delimiter=',')
features = data['Q'].tolist()
labels = data['label'].tolist()
```

❷ ❶에서 불러온 질문 리스트(features)에서 문장을 하나씩 꺼내와 text_to_word_ sequence() 함수를 이용해 단어 시퀀스를 만듭니다. 여기서 단어 시퀀스란 단어 토큰들의 순차적 리스트를 의미합니다. 예를 들어 '3박4일 놀러가고 싶다' 문장의 단어 시퀀스는 ['3박4일', '놀러가고', '싶다']가 됩니다. 이렇게 생성된 단어 시퀀스를 말뭉치(corpus) 리스트에 저장합니다. 그다음 텐서플로 토크나이저의 texts_to_sequences() 함수를 이용해 문장 내 모든 단어를 시퀀스 번호로 변환합니다. 우리는 변환된 시퀀스 번호를 이용해 단어 임베딩 벡터를 만들 것입니다.

```
corpus = [preprocessing.text.text_to_word_sequence(text) for text in features]
tokenizer = preprocessing.text.Tokenizer()
tokenizer.fit_on_texts(corpus)
sequences = tokenizer.texts_to_sequences(corpus)
word_index = tokenizer.word_index
```

다음은 위 설명을 나타낸 그림입니다.

그림 6-17 단어 토큰을 시퀀스 번호로 변환하는 과정

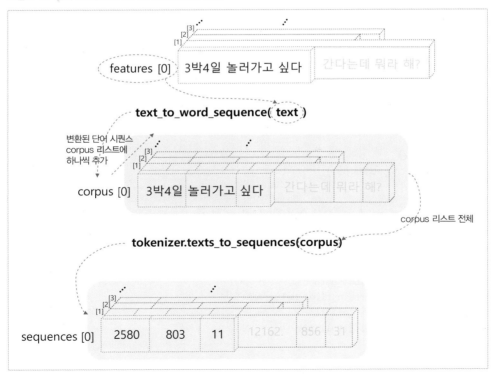

시퀀스 번호로 만든 벡터는 한 가지 문제가 있습니다. 바로 문장의 길이가 제각각이기 때문에 벡터 크기가 다 다릅니다. 다음 그림처럼 CNN 모델의 입력 계층은 고정된 개수의 입력 노드를 가지고 있습니다.

그림 6-18 시퀀스 벡터 패딩 처리

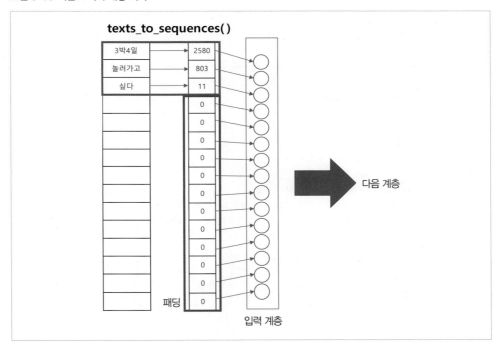

이런 이유로 시퀀스 번호로 변환된 전체 벡터 크기를 동일하게 맞춰야 합니다. 예제에서는 MAX_SEQ_LEN 크기만큼 넉넉하게 늘립니다. 이 경우 MAX_SEQ_LEN 크기보다 작은 벡터에는 남는 공간이 생기는데, 이를 0으로 채우는 작업을 해야 합니다. 이런 일련의 과정을 패딩 padding 처리라고 부릅니다. 케라스에서는 pad_sequences() 함수를 통해 시퀀스의 패딩 처리를 손쉽게 할 수 있습니다.

pad_sequences() 함수를 사용할 때 maxlen 인자로 시퀀스의 최대 길이를 정하는데, 학습시킬 문장 데이터들을 사전에 분석해 최대 몇 개의 단어 토큰으로 구성되어 있는지 파악해야 합니다. 너무 크게 잡으면 빈 공간이 많이 생겨 자원의 낭비가 발생합니다. 또한 너무 작게 잡으면 입력 데이터가 손실되는 상황이 발생합니다.

```
MAX_SEQ_LEN = 15  # 시퀀스 벡터 크기
padded_seqs = preprocessing.sequence.pad_sequences(sequences, maxlen=MAX_SEQ_LEN,
padding='post')
```

❸ ❷에서 패딩 처리된 시퀀스(padded_seqs) 벡터 리스트와 감정(labels) 리스트 전체를 데이터셋 객체로 만듭니다. 그다음 데이터를 랜덤으로 섞은 후 학습용, 검증용, 테스트용 데이터셋을 7:2:1 비율로 나눠 실제 학습에 필요한 데이터셋 객체를 각각 분리합니다.

```
ds = tf.data.Dataset.from_tensor_slices((padded_seqs, labels))
ds = ds.shuffle(len(features))

train_size = int(len(padded_seqs) * 0.7)
val_size = int(len(padded_seqs) * 0.2)
test_size = int(len(padded_seqs) * 0.1)

train_ds = ds.take(train_size).batch(20)
val_ds = ds.skip(train_size).take(val_size).batch(20)
test_ds = ds.skip(train_size + val_size).take(test_size).batch(20)
```

> **NOTE_** 학습, 검증, 테스트 데이터셋은 보통 7:2:1이나 6:2:2 비율로 잡습니다. 꼭 정해진 비율이 있는 건 아니니 직접 연구하면서 적정 비율을 찾으면 됩니다.

❹ CNN 모델을 케라스 함수형 모델$^{functional\ model}$ 방식으로 구현하였습니다. 여기서 구현한 CNN 모델을 블록으로 그려봤습니다. 여러분도 신경망을 실제로 구현하거나 공부할 때 해당 모델을 블록으로 그려보면 이해가 빠를 겁니다. 그림에서 각 블록은 케라스 API와 대응하도록 구성했습니다.

문장을 감정 클래스로 분류하는 CNN 모델은 전처리된 입력 데이터를 단어 임베딩 처리하는 영역과 합성곱 필터와 연산을 통해 문장의 특징 정보(특징맵)를 추출하고, 평탄화^{flatten}를 하는 영역, 그리고 완전 연결 계층$^{fully\ connected\ layer}$을 통해 감정별로 클래스를 분류하는 영역으로 구성되어 있습니다. [그림 6-19]에서 사각형 블록 위에 표시된 이름은 예제에서 사용하는 변수명입니다. 모델 코드를 참조할 때 위 그림과 비교하면서 분석하겠습니다.

그림 6-19 감정 클래스 분류 CNN 모델 블록도

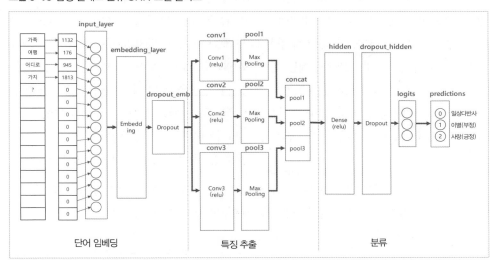

단어 임베딩 영역 코드는 다음과 같습니다. 입력 계층은 케라스의 Input( )으로 생성합니다. 이때 shape 인자로 입력 노드에 들어올 데이터의 형상^{shape}을 지정합니다. 실제 패딩 처리된 시퀀스 벡터의 크기(MAX_SEQ_LEN)로 설정합니다. 다음은 임베딩 계층을 만들어야 합니다. 앞서 단어별로 패딩 처리된 시퀀스 벡터는 희소 벡터입니다. 임베딩 계층은 희소 벡터를 입력받아 데이터 손실을 최소화하면서 벡터 차원이 압축되는 밀집 벡터로 변환해줍니다. 단어의 개수(VOCAB_SIZE)와 임베딩 결과로 나올 밀집 벡터의 크기(EMB_SIZE), 입력되는 시퀀스 벡터의 크기(MAX_SEQ_LEN)를 Embedding( )의 인자로 사용해 임베딩 계층을 생성합니다. 단어 임베딩 부분의 마지막에는 50% 확률로 Dropout( )을 생성합니다. 이로써 학습 과정에 발생할지도 모르는 오버피팅(과적합)에 대비합니다.

```
input_layer = Input(shape=(MAX_SEQ_LEN,))
embedding_layer = Embedding(VOCAB_SIZE, EMB_SIZE, input_length=MAX_SEQ_LEN)(input_
layer)
dropout_emb = Dropout(rate=dropout_prob)(embedding_layer)
```

다음에는 임베딩 계층을 통해 전달된 임베딩 벡터에서 특징 추출을 하는 영역을 구현했습니다. Conv1D( )를 이용해 크기가 3, 4, 5인 합성곱 필터를 128개씩 사용한 합성곱 계층을 3개 생성합니다. 합성곱 연산 과정을 떠올려보면 필터 크기에 맞게 입력 데이터 위를 슬라이딩하게 되는

데, 이는 3, 4, 5-gram 언어 모델의 개념과 비슷합니다. 임베딩 벡터를 합성곱 계층의 입력으로 받아 GlobalMaxPool1D( )를 이용해 최대 풀링 연산을 수행합니다. 이후 완전 연결 계층을 통해 클래스 분류 작업을 해야 합니다. 이때 완전 연결 계층에 전달될 수 있도록 concatenate( )를 이용해 각각 병렬로 처리된 합성곱 계층의 특징맵 결과를 하나로 묶어줍니다.

```python
conv1 = Conv1D(
    filters=128,
    kernel_size=3,
    padding='valid',
    activation=tf.nn.relu)(dropout_emb)
pool1 = GlobalMaxPool1D()(conv1)

conv2 = Conv1D(
    filters=128,
    kernel_size=4,
    padding='valid',
    activation=tf.nn.relu)(dropout_emb)
pool2 = GlobalMaxPool1D()(conv2)

conv3 = Conv1D(
    filters=128,
    kernel_size=5,
    padding='valid',
    activation=tf.nn.relu)(dropout_emb)
pool3 = GlobalMaxPool1D()(conv3)

# 3, 4, 5-gram 이후 합치기
concat = concatenate([pool1, pool2, pool3])
```

다음에는 CNN 모델의 마지막 단계인 완전 연결 계층을 구현했습니다. 완전 연결 계층은 기본적인 심층 신경망을 사용하기 때문에 코드가 간단합니다. Dense( )를 이용해서 128개의 출력 노드를 가지고, relu 활성화 함수를 사용하는 Dense 계층을 생성합니다. 이 Dense 계층은 이전 계층에서 합성곱 연산과 맥스 풀링으로 나온 3개의 특징맵 데이터를 입력으로 받습니다.

챗봇 데이터 문장에서 3가지 클래스로 감정 분류해야 하기 때문에 출력 노드가 3개인 Dense( )를 생성합니다. 이때는 신경망이 예측하는 최종 단계이기 때문에 활성화 함수를 사용하지 않습니다. 이번 계층에서 결과로 나온 값(logits)을 점수[score]라 부릅니다. 출력 노드에서 3개의 점수가 출력되는데, 가장 큰 점수를 가진 노드 위치가 CNN 모델이 예측한 결과[class]가 됩니다.

```
hidden = Dense(128, activation=tf.nn.relu)(concat)
dropout_hidden = Dropout(rate=dropout_prob)(hidden)
logits = Dense(3, name='logits')(dropout_hidden)
```

마지막으로 출력 노드로 정의한 logits에서 나온 점수를 소프트맥스 계층을 통해 감정 클래스별 확률을 계산합니다. 실제 서비스를 운영할 경우에는 분류 결과를 예측하는 데 소프트맥스 연산까지 할 필요 없이 점수가 가장 큰 클래스를 선택하면 됩니다. 예제에서는 모델 학습 시 소프트맥스 연산 결과가 필요하기 때문에 추가하였습니다. 클래스 분류 모델classification problem을 학습할 때 주로 손실값loss을 계산하는 함수로 sparse_categorical_crossentropy를 사용합니다. 이때 크로스엔트로피cross-entropy 계산을 위해 확률값을 입력으로 사용해야 하는데 이를 위해 소프트맥스 계층이 필요합니다.

```
predictions = Dense(3, activation=tf.nn.softmax)(logits)
```

❺ ❹에서 정의한 계층들을 케라스 모델에 추가하는 작업을 해야 합니다. 케라스 모델을 생성할 때 Model()을 사용하는데, 인자로는 앞서 생성한 입력 계층(input_layer)과 출력 계층(predictions)을 사용합니다. 모델 정의 후 실제 모델을 model.compile() 함수를 통해 CNN 모델을 컴파일합니다. 최적화optimizer 방법에는 adam을, 손실 함수에는 sparse_categorical_crossentropy를 사용하도록 했습니다. 또한 케라스 모델을 평가할 때 정확도를 확인하기 위해 metrics에 accuracy를 사용했습니다. 손실값만 확인할 경우에는 생략해도 됩니다.

```
model = Model(inputs=input_layer, outputs=predictions)
model.compile(optimizer='adam',
              loss='sparse_categorical_crossentropy',
              metrics=['accuracy'])
```

❻ ❹에서 정의한 CNN 모델을 학습합니다. 첫 번째 인자에는 학습용 데이터셋을 입력하고, 두 번째 validation_data 인자에는 검증용 데이터셋을 입력합니다. 예제에서는 에포크값을 5로 설정했으므로 모델 학습을 5회 반복합니다. verbose 인자가 1인 경우에는 모델 학습 시 진행 과정을 상세히 보여줍니다. 만약 학습 과정을 생략하고 싶으면 0으로 설정하면 됩니다.

```
model.fit(train_ds, validation_data=val_ds, epochs=EPOCH, verbose=1)
```

다음은 학습 model.fit( ) 함수 호출 후 마지막 에포크 단계일 때 보이는 결과 화면입니다. 지면 관계상 마지막 에포크만 보여드렸는데, 이 부분만 보면 loss가 0.0247~0.1250 사이에서 진동하는 것처럼 보이지만 전체 학습 과정을 보면 loss는 줄고, accuracy는 증가하는 모습을 보입니다.

▶ 학습용 데이터셋 학습 결과

```
Epoch 5/5
  1/414 [..............................] - ETA: 14s - loss: 0.0247 - accuracy:
1.0000
  4/414 [..............................] - ETA: 10s - loss: 0.1585 - accuracy:
0.9250
  7/414 [..............................] - ETA: 10s - loss: 0.1581 - accuracy:
0.9286
 10/414 [..............................] - ETA: 9s - loss: 0.1623 - accuracy:
0.9300
 12/414 [..............................] - ETA: 10s - loss: 0.1564 - accuracy:
0.9292
 14/414 [>.............................] - ETA: 10s - loss: 0.1458 - accuracy:
0.9357
 17/414 [>.............................] - ETA: 10s - loss: 0.1372 - accuracy:
0.9412
 ...
395/414 [============================>..] - ETA: 0s - loss: 0.1236 - accuracy:
0.9587
398/414 [============================>..] - ETA: 0s - loss: 0.1238 - accuracy:
0.9587
400/414 [============================>..] - ETA: 0s - loss: 0.1234 - accuracy:
0.9588
402/414 [============================>.] - ETA: 0s - loss: 0.1235 - accuracy:
0.9588
405/414 [============================>.] - ETA: 0s - loss: 0.1237 - accuracy:
0.9588
408/414 [============================>.] - ETA: 0s - loss: 0.1246 - accuracy:
0.9587
411/414 [============================>.] - ETA: 0s - loss: 0.1250 - accuracy:
0.9588
414/414 [==============================] - 11s 25ms/step - loss: 0.1251 -
accuracy: 0.9588 - val_loss: 0.0605 - val_accuracy: 0.9860
```

❼ evaluate() 함수를 이용해 성능을 평가합니다. evaluate() 함수의 인자로 테스트용 데이터셋을 사용합니다.

```
loss, accuracy = model.evaluate(test_ds, verbose=1)
print('Accuracy: %f' % (accuracy * 100))
print('loss: %f' % (loss))
```

다음은 학습 model.evaluate() 함수 호출 후 테스트용 데이터셋을 평가한 결과입니다. 손실이 5%, 정확도가 98%로 성능 좋은 분류 모델이 완성되었습니다.

```
Accuracy: 98.561758
loss: 0.058838
```

❽ 학습이 완료된 모델을 h5 파일 포맷으로 저장합니다. 이후 저장된 모델 파일을 불러와 문장데이터의 감정 분류를 할 예정입니다.

```
model.save('cnn_model.h5')
```

예제에서 사용한 하이퍼파라미터값(합성곱 필터 크기 및 개수, 단어 임베딩 벡터 크기, 에포크값)이 꼭 정답은 아닙니다. 여러분도 많은 실험을 통해 최적의 하이퍼파라미터를 찾아야 합니다. 예제에서는 단순하게 입력한 문장을 3가지 감정(클래스)으로 분류했습니다.

6.2.3 챗봇 문답 데이터 감정 분류 모델 사용

앞서 생성한 모델 학습 파일을 불러와 입력한 문장 데이터를 감정 분류하겠습니다. MNIST 모델을 사용하는 방법과 비슷하므로 사용상 어려움은 없을 겁니다.

예제 6-4 문장 감정 분류 CNN 모델 사용

```
import tensorflow as tf
import pandas as pd
from tensorflow.keras.models import Model, load_model
from tensorflow.keras import preprocessing
```

```python
# 데이터 읽어오기  ❶
train_file = "./chatbot_data.csv"
data = pd.read_csv(train_file, delimiter=',')
features = data['Q'].tolist()
labels = data['label'].tolist()

# 단어 인덱스 시퀀스 벡터  ❷
corpus = [preprocessing.text.text_to_word_sequence(text) for text in features]
tokenizer = preprocessing.text.Tokenizer()
tokenizer.fit_on_texts(corpus)
sequences = tokenizer.texts_to_sequences(corpus)

MAX_SEQ_LEN = 15  # 단어 시퀀스 벡터 크기
padded_seqs = preprocessing.sequence.pad_sequences(sequences, maxlen=MAX_SEQ_LEN,
padding='post')

# 테스트용 데이터셋 생성  ❸
ds = tf.data.Dataset.from_tensor_slices((padded_seqs, labels))
ds = ds.shuffle(len(features))
test_ds = ds.take(2000).batch(20)  # 테스트 데이터셋

# 감정 분류 CNN 모델 불러오기  ❹
model = load_model('cnn_model.h5')
model.summary()
model.evaluate(test_ds, verbose=2)

# 테스트용 데이터셋의 10212번째 데이터 출력  ❺
print("단어 시퀀스 : ", corpus[10212])
print("단어 인덱스 시퀀스 : ", padded_seqs[10212])
print("문장 분류(정답) : ", labels[10212])

# 테스트용 데이터셋의 10212번째 데이터 감정 예측  ❻
picks = [10212]
predict = model.predict(padded_seqs[picks])
predict_class = tf.math.argmax(predict, axis=1)
print("감정 예측 점수 : ", predict)
print("감정 예측 클래스 : ", predict_class.numpy())
```

❶ Pandas의 read_csv() 함수를 이용해 chatbot_data.csv 파일을 읽어와 label(감정)을 분류할 Q(질문) 데이터를 features 리스트에 저장합니다. labels 리스트는 CNN 모델이 예측한 분류 결과와 실제 분류값을 비교하기 위한 목적으로 사용합니다.

```
train_file = "./chatbot_data.csv"
data = pd.read_csv(train_file, delimiter=',')
features = data['Q'].tolist()
labels = data['label'].tolist()
```

❷ ❶에서 불러온 질문 리스트(features)에서 한 문장씩 꺼내와 text_to_word_sequence( ) 함수를 이용해 단어 시퀀스를 만든 후 말뭉치(corpus) 리스트에 저장합니다. 그다음 텐서플로 토크나이저의 texts_to_sequences( ) 함수를 이용해 문장 내 모든 단어를 시퀀스 번호로 변환합니다. 마지막으로 단어 시퀀스 벡터 크기를 맞추기 위해 pad_sequences( ) 함수를 사용하여 패딩 처리를 합니다.

```
corpus = [preprocessing.text.text_to_word_sequence(text) for text in features]
tokenizer = preprocessing.text.Tokenizer()
tokenizer.fit_on_texts(corpus)
sequences = tokenizer.texts_to_sequences(corpus)

MAX_SEQ_LEN = 15   # 단어 시퀀스 벡터 크기
padded_seqs = preprocessing.sequence.pad_sequences(sequences, maxlen=MAX_SEQ_LEN,
padding='post')
```

❸ ❷에서 패딩 처리한 시퀀스(padded_seqs) 벡터 리스트와 감정(labels) 리스트 전체를 데이터셋 객체로 만듭니다. 그다음에는 데이터를 랜덤으로 섞은 후 테스트용 데이터셋을 2,000개 뽑아내 20개씩 배치 처리합니다.

```
ds = tf.data.Dataset.from_tensor_slices((padded_seqs, labels))
ds = ds.shuffle(len(features))
test_ds = ds.take(2000).batch(20)   # 테스트 데이터셋
```

❹ 케라스의 load_model( ) 함수를 이용해 모델 파일을 불러옵니다. 성공적으로 모델 파일을 불러왔다면 학습된 모델 객체를 반환합니다. 파일에 저장된 모델 정보를 확인하기 위해 summary( ) 함수를 호출하고, 테스트셋 데이터를 이용해 모델 성능을 평가합니다.

```
model = load_model('cnn_model.h5')
model.summary()
model.evaluate(test_ds, verbose=2)
```

❺ 예제에서는 불러온 말뭉치 데이터 리스트의 10212번째 문장의 감정을 예측합니다. 예측에 앞서 10212번째 문장의 데이터를 확인합니다.

```
print("단어 시퀀스 : ", corpus[10212])
print("단어 인덱스 시퀀스 : ", padded_seqs[10212])
print("문장 분류(정답) : ", labels[10212])
```

다음은 말뭉치 데이터 리스트의 10212번째 문장의 단어 시퀀스와 시퀀스 번호 그리고 해당 문장의 감정 클래스 정답을 출력한 결과입니다. 우리가 구현한 CNN 모델은 입력층에 단어 인덱스 시퀀스를 입력해야 합니다. 10212번째 문장은 사랑(Label : 2)으로 분류된 문장입니다. 실제 모델 예측도 사랑(Label : 2)인지 확인해봅시다.

```
단어 시퀀스 :  ['썸', '타는', '여자가', '남사친', '만나러', '간다는데', '뭐라', '해']
단어 인덱스 시퀀스 :  [   13    61   127  4320  1333 12162   856    31     0     0
    0     0
       0     0     0]
문장 분류(정답) :  2
```

❻ 케라스 모델의 predict() 함수는 입력 데이터에 대해 각 클래스별로 예측한 점수를 반환합니다. 텐서플로의 argmax() 함수를 이용해 분류 클래스들 중 예측 점수가 가장 큰 클래스 번호를 계산합니다. 즉, 테스트 데이터셋의 10212번째 문장이 어떤 감정 클래스에 포함되어 있는지 판단합니다.

```
picks = [10212]
predict = model.predict(padded_seqs[picks])
predict_class = tf.math.argmax(predict, axis=1)
print("감정 예측 점수 : ", predict)
print("감정 예측 클래스 : ", predict_class.numpy())
```

다음은 테스트 데이터셋의 10212번째 문장 데이터의 감정 클래스를 예측한 결과를 보여줍니다. ❺에서 출력한 실제 분류 클래스인 사랑(Label : 2)과 동일한 클래스값을 예측합니다.

```
감정 예측 점수 :  [[1.5707279e-05 5.5577289e-06 9.9997878e-01]]
감정 예측 클래스 :  [2]
```

6.3 개체명 인식을 위한 양방향 LSTM 모델

이 절에서는 챗봇 엔진에 개체명 인식$^{\text{named entity recognition}}$을 위해 사용하는 양방향 LSTM$^{\text{Bi-LSTM}}$에 대해 알아봅시다. LSTM은 순환 신경망 모델의 일종으로 시퀀스 또는 시계열 데이터의 패턴을 인식하는 분야에서 많이 사용합니다. 연속적인 데이터의 패턴을 이용해 결과를 예측하므로 주로 주가 예측이나 신호 분석 및 번역 분야에서 좋은 성능을 보여줍니다.

6.3.1 RNN

LSTM은 RNN 모델에서 파생되었습니다. 따라서 RNN 모델을 먼저 알아보겠습니다. RNN$^{\text{Recurrent Neural Network}}$은 순환 신경망으로 불리며, 앞서 배운 신경망 모델과 다르게 은닉층 노드의 출력값을 출력층과 그다음 시점의 은닉층 노드의 입력으로 전달해 순환하는 특징을 갖고 있습니다. 이를 그림으로 표현하면 다음과 같습니다.

그림 6-20 RNN 모델의 축약 표현

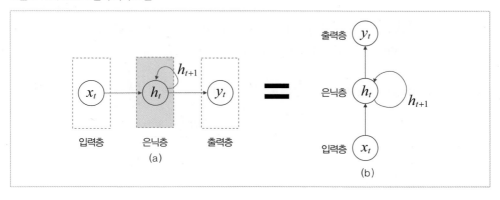

[그림 6-20]에서 (a)와 (b)는 같은 의미이며, RNN에서는 (a) 형태를 세워놓은 (b) 표현법을 많이 사용합니다. RNN 모델에서 x는 입력 벡터 y는 출력 벡터입니다. t는 현재 시점을 의미합니다. 즉, x_t는 현재 시점의 입력 벡터, y_t는 현재 시점의 출력 벡터를 의미합니다. RNN에서 은닉층 노드는 이전 시점($t-1$)의 상탯값을 저장하는 메모리 역할을 수행하기 때문에 셀^{cell} 또는 메모리 셀이라고 부릅니다. 은닉층의 메모리 셀의 출력 벡터는 출력층과 다음 시점($t+1$)의 메모리 셀에 전달되는데 이를 은닉 상태$^{\text{hidden state}}$라고 합니다. 따라서 [그림 6-20]에서 h_t는 현재 시점의 은닉 상태, h_{t+1}은 다음 시점의 은닉 상태를 의미합니다.

[그림 6-20]은 RNN 모델을 축약해서 표현했기 때문에 RNN 모델이 시퀀스나 시계열 데이터를 어떻게 처리하는지 이해하기 어려울 수 있습니다. 다음은 RNN 모델을 시점의 흐름에 따라 표현한 그림입니다. [그림 6-20]과 동일한 RNN 모델입니다. 이 그림에서 중요한 점은 현재 시점의 메모리 셀은 이전 시점의 은닉 상탯값에 영향을 받고 있으며 완전 연결 계층 구조를 가지고 있다는 겁니다.

그림 6-21 시점의 흐름에 따른 RNN 모델 표현

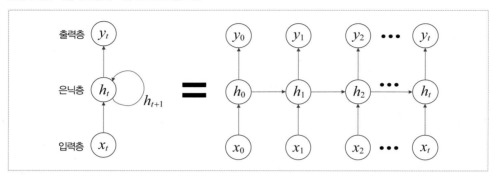

RNN 모델은 어떤 문제를 해결하느냐에 따라 입력과 출력의 길이를 조절할 수 있습니다. 예를 들어 여러 개를 입력받아 하나를 출력하는 many-to-one 모델을 살펴봅시다.

그림 6-22 many-to-one 모델 예시

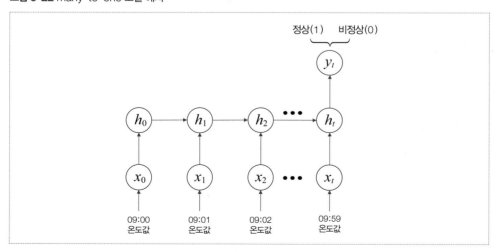

[그림 6-22]는 09:00부터 09:59분까지 분 단위로 온도 데이터를 입력받아 현재까지의 온도

흐름이 정상(1)인지 비정상(0)인지 판단하는 many-to-one 모델을 보여주고 있습니다. 또한 자연어 처리 분야에서는 메일 제목을 입력받아 해당 메일이 스팸인지 아닌지 판단하는 모델로도 사용할 수 있습니다.

다음에는 하나를 입력받아 여러 개를 출력하는 one-to-many 모델을 살펴봅시다. 이는 한 장의 이미지를 입력받아 이미지를 설명하는 텍스트를 출력하는 모델로 사용할 수 있습니다.

그림 6-23 one-to-many 모델 예시

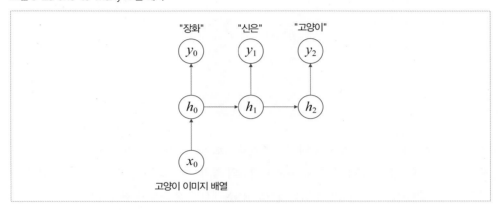

마지막으로 여러 개를 입력받아 여러 개를 출력하는 many-to-many 모델이 있습니다. 이 모델은 우리가 앞으로 구현할 개체명 인식기에서도 사용하는 모델입니다. 단어 시퀀스를 입력으로 받아 각 시퀀스가 의미하는 개체명을 출력하는 구조입니다. 또한 한국어를 입력받아 영어로 출력하는 번역기 모델로도 사용 가능합니다.

그림 6-24 many-to-many 모델 예시

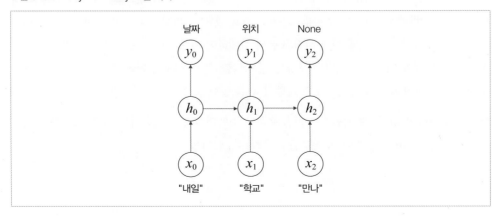

이제 RNN이 수식적으로 어떻게 동작하는지 알아봅시다. 다음 그림은 RNN 모델에서 수식 계산에 필요한 입출력 및 가중치 파라미터의 관계와 위치를 보여주고 있습니다. 참고로 RNN은 모든 시점에서 동일한 가중치와 편향값을 사용합니다.

그림 6-25 RNN 모델의 파라미터

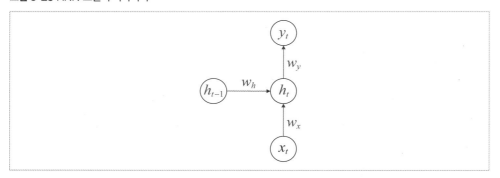

위 그림을 통해 RNN 모델의 동작 방식을 수식적으로 확인해봅시다. 현재 시점을 t로 정의했을 때 x_t는 현재 시점의 입력 벡터, y_t는 현재 시점의 출력 벡터, h_t는 현재 시점의 은닉 상태 벡터값을 의미합니다. 다른 신경망과 마찬가지로 RNN에서도 각 노드와 연결되어 있는 가중치가 존재합니다. w_x는 입력 x_t에 대한 가중치, w_h는 이전 시점의 은닉 상탯값인 h_{t-1}에 대한 가중치, w_y는 현재 시점의 은닉 상탯값인 h_t에 대한 가중치입니다.

$$은닉층 : h_t = \tanh(w_x x_t + w_h h_{t-1} + b_h)$$
$$출력층 : y_t = w_y h_t + b_y$$

현재 시점의 은닉 상탯값 h_t는 현재 입력값과 이전 시점의 은닉 상탯값으로 계산합니다. [그림 6-25]에는 생략했지만 1개의 편향값(b)을 가지고 있으며, 활성화 함수로 하이퍼블릭 탄젠트(tanh)를 사용합니다. 이때 이전 시점의 은닉 상탯값이 현재 시점의 은닉 상태에 계속해서 영향을 주기 때문에 시퀀스 데이터의 특징을 잘 파악할 수 있습니다. 마지막으로 출력층 y_t는 메모리 셀에서 계산된 은닉 상탯값 h_t와 가중치 w_y를 곱한 값으로 계산합니다.

특정 범위만큼의 sin 파형 시퀀스를 학습해 다음 스텝의 파형을 예측하는 RNN 모델을 구현해보면서 케라스에서 어떻게 RNN 계층을 사용하는지 알아봅시다.

```python
import numpy as np
import matplotlib.pyplot as plt

from tensorflow.keras.models import Sequential
from tensorflow.keras.layers import Flatten, Dense, LSTM, SimpleRNN

# time step만큼 시퀀스 데이터 분리
def split_sequence(sequence, step):
    x, y = list(), list()

    for i in range(len(sequence)):
        end_idx = i + step
        if end_idx > len(sequence) - 1:
            break

        seq_x, seq_y = sequence[i:end_idx], sequence[end_idx]
        x.append(seq_x)
        y.append(seq_y)

    return np.array(x), np.array(y)

# sin 함수 학습 데이터  ❶
x = [i for i in np.arange(start=-10, stop=10, step=0.1)]
train_y = [np.sin(i) for i in x]

# 하이퍼파라미터  ❷
n_timesteps = 15
n_features = 1

# 시퀀스 나누기  ❸
# train_x.shape => (samples, timesteps)
# train_y.shape => (samples)
train_x, train_y = split_sequence(train_y, step=n_timesteps)
print("shape  x:{} / y:{}".format(train_x.shape, train_y.shape))

# RNN 입력 벡터 크기를 맞추기 위해 벡터 차원 크기 변경  ❹
# reshape from [samples, timesteps] into [samples, timesteps, features]
train_x = train_x.reshape(train_x.shape[0], train_x.shape[1], n_features)
print("train_x.shape = {}".format(train_x.shape))
print("train_y.shape = {}".format(train_y.shape))

# RNN 모델 정의  ❺
model = Sequential()
```

```python
model.add(SimpleRNN(units=10,
                    return_sequences=False,
                    input_shape=(n_timesteps, n_features)))
model.add(Dense(1))
model.compile(optimizer='adam', loss='mse')

# 모델 학습  ❻
np.random.seed(0)
from tensorflow.keras.callbacks import EarlyStopping
early_stopping = EarlyStopping(
    monitor='loss',
    patience=5,
    mode='auto')
history = model.fit(train_x, train_y, epochs=1000, callbacks=[early_stopping])

# loss 그래프 생성  ❼
plt.plot(history.history['loss'], label="loss")
plt.legend(loc="upper right")
plt.show()

# 테스트 데이터셋 생성  ❽
test_x = np.arange(10, 20, 0.1)
calc_y = np.cos(test_x)  # 테스트 정답 데이터

# RNN 모델 예측 및 로그 저장  ❾
test_y = calc_y[:n_timesteps]
for i in range(len(test_x) - n_timesteps):
    net_input = test_y[i : i + n_timesteps]
    net_input = net_input.reshape((1, n_timesteps, n_features))
    train_y = model.predict(net_input, verbose=0)
    print(test_y.shape, train_y.shape, i, i + n_timesteps)
    test_y = np.append(test_y, train_y)

# 예측 결과 그래프 그리기  ❿
plt.plot(test_x, calc_y, label="ground truth", color="orange")
plt.plot(test_x, test_y, label="predicitons", color="blue")

plt.legend(loc='upper left')
plt.ylim(-2, 2)
plt.show()
```

❶ −10에서 +10 사이의 x축 범위를 가지는 sin( ) 함수 값을 0.1 단위로 증가시켜 train_y 리스트에 저장합니다. train_y 리스트는 RNN 모델 학습에 필요한 학습 데이터셋입니다.

```
x = [i for i in np.arange(start=-10, stop=10, step=0.1)]
train_y = [np.sin(i) for i in x]
```

❷ RNN 모델에서 사용하는 입력 시퀀스 길이(n_timesteps)를 15로 정의합니다. 이때 n_timesteps만큼 RNN 메모리 셀이 생성됩니다. 입력 벡터의 차원 크기(n_features)는 1로 정의합니다.

```
n_timesteps = 15
n_features = 1
```

다음은 정의된 입력 시퀀스 길이(15)와 벡터 크기(1)를 토대로 표현한 RNN 노드 구성입니다.

그림 6-26 정의된 입력 형태에 따른 RNN 노드 구성

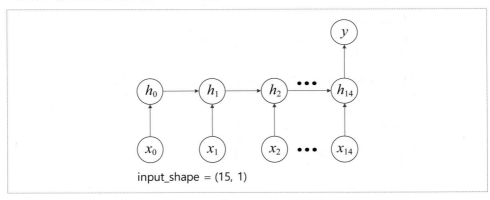

❸ RNN 모델의 입력 시퀀스를 만들기 위해 split_sequence( ) 함수를 호출합니다. sin 파형의 학습 데이터가 들어 있는 train_y 리스트에서 n_timesteps만큼 나눠서 입력 시퀀스를 생성합니다.

```
train_x, train_y = split_sequence(train_y, step=n_timesteps)
print("shape  x:{} / y:{}".format(train_x.shape, train_y.shape))
```

split_sequence() 함수 내부를 살펴봅시다. 입력 인자로 넘어온 리스트 데이터를 순차적으로 step 크기만큼 나눠 RNN 모델에 사용될 입력 시퀀스(x)와 출력값(y)을 넘파이 배열로 만듭니다. 다음은 split_sequence() 함수의 동작 과정을 나타낸 그림입니다.

그림 6-27 split_sequence() 함수 동작 과정

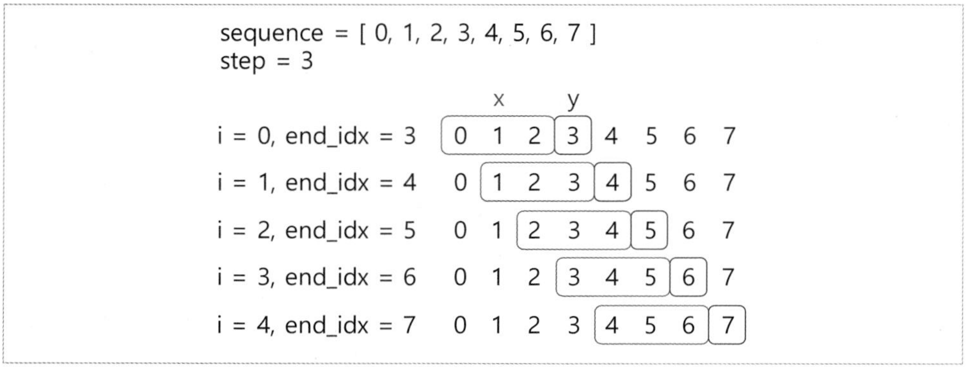

```
              sequence = [ 0, 1, 2, 3, 4, 5, 6, 7 ]
              step = 3

                          x       y
  i = 0, end_idx = 3    0   1   2  3   4   5   6   7

  i = 1, end_idx = 4    0   1   2   3  4   5   6   7

  i = 2, end_idx = 5    0   1   2   3   4  5   6   7

  i = 3, end_idx = 6    0   1   2   3   4   5  6   7

  i = 4, end_idx = 7    0   1   2   3   4   5   6  7
```

[그림 6-27]과 함수를 구현한 코드를 비교 분석해보세요.

```python
def split_sequence(sequence, step):
    x, y = list(), list()

    for i in range(len(sequence)):
        end_idx = i + step
        if end_idx > len(sequence) - 1:
            break

        seq_x, seq_y = sequence[i:end_idx], sequence[end_idx]
        x.append(seq_x)
        y.append(seq_y)

    return np.array(x), np.array(y)
```

❹ 케라스에서 RNN 계층을 사용하려면 3차원 텐서^{tensor} 형태여야 합니다. 따라서 현재 2차원(samples, time step)인 train_x를 RNN 모델의 입력 데이터 형상에 맞게 3차원(batch size, time step, input length) 형태로 변환합니다.

```python
train_x = train_x.reshape(train_x.shape[0], train_x.shape[1], n_features)
print("train_x.shape = {}".format(train_x.shape))
print("train_y.shape = {}".format(train_y.shape))
```

❺ sin 파형 데이터셋을 학습하기 위한 RNN 계층을 정의한 후 모델을 생성하는 부분입니다. SimpleRNN 계층 1개와 출력을 위한 Dense 계층 1개로 구성되어 있습니다.

```python
model = Sequential()
model.add(SimpleRNN(units=10,
                    return_sequences=False,
                    input_shape=(n_timesteps, n_features)))
model.add(Dense(1))
model.compile(optimizer='adam', loss='mse')
```

SimpleRNN 계층은 가장 간단한 형태의 RNN 계층입니다. 사용되는 인자를 살펴봅시다. units는 RNN 계층에 존재하는 전체 뉴런 수입니다. return_sequences는 앞서 배운 RNN 계산 과정에서 은닉 상탯값을 출력할지 결정합니다. 이 인자가 False인 경우 마지막 시점의 메모리 셀에서만 결과를 출력합니다. 반대로 True인 경우 모든 RNN 계산 과정에서 결과를 출력합니다. 즉, return_sequences 인자는 다층 구조의 RNN 모델이나 출력이 여러 개인 one-to-many와 many-to-many 구조를 위해 사용합니다. 마지막으로 input_shape 인자를 통해 RNN 모델의 입력 데이터 형상^{shape}을 정의합니다. 다음은 ❺에서 정의한 SimpleRNN 모델을 표현한 그림입니다.

그림 6-28 SimpleRNN 계층 표현

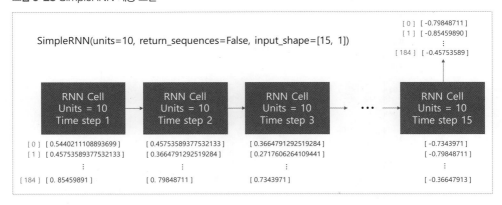

RNN 모델의 출력값과 실제 정답의 오차를 계산하는 손실 함수로는 mse를 사용하며 옵티마이저로는 adam을 사용합니다.

❻ ❺에서 생성한 모델을 실제 학습합니다. 케라스의 fit() 함수를 이용해 학습하는데, fit() 함수의 인자로 학습에 필요한 데이터셋과 에포크값을 사용합니다. 이번 예제에서는 검증용 데이터셋은 생략했습니다. 마지막으로 오버피팅을 피하기 위해 손실(loss)이 갑자기 증가되는 시점을 찾을 수 있는 조기 종료(EarlyStopping) 콜백 객체를 사용했습니다. 예제에서는 성능이 증가하지 않을 때 5에포크 정도 더 학습하도록 설정했습니다(patience=5).

```python
np.random.seed(0)
from tensorflow.keras.callbacks import EarlyStopping
early_stopping = EarlyStopping(
    monitor='loss',
    patience=5,
    mode='auto')
history = model.fit(train_x, train_y, epochs=1000, callbacks=[early_stopping])
```

❼ 학습 과정에 발생한 loss를 그래프로 출력합니다.

```python
plt.plot(history.history['loss'], label="loss")
plt.legend(loc="upper right")
plt.show()
```

다음 그림은 학습 에포크 증가에 따른 손실 그래프입니다. 학습이 진행될수록 손실이 줄어들고 있는 모습을 보입니다.

그림 6-29 RNN 모델 학습 손실 그래프

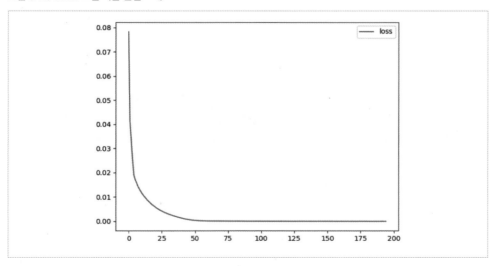

❽ 학습된 RNN 모델을 테스트하기 위해 테스트용 데이터셋을 생성합니다. 10에서 20 사이의 x축 범위를 가지는 cos( ) 함수 값을 0.1 단위로 증가시켜 calc_y 리스트에 저장합니다. calc_y 리스트에는 RNN 모델을 테스트하기 위한 전체 시퀀스값이 저장되어 있습니다. cos( ) 함수를 이용해 테스트용 데이터셋을 만드는 이유는 학습된 sin 파형과 주기적 차이를 주기 위해서입니다. 동일한 sin( ) 함수를 이용했다면 학습 데이터와 차이가 없기 때문에 학습 데이터와 100% 동일한 예측 결과를 출력했을 겁니다.

```
test_x = np.arange(10, 20, 0.1)
calc_y = np.cos(test_x)  # 테스트 정답 데이터
```

❾ 학습된 RNN 모델의 예측값을 그래프로 그리기 위해 test_y 리스트에 순차적으로 저장합니다.

```
test_y = calc_y[:n_timesteps]
for i in range(len(test_x) - n_timesteps):
    net_input = test_y[i : i + n_timesteps]
    net_input = net_input.reshape((1, n_timesteps, n_features))
    predict_y = model.predict(net_input)
    test_y = np.append(test_y, predict_y)
```

❿ 예측 결과를 그래프로 출력합니다.

```
plt.plot(test_x, calc_y, label="ground truth", color="orange")
plt.plot(test_x, test_y, label="predicitons", color="blue")

plt.legend(loc='upper left')
plt.ylim(-2, 2)
plt.show()
```

다음 그림은 예제의 예측 결과를 그래프로 출력한 것입니다. 흐린 실선의 sin 파형이 테스트 데이터셋의 정답 데이터이며, 진한 실선의 sin 파형이 우리가 학습한 RNN 모델의 예측 결과입니다. 실제 정답과 오차가 거의 없어 예쁜 모양으로 예측되었습니다.

그림 6-30 RNN 모델 예측 결과 그래프

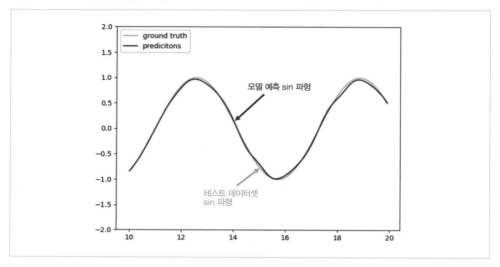

6.3.2 LSTM

앞서 살펴본 RNN 모델은 입력 시퀀스의 시점(time step)이 길어질수록 앞쪽의 데이터가 뒤쪽으로 잘 전달되지 않아 학습 능력이 떨어집니다. 또한 RNN을 다층 구조로 쌓으면 입력과 출력 데이터 사이의 연관 관계가 줄어들어 장기 의존성$^{\text{Long-Term Dependency}}$ 문제가 생깁니다. 이런 문제를 보완하기 위해 기존 RNN을 변형해 LSTM$^{\text{Long Short Term Memory}}$을 개발했습니다.

LSTM의 내부 구조를 살펴봅시다. LSTM은 기본적인 RNN의 은닉 상태를 계산하는 방식에 변화가 있으며, 은닉 상탯값 이외에 셀 상탯값이 추가되었습니다. LSTM은 은닉 상탯값과 셀 상탯값을 계산하기 위한 다음 그림과 같은 3개의 게이트^{Gate}가 추가되었습니다.

그림 6-31 LSTM 내부 구조

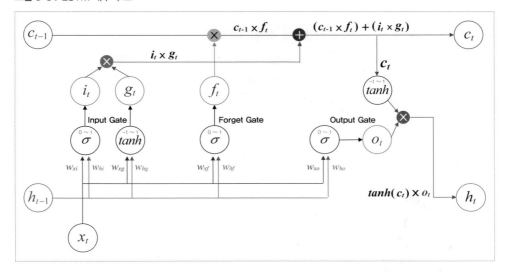

LSTM은 [그림 6-31]과 같이 입력 게이트^{Input Gate}, 삭제 게이트^{Forget Gate}, 출력 게이트^{Output Gate}로 구성되어 있습니다. 각 게이트별 역할과 동작 방식을 살펴봅시다.

입력 게이트는 현재 정보를 얼마나 기억할지 결정하는 게이트입니다. 다음 수식처럼 현재 시점의 입력값(x_t)과 이전 시점의 은닉 상탯값(h_{t-1})을 연관된 가중치로 곱해 2개의 활성화 함수로 계산합니다. 이를 통해 기억할 정보의 양을 결정합니다. 수식에서 σ는 시그모이드 함수, tanh는 하이퍼블릭 탄젠트 함수를 의미합니다.

$$i_t = \sigma(w_{xi}x_t + w_{hi}h_{t-1} + b_i)$$
$$g_t = \tanh(w_{xg}x_t + w_{hg}h_{t-1} + b_g)$$

i_t는 시그모이드 함수의 결괏값으로 출력값의 범위가 0~1 사이며, g_t는 하이퍼블릭 탄젠트 함수의 결괏값으로 출력값의 범위가 −1~1 사이입니다. 이 두 값의 곱을 통해 현재 입력되는 정보를 얼마만큼 다음 시점의 셀 상탯값(c_t)으로 전달할지 결정합니다.

삭제 게이트는 이전 시점의 셀 상탯값을 삭제하기 위해 사용합니다. 현재 시점의 입력값(x_t)과 이전 시점의 은닉 상탯값(h_{t-1})을 시그모이드 함수를 통해 0~1 사이의 값으로 출력합니다. 즉, 삭제 게이트의 결괏값(f_t)으로 기억된 정보를 얼마나 삭제할지 강도를 결정합니다. 다음은 삭제 게이트의 수식입니다.

$$f_t = \sigma(w_{xf}x_t + w_{hf}h_{t-1} + b_f)$$

입력 게이트와 삭제 게이트의 결괏값으로 현재 시점의 셀 상태를 계산합니다. 셀 상댓값 c_t는 LSTM 계층의 마지막 단계까지 오랫동안 정보 특성을 기억할 수 있기 때문에 장기 상태라고 부르기도 합니다. 셀 상태는 입력 게이트와 삭제 게이트의 결과에 영향이 미치는데, 삭제 게이트는 이전 시점의 입력을 얼마나 반영할지, 입력 게이트는 현재 시점의 입력을 얼마나 반영할지 결정합니다.

$$c_t = (c_{t-1}f_t) + (i_t g_t)$$

마지막으로 LSTM의 출력 게이트와 은닉 상태에 대해 살펴봅시다. 출력 게이트의 결괏값(o_t)은 현재 시점의 은닉 상태(h_t)를 결정하는 데 사용되며, 해당 값은 전달되는 메모리 셀이 많아질수록 정보 유실이 크기 때문에 단기 상태라고 부릅니다. 단기 상태(은닉 상태)는 장기 상태(셀 상댓값)에 영향을 받는 구조입니다.

$$h_t = \tanh(c_t)o_t$$

특정 범위만큼의 sin 파형 시퀀스를 학습해 다음 스텝의 파형을 예측하는 LSTM 모델을 구현해봅시다. RNN 모델 예제에서 SimpleRNN 클래스명을 LSTM으로 바꿔주기만 하면 되기 때문에 자세한 설명은 생략하겠습니다. RNN 모델과 LSTM 모델의 예측 결과를 그래프를 통해 각자 확인해보세요.

예제 6-6 sin 곡선 예측 LSTM 모델 사용 예제

```
import numpy as np
import matplotlib.pyplot as plt

from tensorflow.keras.models import Sequential
from tensorflow.keras.layers import Flatten, Dense, LSTM

# time step만큼 시퀀스 데이터 분리
def split_sequence(sequence, step):
    x, y = list(), list()

    for i in range(len(sequence)):
        end_idx = i + step
        if end_idx > len(sequence) - 1:
```

```
            break

        seq_x, seq_y = sequence[i:end_idx], sequence[end_idx]
        x.append(seq_x)
        y.append(seq_y)

    return np.array(x), np.array(y)

# sin 함수 학습 데이터  ❶
x = [i for i in np.arange(start=-10, stop=10, step=0.1)]
train_y = [np.sin(i) for i in x]

# 하이퍼파라미터  ❷
n_timesteps = 15
n_features = 1

# 시퀀스 나누기  ❸
# train_x.shape => (samples, timesteps)
# train_y.shape => (samples)
train_x, train_y = split_sequence(train_y, step=n_timesteps)
print("shape  x:{} / y:{}".format(train_x.shape, train_y.shape))

# LSTM 입력 벡터 크기를 맞추기 위해 벡터 차원 크기 변경  ❹
# reshape from [samples, timesteps] into [samples, timesteps, features]
train_x = train_x.reshape(train_x.shape[0], train_x.shape[1], n_features)
print("train_x.shape = {}".format(train_x.shape))
print("train_y.shape = {}".format(train_y.shape))

# LSTM 모델 정의  ❺
model = Sequential()
model.add(LSTM(units=10,
               return_sequences=False,
               input_shape=(n_timesteps, n_features)))
model.add(Dense(1))
model.compile(optimizer='adam', loss='mse')

# 모델 학습  ❻
np.random.seed(0)
from tensorflow.keras.callbacks import EarlyStopping
early_stopping = EarlyStopping(
    monitor='loss',
    patience=5,
    mode='auto')
history = model.fit(train_x, train_y, epochs=1000, callbacks=[early_stopping])
```

```
# loss 그래프 생성  ❼
plt.plot(history.history['loss'], label="loss")
plt.legend(loc="upper right")
plt.show()

# 테스트 데이터셋 생성  ❽
test_x = np.arange(10, 20, 0.1)
calc_y = np.cos(test_x)   # 테스트 정답 데이터

# LSTM 모델 예측 및 로그 저장  ❾
test_y = calc_y[:n_timesteps]
for i in range(len(test_x) - n_timesteps):
    net_input = test_y[i : i + n_timesteps]
    net_input = net_input.reshape((1, n_timesteps, n_features))
    train_y = model.predict(net_input, verbose=0)
    print(test_y.shape, train_y.shape, i, i + n_timesteps)
    test_y = np.append(test_y, train_y)

# 예측 결과 그래프 그리기  ❿
plt.plot(test_x, calc_y, label="ground truth", color="orange")
plt.plot(test_x, test_y, label="predicitons", color="blue")

plt.legend(loc='upper left')
plt.ylim(-2, 2)
plt.show()
```

❶ −10에서 +10 사이의 x축 범위를 가지는 sin( ) 함수 값을 0.1 단위로 증가시켜 train_y 리스트에 저장합니다. train_y 리스트는 RNN 모델 학습에 필요한 학습 데이터셋입니다.

```
x = [i for i in np.arange(start=-10, stop=10, step=0.1)]
train_y = [np.sin(i) for i in x]
```

❷ LSTM 모델에서 사용하는 입력 시퀀스 길이(n_timesteps)를 15로 정의합니다. 입력 벡터의 차원 크기(n_features)는 1로 정의합니다.

```
n_timesteps = 15
n_features = 1
```

❸ LSTM 모델의 입력 시퀀스를 만들기 위해 split_sequence( ) 함수를 호출합니다. sin 파형

의 학습 데이터가 들어 있는 train_y 리스트에서 n_timesteps만큼 나눠서 입력 시퀀스를 생성합니다.

```
train_x, train_y = split_sequence(train_y, step=n_timesteps)
print("shape  x:{} / y:{}".format(train_x.shape, train_y.shape))
```

❹ 케라스에서 LSTM 계층을 사용하기 위해선 3차원 텐서tensor 형태여야 합니다. 따라서 현재 2차원(samples, time step)인 train_x를 LSTM 모델의 입력 데이터 형상에 맞게 3차원 (batch size, time step, input length) 형태로 변환합니다.

```
train_x = train_x.reshape(train_x.shape[0], train_x.shape[1], n_features)
print("train_x.shape = {}".format(train_x.shape))
print("train_y.shape = {}".format(train_y.shape))
```

❺ sin 파형 데이터셋을 학습하기 위한 LSTM 계층을 정의한 후 모델을 생성하는 부분입니다. LSTM 계층 1개와 출력을 위한 Dense 계층 1개로 구성되어 있습니다. LSTM 모델의 출력값과 실제 정답의 오차를 계산하는 손실 함수로는 mse를 사용하며 옵티마이저로는 adam을 사용합니다.

```
model = Sequential()
model.add(LSTM(units=10,
               return_sequences=False,
               input_shape=(n_timesteps, n_features)))
model.add(Dense(1))
model.compile(optimizer='adam', loss='mse')
```

❻ ❺에서 생성한 모델을 실제 학습합니다.

```
np.random.seed(0)
from tensorflow.keras.callbacks import EarlyStopping
early_stopping = EarlyStopping(
    monitor='loss',
    patience=5,
    mode='auto')
history = model.fit(train_x, train_y, epochs=1000, callbacks=[early_stopping])
```

❼ 학습 과정에서 발생한 loss를 그래프로 출력합니다.

```
plt.plot(history.history['loss'], label="loss")
plt.legend(loc="upper right")
plt.show()
```

다음 그림은 학습 에포크 증가에 따른 손실 그래프입니다. 학습이 진행될수록 손실이 줄어드는 모습을 보입니다.

그림 6-32 LSTM 모델 학습 손실 그래프

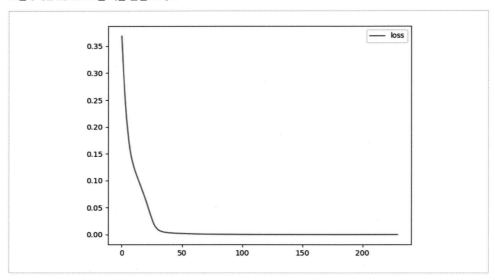

❽ 학습된 LSTM 모델을 테스트하기 위해 테스트용 데이터셋을 생성합니다.

```
test_x = np.arange(10, 20, 0.1)
calc_y = np.cos(test_x)  # 테스트 정답 데이터
```

❾ 학습된 LSTM 모델의 예측값을 그래프로 그리기 위해 test_y 리스트에 순차적으로 저장합니다.

```
test_y = calc_y[:n_timesteps]
for i in range(len(test_x) - n_timesteps):
    net_input = test_y[i : i + n_timesteps]
    net_input = net_input.reshape((1, n_timesteps, n_features))
    predict_y = model.predict(net_input)
    test_y = np.append(test_y, predict_y)
```

❿ 예측 결과를 그래프로 출력합니다.

```
plt.plot(test_x, calc_y, label="ground truth", color="orange")
plt.plot(test_x, test_y, label="predicitons", color="blue")

plt.legend(loc='upper left')
plt.ylim(-2, 2)
plt.show()
```

다음은 예측 결과를 그래프로 출력한 그림입니다. 흐린 실선의 sin 파형이 테스트 데이터셋의
정답 데이터이며, 진한 실선의 sin 파형이 우리가 학습한 LSTM 모델의 예측 결과입니다. 앞서
실습한 RNN 모델보다 오차가 더 작아 보입니다. 그래프에서 두 개의 sin 파형이 겹쳐보입니다.

그림 6-33 LSTM 모델 예측 결과 그래프

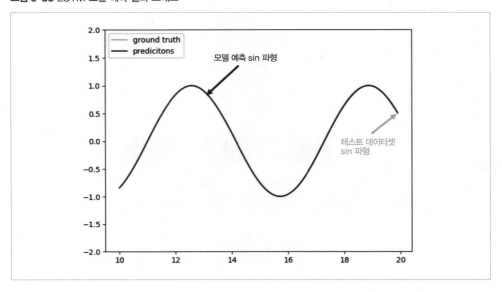

6.3.3 양방향 LSTM

RNN이나 LSTM은 일반 신경망과 다르게 시퀀스 또는 시계열 데이터 처리에 특화되어 은닉층에서 과거의 정보를 기억할 수 있습니다. 그러나 순환 신경망의 구조적 특성상 데이터가 입력 순으로 처리되기 때문에 이전 시점의 정보만 활용할 수밖에 없는 단점이 존재합니다. 문장이 길어질수록 성능이 저하될 수밖에 없습니다. 다음 예문을 살펴봅시다.

> ios앱 개발 은 맥북이 필요합니다.

한국어를 사용하는 사람은 어렵지 않게 빈칸에 들어가는 단어를 유추할 수 있습니다. 하지만 일반적인 RNN이나 LSTM에서는 'ios'와 '앱'이라는 단어만 가지고 빈칸에 들어갈 '개발'이라는 단어를 유추하기엔 정보가 매우 부족합니다. 예문에서는 문장의 앞부분보다 뒷부분에 중요한 정보가 존재합니다. 따라서 자연어 처리에 있어 입력 데이터의 정방향 처리만큼 역방향 처리도 중요합니다. 양방향 LSTM[Bidirectional LSTM]은 기존 LSTM 계층에 역방향으로 처리하는 LSTM 계층을 하나 더 추가해 양방향에서 문장의 패턴을 분석할 수 있도록 구성되어 있습니다. 입력 문장을 양방향에서 처리하므로 시퀀스 길이가 길어진다 하더라도 정보 손실 없이 처리가 가능합니다.

다음은 양방향 LSTM의 구조를 설명하는 그림입니다. 정방향 LSTM은 기존과 동일하게 입력 문장을 왼쪽에서 오른쪽으로 처리하며, 역방향 LSTM은 입력 문장의 단어 순서를 반대로 처리합니다.

그림 6-34 양방향 LSTM

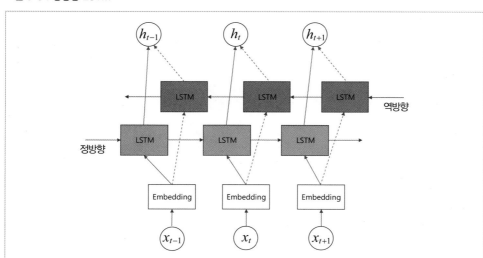

다음은 랜덤으로 시퀀스를 생성해 임의의 분류 기준에 맞는 클래스를 예측하는 양방향 LSTM 모델 예제입니다.

예제 6-7 양방향 LSTM

```python
import numpy as np
from random import random
from tensorflow.keras.models import Sequential
from tensorflow.keras.layers import Bidirectional, LSTM, Dense, TimeDistributed

# 시퀀스 생성
def get_sequence(n_timesteps):
    # 0~1 사이의 랜덤 시퀀스 생성
    X = np.array([random() for _ in range(n_timesteps)])

    # 클래스 분류 기준
    limit = n_timesteps / 4.0

    # 누적합 시퀀스에서 클래스 결정
    # 누적합 항목이 limit보다 작은 경우 0, 아닌 경우 1로 분류
    y = np.array([0 if x < limit else 1 for x in np.cumsum(X)])

    # LSTM 입력을 위해 3차원 텐서 형태로 변경
    X = X.reshape(1, n_timesteps, 1)
    y = y.reshape(1, n_timesteps, 1)
    return X, y

# 하이퍼파라미터 정의
n_units = 20
n_timesteps = 4

# 양방향 LSTM 모델 정의  ❶
model = Sequential()
model.add(Bidirectional(LSTM(n_units, return_sequences=True, input_shape=(n_timesteps, 1))))
model.add(TimeDistributed(Dense(1, activation='sigmoid')))
model.compile(loss='binary_crossentropy', optimizer='adam', metrics=['accuracy'])

# 모델 학습  ❷
# 에포크마다 학습 데이터를 생성해서 학습
for epoch in range(1000):
    X, y = get_sequence(n_timesteps)
    model.fit(X, y, epochs=1, batch_size=1, verbose=2)
```

```
# 모델 평가 ❸
X, y = get_sequence(n_timesteps)
yhat = model.predict_classes(X, verbose=0)
for i in range(n_timesteps):
    print('실젯값 :', y[0, i], '예측값 : ', yhat[0, i])
```

❶ 생성된 시퀀스 데이터를 학습하기 위한 양방향 LSTM 계층을 정의한 후 모델을 생성하는 부분입니다. LSTM 계층을 양방향으로 설정하기 위해 Bidirectional 래퍼[wrapper]를 사용했습니다.

```
model = Sequential()
model.add(Bidirectional(LSTM(n_units, return_sequences=True, input_shape=(n_
timesteps, 1))))
model.add(TimeDistributed(Dense(1, activation='sigmoid')))
model.compile(loss='binary_crossentropy', optimizer='adam', metrics=['accuracy'])
```

양방향 LSTM 모델을 정의할 때 주의할 점이 있습니다. 정방향, 역방향 LSTM 계층에 모든 출력값을 연결해야 하기 때문에 return_sequences 인자를 반드시 True로 해야 합니다. 또한 Dense 계층을 TimeDistributed 래퍼를 사용해 3차원 텐서를 입력받을 수 있게 확장해야 합니다. 다음은 ❶에서 정의한 양방향 LSTM 모델을 표현한 그림입니다.

그림 6-35 양방향 LSTM 모델 표현

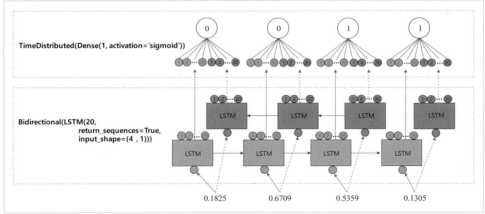

예제의 양방향 LSTM 모델은 0 또는 1을 예측하는 이항 분류 모델입니다. 따라서 마지막 Dense 계층의 활성화 함수로 시그모이드 함수를, 손실 함수로 binary_crossentropy를 사용했습니다.

❷ 각 에포크마다 학습 데이터를 생성해 모델 학습을 진행합니다. 학습 데이터를 배치 사이즈에 맞게 생성해 fit() 메서드를 한 번만 호출하는 방법도 있지만 본 예제처럼 배치 사이즈를 1로 설정해 에포크 횟수만큼 여러 번 호출할 수도 있습니다.

```
for epoch in range(1000):
    X, y = get_sequence(n_timesteps)
    model.fit(X, y, epochs=1, batch_size=1, verbose=2)
```

❸ 생성된 모델의 학습이 잘되었는지 평가하는 부분입니다. 테스트 데이터 시퀀스를 생성한 후 예측값과 실젯값을 비교하고 있습니다.

```
X, y = get_sequence(n_timesteps)
yhat = model.predict_classes(X, verbose=0)
for i in range(n_timesteps):
    print('실젯값 : ', y[0, i], ' 예측값 : ', yhat[0, i])
```

다음은 [예제 6-7] 실행 결과입니다. 예측값이 실젯값과 동일한 모습을 보여주고 있습니다. 실제 학습 손실이 조금 존재하기 때문에 예제를 실행할 때마다 다른 예측을 하는 경우도 있습니다.

```
실젯값 : [0] 예측값 : [0]
실젯값 : [0] 예측값 : [0]
실젯값 : [1] 예측값 : [1]
실젯값 : [1] 예측값 : [1]
```

6.3.4 개체명 인식

이 절에서는 문장에서 각 개체의 유형을 인식하는 개체명 인식^{Named Entity Recognition}에 대해 알아보겠습니다. 개체명 인식이란 문장 내에 포함된 어떤 단어가 인물, 장소, 날짜 등을 의미하는 단어인지 인식하는 것입니다. 딥러닝 모델이나 확률 모델 등을 이용해 문장에서 개체명을 인식하는 프로그램을 개체명 인식기라 부릅니다.

> **NOTE_** 이 책에서는 개체명 인식과 NER을 혼용해서 사용합니다. 같은 뜻입니다.

개체명 인식은 챗봇에서 문장을 정확하게 해석하기 위해 반드시 해야 하는 전처리 과정입니다. 예를 들어 날짜^{date}와 지역^{location}에 대해 개체 인식을 할 수 있는 개체명 인식 모델이 있다고 했을 때 챗봇은 다음과 같이 문장을 분류합니다.

> 1. 입력 문장 : 내일 부산 날씨 알려줘
> 2. 문장 의도 분류 : 날씨 요청
> 3. 개체명 인식 결과 :
>   내일 - 날짜
>   부산 - 지역

우리가 만드는 챗봇에 '내일 부산 날씨 알려줘'라고 했을 때 성공적인 답변을 위해서는 '내일'은 날짜, '부산'은 지역이라는 개체명을 인식할 수 있어야 합니다. 단순한 질문 형태라면 개체명 사전을 구축해 해당 단어들과 매핑되는 개체명을 찾을 수 있습니다. 이 방법도 현업에서 많이 사용하는 방식이며 상황에 따라 높은 성능으로 개체명을 인식할 수 있습니다. 하지만 문장 구조가 복잡하거나 문맥에 따라 단어의 의미가 바뀐다면 딥러닝 모델을 활용해야 합니다. 개체명 사전 구축 방식은 신조어나 사전에 포함되지 않은 단어는 처리 불가능하며 사람이 직접 사전 데이터를 관리해야 하기 때문에 관리비용이 많이 듭니다.

앞서 배운 양방향 LSTM 모델을 이용해 이러한 단점을 해결해보겠습니다. 사실 개체명 인식기는 개발하기 까다로운 영역입니다. 국내엔 공개된 학습 데이터가 많지 않으며, 특정 도메인에 특화된 개체명 인식 모델을 개발하기 위해서는 학습 데이터 생성에 많은 시간과 비용이 들어갑니다.

이 절에서 소개하는 내용은 완벽한 개체명 인식 모델은 아니지만 순환 신경망을 이용해 개체명을 인식하는 원리는 충분히 익힐 수 있습니다. 약간의 문제가 존재하지만 학습 데이터만 충분하다면 토이 챗봇을 만드는 데 무리가 없습니다.

개체명 인식 모델을 만들기 위해서는 우선 BIO 표기법을 알아야 합니다. BIO란 Beginning, Inside, Outside의 약자로 각 토큰마다 태그를 붙이기 위해 사용합니다. B^{Beginning}는 개체명이 시작되는 단어에 'B-개체명'으로 태그되며, I^{Inside}는 'B-개체명'과 연결되는 단어일 때 'I-개체명'으로 태그됩니다. 마지막으로 O^{Outside}는 개체명 이외의 모든 토큰에 태그됩니다. 다음 그림은 문장의 토큰마다 BIO 태그를 붙인 예를 보여줍니다.

그림 6-36 BIO 표기 예

오늘부터 샤닐 길동은 삼성전자에 근무합니다.

오늘 / B-Date	샤닐 / B-Person	삼성 / B-Company	근무 / O
부터 / O	길동 / I-Person	전자 / I-Company	합니다. / O
	은 / O	에 / O	

[그림 6-36]을 자세히 살펴보겠습니다. 토큰 '오늘'은 날짜의 시작 개체이기 때문에 'B-Date'로 태그되었습니다. '오늘'의 경우 연결되는 단어가 없기 때문에 'B-Date'만 있습니다. '샤닐 길동'은 두 개의 토큰이 합쳐져서 사람 개체를 나타내고 있습니다. 따라서 '샤닐'에 'B-Person', '길동'에 'I-Person'이 태그되었습니다. '삼성전자' 역시 같은 이유로 '삼성' 토큰에는 'B-Company', '전자' 토큰에는 'I-Company'가 태그되었습니다. 나머지 토큰은 개체명과 관련 없기 때문에 모두 'O'로 태그되었습니다. 이렇듯 두 개 이상의 토큰이 하나의 개체를 구성하는 경우가 많기 때문에 BIO 표기법을 사용합니다.

개체명 인식 모델을 학습하기 위해서는 토큰별로 BIO 태그가 달린 데이터셋이 필요합니다. 영어의 경우 유명한 데이터셋이 많이 존재하지만 한글의 경우에는 BIO 태그 데이터셋을 구하기 쉽지 않습니다. 다행히 국립국어원 언어정보나눔터에서 개체명 인식 모델을 위해 말뭉치를 공개했습니다. 또한 이 말뭉치를 기반으로 개선된 말뭉치들이 인터넷에 공개되어 있습니다.

NOTE_ 이 절의 예제에서 사용하는 BIO 태그 학습 데이터셋은 HLCT 2016에서 제공하는 말뭉치 데이터를 수정한 KoreanNERCorpus입니다.

github.com/machinereading/KoreanNERCorpus

개체명 인식을 위한 양방향 LSTM 모델 구현에 앞서 데이터셋 구조에 대해 설명하겠습니다. train.txt 파일 내용을 살펴보면 다음과 같이 구성되어 있습니다. ;으로 시작하는 문장 라인은 원본 문장에 해당하며, $로 시작하는 문장 라인은 해당 문장에서 NER 처리된 결과를 의미합니다. 그다음 라인부터는 토큰 번호, 단어 토큰, 품사 태그, BIO 태그로 구성된 열이 존재합니다. 여기서는 단어 토큰과 BIO 태그 정보만 학습 데이터셋으로 사용합니다.

```
; 한편 AFC챔피언스리그 E조에 속한 포항 역시 대회 8강 진출이 불투명하다.
$한편 AFC챔피언스리그 <E조:OG>에 속한 포항 역시 대회 8강 진출이 불투명하다.
1                              한편      NNG   0
1                               ,       SP    0
2                              AFC      SL    0
2                             챔피언스     NNG   0
2                              리그      NNG   0
3                               E       SL    B_OG
3                               조       NNG   I
3                               에       JKB   0
4                              속하      VV    0
4                               ㄴ       ETM   0
5                              포항      NNP   0
6                              역시      MAJ   0
7                              대회      NNG   0
8                              8강      NNG   0
9                              진출      NNG   0
9                               이       JKS   0
10                             불투명     NNG   0
10                              하       VV    0
10                              다       EC    0
11                               .       SF    0
```

우리가 구현하는 개체명 인식기의 원리는 다음과 같습니다. 해당 모델은 단어 토큰을 입력했을 때 출력되는 NER 태그값을 예측하는 문제입니다. 예를 들어 '삼성전자'를 입력했을 때 단체를 뜻하는 B_OG^{organization} 태그가 출력되도록 모델을 학습하면 됩니다.

그림 6-37 개체명 인식 모델의 원리

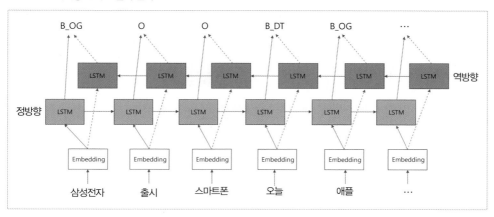

다음은 train.txt 파일을 읽어와 Bi-LSTM 모델을 생성하고 개체명을 예측하는 예제입니다.

예제 6-8 양방향 LSTM를 이용한 NER

```python
import matplotlib.pyplot as plt
import tensorflow as tf
from tensorflow.keras import preprocessing
from sklearn.model_selection import train_test_split
import numpy as np

# 학습 파일 불러오기
def read_file(file_name):
    sents = []
    with open(file_name, 'r', encoding='utf-8') as f:
        lines = f.readlines()
        for idx, l in enumerate(lines):
            if l[0] == ';' and lines[idx + 1][0] == '$':
                this_sent = []
            elif l[0] == '$' and lines[idx - 1][0] == ';':
                continue
            elif l[0] == '\n':
                sents.append(this_sent)
            else:
                this_sent.append(tuple(l.split()))
    return sents

# 학습용 말뭉치 데이터를 불러옴  ❶
corpus = read_file('train.txt')

# 말뭉치 데이터에서 단어와 BIO 태그만 불러와 학습용 데이터셋 생성  ❷
sentences, tags = [], []
for t in corpus:
    tagged_sentence = []
    sentence, bio_tag = [], []
    for w in t:
        tagged_sentence.append((w[1], w[3]))
        sentence.append(w[1])
        bio_tag.append(w[3])

    sentences.append(sentence)
    tags.append(bio_tag)

print("샘플 크기 : \n", len(sentences))
```

```python
print("0번째 샘플 문장 시퀀스 : \n", sentences[0])
print("0번째 샘플 bio 태그 : \n", tags[0])
print("샘플 문장 시퀀스 최대 길이 :", max(len(l) for l in sentences))
print("샘플 문장 시퀀스 평균 길이 :", (sum(map(len, sentences))/len(sentences)))

# 토크나이저 정의 ❸
sent_tokenizer = preprocessing.text.Tokenizer(oov_token='OOV') # 첫 번째 인덱스에는
OOV 사용
sent_tokenizer.fit_on_texts(sentences)
tag_tokenizer = preprocessing.text.Tokenizer(lower=False) # 태그 정보는 lower=False
소문자로 변환하지 않는다.
tag_tokenizer.fit_on_texts(tags)

# 단어 사전 및 태그 사전 크기
vocab_size = len(sent_tokenizer.word_index) + 1
tag_size = len(tag_tokenizer.word_index) + 1
print("BIO 태그 사전 크기 :", tag_size)
print("단어 사전 크기 :", vocab_size)

# 학습용 단어 시퀀스 생성 ❹
x_train = sent_tokenizer.texts_to_sequences(sentences)
y_train = tag_tokenizer.texts_to_sequences(tags)
print(x_train[0])
print(y_train[0])

# index to word / index to NER 정의
index_to_word = sent_tokenizer.index_word # 시퀀스 인덱스를 단어로 변환하기 위해 사용
index_to_ner = tag_tokenizer.index_word   # 시퀀스 인덱스를 NER로 변환하기 위해 사용
index_to_ner[0] = 'PAD'

# 시퀀스 패딩 처리 ❺
max_len = 40
x_train = preprocessing.sequence.pad_sequences(x_train, padding='post',
maxlen=max_len)
y_train = preprocessing.sequence.pad_sequences(y_train, padding='post',
maxlen=max_len)

# 학습 데이터와 테스트 데이터를 8:2 비율로 분리 ❻
x_train, x_test, y_train, y_test = train_test_split(x_train, y_train, test_
size=.2, random_state=0)

# 출력 데이터를 원-핫 인코딩
y_train = tf.keras.utils.to_categorical(y_train, num_classes=tag_size)
y_test = tf.keras.utils.to_categorical(y_test, num_classes=tag_size)
```

```python
print("학습 샘플 시퀀스 형상 : ", x_train.shape)
print("학습 샘플 레이블 형상 : ", y_train.shape)
print("테스트 샘플 시퀀스 형상 : ", x_test.shape)
print("테스트 샘플 레이블 형상 : ", y_test.shape)

# 모델 정의(Bi-LSTM) ❼
from tensorflow.keras.models import Sequential
from tensorflow.keras.layers import LSTM, Embedding, Dense, TimeDistributed,
Dropout, Bidirectional
from tensorflow.keras.optimizers import Adam

model = Sequential()
model.add(Embedding(input_dim=vocab_size, output_dim=30, input_length=max_len,
mask_zero=True))
model.add(Bidirectional(LSTM(200, return_sequences=True, dropout=0.50, recurrent_
dropout=0.25)))
model.add(TimeDistributed(Dense(tag_size, activation='softmax')))
model.compile(loss='categorical_crossentropy', optimizer=Adam(0.01),
metrics=['accuracy'])
model.fit(x_train, y_train, batch_size=128, epochs=10)

print("평가 결과 : ", model.evaluate(x_test, y_test)[1])

# 시퀀스를 NER 태그로 변환
def sequences_to_tag(sequences):
    result = []
    for sequence in sequences:
        temp = []
        for pred in sequence:
            pred_index = np.argmax(pred)
            temp.append(index_to_ner[pred_index].replace("PAD", "O"))
        result.append(temp)
    return result

# 테스트 데이터셋의 NER 예측 ❽
y_predicted = model.predict(x_test) # (711, 40) => model => (711, 40, 8)
pred_tags = sequences_to_tag(y_predicted)  # 예측된 NER
test_tags = sequences_to_tag(y_test)       # 실제 NER

# F1 스코어 계산을 위해 사용
from seqeval.metrics import f1_score, classification_report
print(classification_report(test_tags, pred_tags))
print("F1-score: {:.1%}".format(f1_score(test_tags, pred_tags)))
```

```
# 새로운 유형의 문장 NER 예측  ❾
word_to_index = sent_tokenizer.word_index
new_sentence = '삼성전자 출시 스마트폰 오늘 애플 도전장 내밀다.'.split()
new_x = []
for w in new_sentence:
    try:
        new_x.append(word_to_index.get(w, 1))
    except KeyError:
        # 모르는 단어의 경우 OOV
        new_x.append(word_to_index['OOV'])

print("새로운 유형의 시퀀스 : ", new_x)
new_padded_seqs = preprocessing.sequence.pad_sequences([new_x], padding="post",
value=0, maxlen=max_len)

# NER 예측
p = model.predict(np.array([new_padded_seqs[0]]))
p = np.argmax(p, axis=-1)  # 예측된 NER 인덱스값 추출

print("{:10} {:5}".format("단어", "예측된 NER"))
print("-" * 50)
for w, pred in zip(new_sentence, p[0]):
    print("{:10} {:5}".format(w, index_to_ner[pred]))
```

❶ 개체 인식 모델을 학습하기 위해 말뭉치 데이터를 불러옵니다.

```
corpus = read_file('train.txt')
```

read_file() 함수의 내용은 다음과 같습니다. 함수 내용은 간단합니다. 학습 데이터 구조에
맞게 파일을 읽어와 문장 라인별로 토큰 번호, 단어 토큰, 품사 태그, BIO 태그 정보를 불러옵
니다.

```
def read_file(file_name):
    sents = []
    with open(file_name, 'r', encoding='utf-8') as f:
        lines = f.readlines()
        for idx, l in enumerate(lines):
            if l[0] == ';' and lines[idx + 1][0] == '$':
                this_sent = []
            elif l[0] == '$' and lines[idx - 1][0] == ';':
```

```
                continue
            elif l[0] == '\n':
                sents.append(this_sent)
            else:
                this_sent.append(tuple(l.split()))
    return sents
```

❷ ❶에서 불러온 말뭉치 데이터에서 단어와 BIO 태그만 이용해 학습용 데이터셋을 생성합니다. 학습 데이터의 0번째 문장을 예로 들어봅시다.

한편 AFC챔피언스리그 E조에 속한 포항 역시 대회 8강 진출이 불투명하다.

0번째 원본 문장에서 분리된 단어 토큰들이 sentences 리스트에 저장됩니다. 저장된 단어 시퀀스는 다음과 같습니다.

['한편', 'AFC', '챔피언스', '리그', 'E', '조', '에', '속하', 'ㄴ', '포항', '역시', '대회', '8강', '진출', '이', '불투명', '하', '다', '.']

위 단어 시퀀스에 해당하는 BIO 태그 정보들이 tags 리스트에 저장됩니다. 이때 sentences 리스트와 tags 리스트의 크기는 동일합니다. 저장된 BIO 태그는 다음과 같습니다.

['O', 'O', 'O', 'O', 'B_OG', 'I', 'O', 'O', 'O', 'O', 'O', 'O', 'O', 'O', 'O', 'O', 'O', 'O', 'O']

해당 단어 시퀀스에서 'E'에 B_OG, '조'에 I가 태그되었으며 학습 데이터 샘플에서 단어 시퀀스의 평균 길이가 34.03으로 계산되었습니다. 이후 단어 시퀀스의 평균 길이값을 기준으로 시퀀스 패딩의 크기를 결정합니다.

```
sentences, tags = [], []
for t in corpus:
    tagged_sentence = []
    sentence, bio_tag = [], []
    for w in t:
        tagged_sentence.append((w[1], w[3]))
        sentence.append(w[1])
        bio_tag.append(w[3])
```

```
        sentences.append(sentence)
        tags.append(bio_tag)

print("샘플 크기 : \n", len(sentences))
print("0번째 샘플 단어 시퀀스 : \n", sentences[0])
print("0번째 샘플 bio 태그 : \n", tags[0])
print("샘플 단어 시퀀스 최대 길이 :", max(len(l) for l in sentences))
print("샘플 단어 시퀀스 평균 길이 :", (sum(map(len, sentences))/len(sentences)))
```

❸ ❷에서 만들어진 단어 시퀀스와 태그 시퀀스를 사전으로 만들기 위해 토크나이저를 정의한 후 fit_on_texts() 함수를 호출합니다. 여기서 OOV는 out of vocabulary의 약자로 단어 사전에 포함되지 않은 단어를 의미합니다. 단어 사전의 첫 번째 인덱스 토큰값으로 'OOV'를 설정합니다.

```
sent_tokenizer = preprocessing.text.Tokenizer(oov_token='OOV')  # 첫 번째 인덱스에는
OOV 사용
sent_tokenizer.fit_on_texts(sentences)
tag_tokenizer = preprocessing.text.Tokenizer(lower=False)  # 태그 정보는 lower=False
소문자로 변환하지 않는다.
tag_tokenizer.fit_on_texts(tags)
```

생성된 사전 리스트를 이용해 단어와 태그 사전의 크기를 정의합니다.

```
# 단어 사전 및 태그 사전 크기
vocab_size = len(sent_tokenizer.word_index) + 1
tag_size = len(tag_tokenizer.word_index) + 1
print("BIO 태그 사전 크기 :", tag_size)
print("단어 사전 크기 :", vocab_size)
```

❹ ❸에서 만들어진 사전 데이터를 시퀀스 번호 형태로 인코딩합니다.

```
x_train = sent_tokenizer.texts_to_sequences(sentences)
y_train = tag_tokenizer.texts_to_sequences(tags)
print(x_train[0])
print(y_train[0])
```

❺ 개체명 인식 모델의 입출력 벡터 크기를 동일하게 맞추기 위해 시퀀스 패딩 작업을 합니다. 벡터 크기를 ❹에서 계산한 단어 시퀀스의 평균 길이보다 넉넉하게 40으로 정의합니다.

```
max_len = 40
x_train = preprocessing.sequence.pad_sequences(x_train, padding='post',
maxlen=max_len)
y_train = preprocessing.sequence.pad_sequences(y_train, padding='post',
maxlen=max_len)
```

❻ sklearn.model_selection 모듈의 train_test_split() 함수를 이용해 학습용과 테스트용 데이터셋을 8:2 비율로 분리합니다. 복잡한 데이터셋 분리 과정을 sklearn 라이브러리를 활용해 간단하게 해결했습니다.

```
x_train, x_test, y_train, y_test = train_test_split(x_train, y_train, test_
size=.2, random_state=0)
```

이후 학습과 테스트용 출력 데이터(y_train, y_test)를 태그 사전 크기에 맞게 원-핫 인코딩합니다.

```
y_train = tf.keras.utils.to_categorical(y_train, num_classes=tag_size)
y_test = tf.keras.utils.to_categorical(y_test, num_classes=tag_size)

print("학습 샘플 시퀀스 형상 : ", x_train.shape)
print("학습 샘플 레이블 형상 : ", y_train.shape)
print("테스트 샘플 시퀀스 형상 : ", x_test.shape)
print("테스트 샘플 레이블 형상 : ", y_test.shape)
```

❼ 개체 인식 모델을 순차 모델 방식으로 구현했습니다. 앞서 배운 내용을 기반으로 구성한 코드이므로 전혀 새로운 내용이 없습니다. tag_size 만큼의 출력 뉴런에서 제일 확률 높은 출력값 1개를 선택하는 문제이기 때문에 모델 출력 계층의 활성화 함수로 softmax를 사용했으며 손실 함수로 categorical_crossentropy를 사용했습니다.

```
model = Sequential()
model.add(Embedding(input_dim=vocab_size, output_dim=30, input_length=max_len,
mask_zero=True))
```

```
model.add(Bidirectional(LSTM(200, return_sequences=True, dropout=0.50, recurrent_
dropout=0.25)))
model.add(TimeDistributed(Dense(tag_size, activation='softmax')))
model.compile(loss='categorical_crossentropy', optimizer=Adam(0.01),
metrics=['accuracy'])
model.fit(x_train, y_train, batch_size=128, epochs=10)

print("평가 결과 : ", model.evaluate(x_test, y_test)[1])
```

다음은 ❼에서 구현한 코드를 기반으로 표현한 모델 블록입니다. 부가적인 설명이 필요 없을 정
도로 간단합니다.

그림 6-38 개체명 인식 모델 블록도

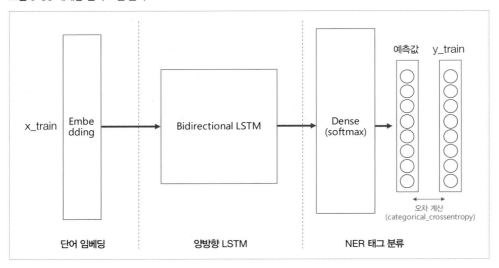

학습 평가 결과를 확인했을 때 정확도가 93%(0.9377)로 매우 높게 나왔습니다. 하지만 학습
데이터 성분을 살펴보면 문제가 있습니다. BIO 태그의 경우 실제 의미 있는 태그보다 의미 없
는 O 태그가 대부분을 차지하고 있어 실제 우리가 원하는 성능과 무관하게 높은 점수로 계산합
니다. 예를 들어 10개의 예측 결과가 있다고 했을 때 실제로 정확하게 예측된 B-I 태그는 한 개
도 없는데 O 태그는 정답과 비교했을 때 9개가 동일하다 했을 때 정확도^{accuracy}는 90%입니다.
따라서 개체명 인식에 사용되는 성능 평가는 F1 스코어를 계산하는 방법을 사용해야 합니다.

F1 스코어를 계산하기 위해서는 정밀도와 재현율을 사용해야 합니다.

- 정확도(Accuracy) : 실제 정답과 얼마나 유사한지 나타냅니다.
- 정밀도(Precision) : 정밀도가 높다고 해서 정확하다는 의미는 아닙니다. 정밀도가 높으면 결괏값이 일정하게 분포되어 있는 것입니다.
- 재현율(Recall) : 실제 정답인 것들 중 예측 모델이 정답이라 예측한 것의 비율입니다.

F1 스코어란 정밀도와 재현율의 조화 평균을 의미합니다. 수식은 다음과 같습니다.

$$f1\ score = 2 \times \frac{정밀도 \times 재현율}{정밀도 + 재현율}$$

❽ F1 스코어를 계산하기 위해 모델의 predict() 함수를 통해 테스트용 데이터셋의 결과를 예측합니다. 해당 함수의 입력으로 시퀀스 번호로 인코딩된 테스트용 단어 시퀀스(넘파이 배열)를 사용합니다. 해당 함수의 결과로는 예측된 NER 태그 정보가 담긴 넘파이 배열이 반환됩니다.

seqeval.metrics 모듈의 classification_report() 함수를 통해 NER 태그별로 계산된 정밀도와 재현율 그리고 F1 스코어를 출력합니다. f1_score() 함수를 통해 F1 스코어만 불러올 수도 있습니다. 본 모델에서는 예측 결과의 평균 F1 스코어가 65.3%로 나왔습니다. 해당 모델의 문제점을 조금 더 개선하면 결과가 더 좋아질 겁니다.

```python
y_predicted = model.predict(x_test)
pred_tags = sequences_to_tag(y_predicted)   # 예측된 NER
test_tags = sequences_to_tag(y_test)        # 실제 NER

# F1 스코어 계산을 위해 사용
from seqeval.metrics import f1_score, classification_report
print(classification_report(test_tags, pred_tags))
print("F1-score: {:.1%}".format(f1_score(test_tags, pred_tags)))
```

❾ 학습이 완료된 모델에 학습되지 않은 새로운 유형의 문장을 입력해 개체명을 예측합니다.

```python
word_to_index = sent_tokenizer.word_index
new_sentence = '삼성전자 출시 스마트폰 오늘 애플 도전장 내밀다.'.split()
new_x = []
for w in new_sentence:
    try:
```

```
            new_x.append(word_to_index.get(w, 1))
        except KeyError:
            # 모르는 단어의 경우 OOV
            new_x.append(word_to_index['OOV'])

print("새로운 유형의 시퀀스 : ", new_x)
new_padded_seqs = preprocessing.sequence.pad_sequences([new_x], padding="post",
value=0, maxlen=max_len)

# NER 예측
p = model.predict(np.array([new_padded_seqs[0]]))
p = np.argmax(p, axis=-1)  # 예측된 NER 인덱스값 추출

print("{:10} {:5}".format("단어", "예측된 NER"))
print("-" * 50)
for w, pred in zip(new_sentence, p[0]):
    print("{:10} {:5}".format(w, index_to_ner[pred]))
```

다음은 예제의 최종 결과입니다. '삼성전자'와 '애플'은 B_OG(조직) 개체명으로 판단했으며, '오늘'이라는 단어도 B_DT(날짜)로 정확하게 판단했습니다. 하지만 '애플'의 경우 아쉽게도 뒤에 붙은 '도전장'과 '내밀다'에 오류가 발생했습니다. 이 경우 O로 예측되어야 하지만 B_OG의 연결되는 태그로 인식되어버렸습니다. 해당 패턴에 대한 학습 데이터의 양이 충분하지 못해 나온 문제라고 생각합니다. 이런 경우엔 간단한 규칙을 세워 오류를 보정할 수 있습니다.

```
단어          예측된 NER
---------------------
삼성전자      B_OG
출시          O
스마트폰      O
오늘          B_DT
애플          B_OG
도전장        I
내밀다.       I
```

6.4 마치며

챗봇 시스템에서 챗봇 엔진은 자연어로 입력되는 문장에서 화자의 의도와 개체명을 파악하는 중요한 역할을 합니다. 이 장에서는 의도 분류와 개체명 인식에 필요한 딥러닝 모델을 배웠으며, 해당 모델을 케라스를 통해 구현할 수 있도록 기본적인 예제와 함께 케라스 API도 살펴보았습니다.

여기서는 엔진 개발에 필요한 최소한의 내용만 설명했습니다. 따라서 해당 이론에 대해 부족한 부분이 있을 수 있습니다. 이 경우 인터넷에서 보강 자료를 찾아보거나 다른 이론서와 병행해서 공부하면 많은 도움이 될 것입니다.

## CHAPTER 7

챗봇 학습툴 만들기

7.1 MySQL 소개

MySQL은 전 세계에서 가장 많이 사용하는 오픈소스 관계형 데이터베이스 관리 시스템^{RDBMS}입니다. 파이썬을 포함한 다양한 언어에서 사용할 수 있도록 API를 지원하고 있습니다. 역사가 오래되고 워낙 다양한 분야에서 사용되다 보니 관련 자료가 많아 접근하기 좋은 데이터베이스입니다. 최근 들어 다양한 기업이 MySQL 이외의 데이터베이스를 실무에 적용하는 사례가 늘어나고 있지만 전통적인 관계형 데이터베이스 관리 시스템에서는 MySQL 사용이 절대적입니다.

이 책에서도 챗봇 시스템의 학습 데이터 관리를 위해 MySQL를 사용합니다. 이 장에서는 파이썬에서 어떻게 MySQL을 사용하는지 알아보고, 이를 활용해 간단한 학습툴을 만들어볼 것입니다.

> **NOTE_** 이 책에서는 'DB'와 '데이터베이스' 용어를 혼용해서 사용합니다. 여기서 사용하는 'DB'나 '데이터베이스'는 관계형 데이터베이스 관리 시스템(RDBMS)을 의미합니다.

7.2 파이썬으로 데이터베이스 연동하기

파이썬에서 MySQL을 사용하기 위해서는 MySQL 클라이언트 라이브러리를 사용해야 합니다. 하지만 저수준 API로 구성되어 있어 직접적으로 사용하기엔 어려울 수 있습니다. 이를 쉽게 사용할 수 있도록 고수준 API를 지원하며 무료로 사용할 수 있는 PyMySQL 모듈이 공개되어 있습니다. 이 모듈은 MySQL 5.5, MariaDB 5.5 이상을 지원하며 사용 방법이 간단합니다. 이 절에서는 PyMySQL 모듈을 이용해 데이터를 조작할 수 있는 방법을 알아봅니다.

MySQL에는 데이터를 조작하기 위해 다음 4가지 명령어를 지원합니다.

표 7-1 SQL 명령어 종류

명령어	설명
select	데이터 테이블에서 데이터를 조회합니다.
insert	데이터 테이블에 데이터를 삽입합니다.
update	데이터 테이블의 데이터를 변경합니다.
delete	데이터 테이블의 데이터를 삭제합니다.

NOTE_ 이 책에서는 자세한 데이터베이스 이론이나 SQL 문법은 다루지 않습니다. 챗봇 개발에 필요한 기본 SQL 내용만 다루기 때문에 자세한 내용을 원하는 독자는 인터넷 검색이나 다른 기본서를 활용해주세요.

PyMySQL 모듈은 MySQL DB 시스템에 연결 및 데이터를 조작할 수 있는 다양한 함수를 제공합니다. PyMySQL 모듈 내 함수들을 사용하기 위해서는 다음과 같이 pymysql 모듈을 불러옵니다.

```
import pymysql
```

7.2.1 데이터베이스 연결하기

데이터 조작을 위해서는 제일 먼저 MySQL 호스트 DB 서버에 연결되어 있어야 합니다. 연결 방법은 많은 설명이 필요 없을 정도로 직관적이고 간단합니다. 사용법은 다음과 같습니다.

```
db = pymysql.connect(
    host='127.0.0.1',
    user='homestead',
    passwd='secret',
    db='homestead',
    charset='utf8'
)
```

pymysql.connect( ) 함수를 사용하면 DB 서버에 접속할 수 있습니다. connect( ) 함수의 인자는 다음과 같습니다.

- host : 데이터베이스 서버가 존재하는 호스트 주소
- user : 데이터베이스 로그인 유저
- passwd : 데이터베이스 로그인 패스워드
- db : 데이터베이스명
- charset : 데이터베이스에서 사용할 charset 인코딩

데이터베이스 사용이 종료된 이후에는 반드시 DB 연결을 닫아야 합니다. 당장 닫지 않는다 해서 큰 문제가 생기는 건 아니지만 데이터베이스 서버에 한동안 연결이 남아 있기 때문에 서버 리소스 활용에 좋지 않습니다. DB 서버 연결을 닫기 위해서는 close( ) 함수를 사용합니다. 사용법은 다음과 같이 간단합니다.

```
db.close()
```

다음은 DB 서버에 접속한 후 바로 DB 서버 연결을 닫는 전체 예제입니다. DB 호스트 접속에 문제가 있는 경우에는 except되어 에러 메시지를 출력합니다. 어떤 상황에서든 DB 연결을 안전하게 닫기 위해 finally 구문 내에 DB 연결을 닫는 close( ) 함수를 사용했습니다. 이 장에서는 계속해서 본 예제 구조로 코드를 설명할 예정이므로 자세히 살펴봅시다.

예제 7-1 DB 호스트 연결 및 닫기

```
import pymysql

db = None
try:
    # DB 호스트 정보에 맞게 입력해주세요.
    db = pymysql.connect(
        host='127.0.0.1',
        user='homestead',
        passwd='secret1',
        db='homestead',
        charset='utf8'
    )
    print("DB 연결 성공")
```

```
    except Exception as e:
        print(e)  # db 연결 실패 시 오류 내용 출력

    finally:
        if db is not None:  # db가 연결된 경우에만 접속 닫기 시도
            db.close()
            print("DB 연결 닫기 성공")
```

7.2.2 데이터 조작하기

데이터 조작 방법을 익히기 위해 순차적으로 DB 테이블 생성, 데이터 삽입, 조회, 변경, 삭제를 해보겠습니다. 우선 데이터 테이블부터 생성해봅시다. 다음 예제는 id, 이름, 나이, 주소 컬럼을 가지는 데이터 테이블을 생성합니다.

예제 7-2 테이블 생성

```
import pymysql

db = None
try:
    # DB 호스트 정보에 맞게 입력해주세요.
    db = pymysql.connect(
        host='127.0.0.1',
        user='homestead',
        passwd='secret',
        db='homestead',
        charset='utf8'
    )

    # 테이블 생성 sql 정의  ❶
    sql = '''
    CREATE TABLE tb_student (
        id int primary key auto_increment not null,
        name varchar(32),
        age int,
        address varchar(32)
    ) ENGINE=InnoDB DEFAULT CHARSET=utf8
    '''

    # 테이블 생성  ❷
    with db.cursor() as cursor:
```

```
        cursor.execute(sql)

except Exception as e:
    print(e)

finally:
    if db is not None:
        db.close()
```

❶ DB 테이블을 생성하기 위해 정의한 SQL 구문입니다.

❷ 연결한 DB와 상호 작용하려면 cursor 객체가 필요합니다. cursor 객체는 우리가 임의로 생성할 수 없으며 반드시 DB 호스트에 연결된 객체(db)의 cursor() 함수로 cursor 객체를 받아와야 합니다. cursor 객체의 execute() 함수로 SQL 구문을 실행합니다. with 구문 내에서 cursor 객체를 사용하기 때문에 사용 후에는 자동으로 메모리에서 해제됩니다. 다음 그림은 예제 실행 후 MySQL에 생성된 테이블을 보여주고 있습니다.

그림 7-1 테이블 생성 결과

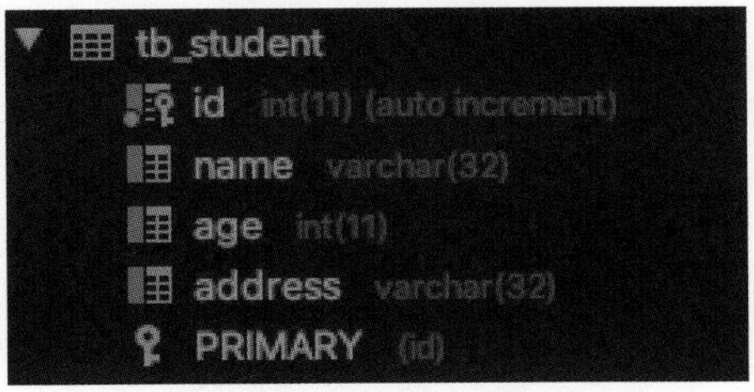

앞서 생성한 데이터 테이블에 데이터를 삽입해봅시다.

예제 7-3 데이터 삽입

```
import pymysql

db = None
try:
    # DB 호스트 정보에 맞게 입력해주세요.
    db = pymysql.connect(
        host='127.0.0.1',
```

```
        user='homestead',
        passwd='secret',
        db='homestead',
        charset='utf8'
    )

    # 데이터 삽입 sql 정의  ❶
    sql = '''
        INSERT tb_student(name, age, address) values('Kei', 35, 'Korea')
    '''

    # 데이터 삽입  ❷
    with db.cursor() as cursor:
        cursor.execute(sql)
    db.commit()

except Exception as e:
    print(e)

finally:
    if db is not None:
        db.close()
```

❶ 앞서 생성한 tb_student 테이블에 데이터를 삽입하기 위해 정의한 SQL 구문입니다.

❷ cursor 객체의 execute( ) 함수로 SQL 구문을 실행합니다. 다음 그림은 예제 실행 후 tb_student 테이블에 저장된 데이터 열을 보여주고 있습니다.

그림 7-2 데이터 삽입 결과

DB에 저장된 데이터를 변경해봅시다. DB 서버 연결 및 연결 종료 부분은 반복되는 부분이므로 이번 예제부터는 핵심 부분만 설명하겠습니다.

예제 7-4 데이터 변경

```python
# 데이터 수정 sql 정의  ❶
    id = 1  # 데이터 id(Primary Key)
    sql = '''
        UPDATE tb_student set name="케이", age=36 where id=%d
    ''' % id

# 데이터 수정  ❷
    with db.cursor() as cursor:
        cursor.execute(sql)
    db.commit()
```

❶ 데이터 수정을 위해 정의한 sql 구문입니다. 여기서는 id가 1인 데이터의 이름과 나이를 수정합니다.

❷ cursor 객체의 execute( ) 함수로 SQL 구문을 실행합니다. 다음 그림은 예제 실행 후 변경된 데이터 열을 보여주고 있습니다.

그림 7-3 데이터 변경 결과

DB에 저장된 데이터를 삭제해봅시다.

예제 7-5 데이터 삭제

```python
# 데이터 삭제 sql 정의  ❶
    id = 1  # 데이터 id(Primary Key)
    sql = '''
        DELETE from tb_student where id=%d
    ''' % id

# 데이터 삭제  ❷
    with db.cursor() as cursor:
        cursor.execute(sql)
    db.commit()
```

❶ 데이터 삭제를 위해 정의한 sql 구문입니다. 여기서는 id가 1인 데이터를 삭제합니다.

❷ cursor 객체의 execute( ) 함수로 SQL 구문을 실행합니다. 다음 그림은 예제 실행 후 삭제되어 남아 있는 데이터가 없는 테이블을 보여주고 있습니다.

그림 7-4 데이터 삭제 결과

마지막으로 다수의 데이터를 임의로 DB에 삽입해 데이터를 조회하는 예제를 살펴보겠습니다.

예제 7-6 데이터 조회

```python
import pymysql
import pandas as pd

db = None
try:
    # DB 호스트 정보에 맞게 입력해주세요.
    db = pymysql.connect(
        host='127.0.0.1',
        user='homestead',
        passwd='secret',
        db='homestead',
        charset='utf8'
    )

    # 데이터 db에 추가  ❶
    students = [
        {'name': 'Kei', 'age': 36, 'address' : 'PUSAN'},
        {'name': 'Tony', 'age': 34, 'address': 'PUSAN'},
        {'name': 'Jaeyoo', 'age': 39, 'address': 'GWANGJU'},
        {'name': 'Grace', 'age': 28, 'address': 'SEOUL'},
        {'name': 'Jenny', 'age': 27, 'address': 'SEOUL'},
    ]
    for s in students:
        with db.cursor() as cursor:
            sql = '''
                insert tb_student(name, age, address) values("%s",%d,"%s")
```

```
            ''' % (s['name'], s['age'], s['address'])
            cursor.execute(sql)
    db.commit()  # 커밋

    # 30대 학생만 조회  ❷
    cond_age = 30
    with db.cursor(pymysql.cursors.DictCursor) as cursor:
        sql = '''
            select * from tb_student where age > %d
        ''' % cond_age
        cursor.execute(sql)
        results = cursor.fetchall()
    print(results)

    # 이름 검색  ❸
    cond_name = 'Grace'
    with db.cursor(pymysql.cursors.DictCursor) as cursor:
        sql = '''
            select * from tb_student where name="%s"
        ''' % cond_name
        cursor.execute(sql)
        result = cursor.fetchone()
    print(result['name'], result['age'])

    # pandas 데이터프레임으로 표현  ❹
    df = pd.DataFrame(results)
    print(df)

except Exception as e:
    print(e)

finally:
    if db is not None:
        db.close()
```

❶ students 리스트에 학생 정보가 저장된 딕셔너리 데이터가 정의되어 있습니다. students 리스트를 탐색해 DB에 데이터를 하나씩 추가합니다.

```
students = [
    {'name': 'Kei', 'age': 36, 'address' : 'PUSAN'},
    {'name': 'Tony', 'age': 34, 'address': 'PUSAN'},
    {'name': 'Jaeyoo', 'age': 39, 'address': 'GWANGJU'},
```

```
            {'name': 'Grace', 'age': 28, 'address': 'SEOUL'},
            {'name': 'Jenny', 'age': 27, 'address': 'SEOUL'},
        ]
        for s in students:
            with db.cursor() as cursor:
                sql = '''
                    insert tb_student(name, age, address) values("%s",%d,"%s")
                ''' % (s['name'], s['age'], s['address'])
                cursor.execute(sql)
        db.commit()  # 커밋
```

❷ DB에 저장된 학생 정보들 중 30대만 조회합니다. select 명령을 위한 SQL 구문을 cursor. execute() 함수로 실행한 후 검색 결과를 cursor.fetchall() 함수를 호출해 받아옵니다. 여기서 fetchall() 함수는 select 구문으로 조회한 모든 데이터를 불러오는 함수입니다.

```
        cond_age = 30
        with db.cursor(pymysql.cursors.DictCursor) as cursor:
            sql = '''
                select * from tb_student where age > %d
            ''' % cond_age
            cursor.execute(sql)
            results = cursor.fetchall()
        print(results)
```

cursor.fetchall() 함수로 불러온 데이터의 각 항목은 딕셔너리 형태며, 데이터 조회 결과는 다음과 같습니다.

```
[{'id': 2, 'name': 'Kei', 'age': 36, 'address': 'PUSAN'}, {'id': 3, 'name':
'Tony', 'age': 34, 'address': 'PUSAN'}, {'id': 4, 'name': 'Jaeyoo', 'age': 39,
'address': 'GWANGJU'}]
```

❸ DB에 저장된 학생 정보들 중 이름이 'Grace'인 학생만 조회합니다. 여기서는 검색 결과가 1건이기 때문에 cursor.fetchone() 함수를 호출합니다. fetchone() 함수는 select 구문을 통해 조회한 데이터 중 1개의 행만 불러오는 함수입니다.

```
        cond_name = 'Grace'
        with db.cursor(pymysql.cursors.DictCursor) as cursor:
```

```
        sql = '''
           select * from tb_student where name="%s"
        ''' % cond_name
        cursor.execute(sql)
        result = cursor.fetchone()
    print(result['name'], result['age'])
```

조회 결과에서 컬럼이 'name'과 'age'인 데이터만 출력합니다.

```
Grace 28
```

❹ ❷에서 조회한 데이터 결과를 팬더스 데이터프레임으로 변환합니다. DB 조회 결과를 팬더스 데이터 객체로 변환해 편리하게 데이터를 처리할 수 있습니다.

```
# pandas 데이터프레임으로 표현
df = pd.DataFrame(results)
print(df)
```

다음은 변환된 팬더스 데이터프레임을 출력한 결과입니다.

```
   id    name  age  address
0   2     Kei   36    PUSAN
1   3    Tony   34    PUSAN
2   4  Jaeyoo   39  GWANGJU
```

7.3 챗봇 학습툴 만들기

이 절에서는 챗봇의 학습 데이터를 관리하는 툴을 만들어보겠습니다. 우리 목표는 학습 데이터를 DB에 저장했을 때 실시간으로 챗봇 시스템에 적용될 수 있도록 제작하는 겁니다. 이를 위해서는 챗봇이 이해할 수 있는 질문 정보와 해당 답변 데이터를 관리하기 위한 툴이 필요합니다.

이 절에서 사용하는 학습 데이터는 챗봇의 답변 출력을 위해서만 사용되는 데이터입니다. 즉, 챗봇 학습툴을 통해 저장된 질문 유형과 답변만 챗봇 엔진이 처리할 수 있습니다. 6장에서 배운 딥러닝 모델의 학습 데이터셋과는 개념이 조금 다릅니다. 챗봇 엔진에는 자연어 처리를 위해 딥러 닝 모델을 사용하는데 이때 모델 학습을 위해 사용하는 데이터 처리는 8장에서 배우겠습니다.

학습툴 개발에 앞서 우리가 만들 토이 챗봇이 어떤 과정으로 학습 DB에서 데이터를 검색하는 지 살펴봅시다. 챗봇 엔진은 크게 2가지 과정을 거쳐서 답변을 출력하게 됩니다. 첫 번째 과정 은 입력되는 문장을 자연어 처리하여 해당 문장의 의도, 개체명, 키워드 정보 등을 추출합니다. 다음은 첫 번째 과정을 나타낸 그림입니다.

그림 7-5 챗봇 엔진 입력 처리 과정

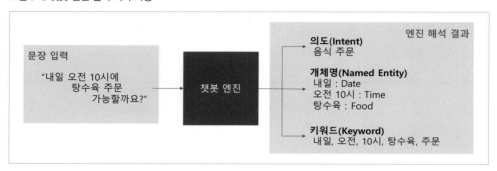

두 번째 과정은 엔진에서 해석한 결과를 이용해 학습 DB 내용을 검색합니다. 이때 해석 결과 (의도, 개체명)에 매칭되는 답변 정보가 DB에 존재하면 데이터를 불러와 사용자에게 답변으 로 제공합니다.

그림 7-6 챗봇 엔진 답변 처리 과정

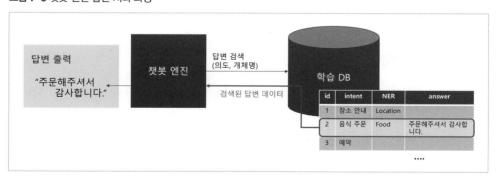

7.3.1 프로젝트 구조

이 절부터는 실습을 통해 챗봇 기능을 하나하나 만들어나갈 것입니다. 따라서 소스 코드가 계속해서 이어지며, 경우에 따라서는 일부 소스만 보여줄 수도 있습니다. 앞으로 완성하게 될 챗봇 프로젝트 디렉터리 구조는 다음과 같습니다. 실습할 때 프로젝트 디렉터리 구조에 맞게 파일을 생성할 것이니 잘 따라오세요. 프로젝트 구조나 디렉터리명이 다를 경우 동작이 안 될 수 있습니다.

그림 7-7 챗봇 프로젝트 구조

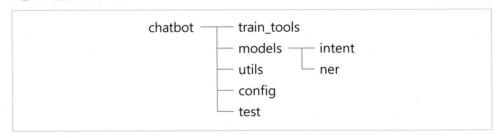

- train_tools : 챗봇 학습툴 관련 파일
- models : 챗봇 엔진에서 사용하는 딥러닝 모델 관련 파일
- intent : 의도 분류 모델 관련 파일
- ner : 개체 인식 모델 관련 파일
- utils : 챗봇 개발에 필요한 유틸리티 라이브러리
- config : 챗봇 개발에 필요한 설정
- test : 챗봇 개발에 필요한 테스트 코드

7.3.2 학습용 데이터베이스 설계 및 데이터 테이블 생성

이 절에서는 챗봇 엔진 답변 처리 과정에서 필요한 DB 구조를 설계해보고 학습할 수 있는 툴을 만들어봅니다. 우선 학습툴에 필요한 DB 구조를 간단하게 설계하겠습니다. 우리가 목표하는 챗봇은 간단한 수준의 토이 챗봇이기 때문에 데이터 무결성이나 정규화 부분은 크게 신경 쓰지 않겠습니다.

테이블명 : chatbot_train_data

컬럼	속성	설명
id	int primary key not null	학습 데이터 id
intent	varchar(45)	의도명, 의도가 없는 경우 null
ner	varchar(45)	개체명, 개체명이 없는 경우 null
query	text null	질문 텍스트
answer	text not null	답변 텍스트
answer_image	varchar(2048)	답변에 들어갈 이미지 URL, 이미지 URL을 사용하지 않을 경우 null

DB 서버 접속 정보를 /config 디렉터리 내에 파일로 따로 관리하겠습니다. DatabaseConfig. py 파일을 생성하여 아래와 같이 작성하세요. DB 접속 정보는 각자 환경에 맞게 입력하세요.

예제 7-7 DB 접속 정보

```
DB_HOST = "127.0.0.1"
DB_USER = "homestead"
DB_PASSWORD = "secret"
DB_NAME = "homestead"

def DatabaseConfig():
    global DB_HOST, DB_USER, DB_PASSWORD, DB_NAME
```

다음은 챗봇 데이터 학습용 테이블을 생성하는 코드입니다. 해당 소스는 챗봇 학습툴과 관련 있기 때문에 /train_tools/qna 디렉터리 내에 생성해야 합니다. 파일명은 create_train_data_table.py입니다. 코드 내용은 앞서 배운 내용이기 때문에 설명은 생략합니다.

```python
import pymysql
from config.DatabaseConfig import *   # DB 접속 정보 불러오기

db = None
try:
    db = pymysql.connect(
        host=DB_HOST,
        user=DB_USER,
        passwd=DB_PASSWORD,
        db=DB_NAME,
        charset='utf8'
    )

    # 테이블 생성 sql 정의
    sql = '''
        CREATE TABLE IF NOT EXISTS `chatbot_train_data` (
        `id` INT UNSIGNED NOT NULL AUTO_INCREMENT,
        `intent` VARCHAR(45) NULL,
        `ner` VARCHAR(1024) NULL,
        `query` TEXT NULL,
        `answer` TEXT NOT NULL,
        `answer_image` VARCHAR(2048) NULL,
        PRIMARY KEY (`id`))
    ENGINE = InnoDB DEFAULT CHARSET=utf8
    '''

    # 테이블 생성
    with db.cursor() as cursor:
        cursor.execute(sql)

except Exception as e:
    print(e)

finally:
    if db is not None:
        db.close()
```

NOTE_ create_train_data_table.py를 실행하면 SQL 구문으로 정의했던 데이터 테이블이 생성됩니다. 생성이 안 되거나 DB 접속 에러가 발생하는 경우에는 DB 접속 정보 혹은 SQL 구문에 오류가 없는지 확인 해보세요.

7.3.3 챗봇 학습 데이터 엑셀 파일 및 DB 연동

우리가 제작하려는 학습툴은 화면이 없기 때문에 엑셀을 통해 학습 데이터를 추가하거나 삭제합니다. 엑셀 파일을 학습툴에 입력해 DB 내용을 업데이트하는 형태로 만들어봅시다. 다음은 예제로 제공되는 학습 데이터 엑셀 파일 구조(train_data.xlsx)입니다. 총 5개의 컬럼이 있으며, 앞서 정의한 데이터 테이블의 데이터 열과 일치합니다. 챗봇에 질문하는 경우 해당 엑셀 파일 내에 존재하는 질문 유형의 답변만 제공 가능하기 때문에 다음과 같은 구조를 지닙니다.

그림 7-8 학습 데이터 엑셀 파일 내용

	A	B	C	D	E
1	의도(Intent)	개체명(NER)	질문(Query)	답변(Answer)	답변 이미지
2	인사		안녕하세요	네 안녕하세요 :D 반갑습니다. 저는 챗봇입니다.	
3	인사		반가워요	네 안녕하세요 :D 반갑습니다. 저는 챗봇입니다.	
4					
5					
6					

다음은 각 컬럼에 대한 설명을 정리한 표입니다.

컬럼	설명
의도(Intent)	질문의 의도를 나타내는 텍스트. 의도가 없는 경우 비워둡니다.
개체명 인식(NER)	질문에 필요한 개체명. 개체명이 없는 경우 비워둡니다.
질문(Query)	질문 텍스트
답변(Answer)	답변 텍스트
답변 이미지	답변에 들어갈 이미지 URL. 이미지 URL이 없는 경우 비워둡니다.

다음은 엑셀 파일을 읽어와 DB와 데이터를 동기화하는 코드입니다. 해당 소스 역시 챗봇 학습 툴과 관련 있기 때문에 /train_tools/qna 디렉터리 내에 생성합니다. 파일명은 load_train_data.py입니다.

예제 7-9 챗봇 학습 데이터 불러오기

```
import pymysql
import openpyxl

from config.DatabaseConfig import *  # DB 접속 정보 불러오기
```

```python
# 학습 데이터 초기화
def all_clear_train_data(db):
    # 기존 학습 데이터 삭제
    sql = '''
        delete from chatbot_train_data
    '''
    with db.cursor() as cursor:
        cursor.execute(sql)

    # auto increment 초기화
    sql = '''
        ALTER TABLE chatbot_train_data AUTO_INCREMENT=1
    '''
    with db.cursor() as cursor:
        cursor.execute(sql)

# db에 데이터 저장
def insert_data(db, xls_row):
    intent, ner, query, answer, answer_img_url = xls_row

    sql = '''
        INSERT chatbot_train_data(intent, ner, query, answer, answer_image)
        values(
            '%s', '%s', '%s', '%s', '%s'
        )
    ''' % (intent.value, ner.value, query.value, answer.value, answer_img_url.value)

    # 엑셀에서 불러온 cell에 데이터가 없는 경우 null로 치환
    sql = sql.replace("'None'", "null")

    with db.cursor() as cursor:
        cursor.execute(sql)
        print('{} 저장'.format(query.value))
        db.commit()


train_file = './train_data.xlsx'
db = None
try:
    db = pymysql.connect(
        host=DB_HOST,
        user=DB_USER,
        passwd=DB_PASSWORD,
```

```
            db=DB_NAME,
            charset='utf8'
    )

    # 기존 학습 데이터 초기화   ❶
    all_clear_train_data(db)

    # 학습 엑셀 파일 불러오기   ❷
    wb = openpyxl.load_workbook(train_file)
    sheet = wb['Sheet1']
    for row in sheet.iter_rows(min_row=2):   # 헤더는 불러오지 않음
        # 데이터 저장
        insert_data(db, row)

    wb.close()

except Exception as e:
    print(e)

finally:
    if db is not None:
        db.close()
```

❶ load_train_data.py 프로그램을 실행할 때마다 엑셀 파일 내부의 데이터와 DB 내 학습 데이터를 동일하게 유지하기 위해 DB 데이터를 초기화합니다. 본 예제의 경우 매번 DB 데이터를 지우고 새로 데이터를 입력하는 구조이기 때문에 추후 개선이 필요한 형태입니다.

all_clear_train_data(db)

우리가 정의한 all_clear_train_data( ) 함수의 내부를 살펴봅시다. delete 명령어를 사용해 챗봇 학습 데이터 테이블의 내용을 삭제한 후 auto increment 속성을 1로 초기화하는(AUTO_ INCREMENT=1) 간단한 함수입니다.

```
def all_clear_train_data(db):
    # 기존 학습 데이터 삭제
    sql = '''
        delete from chatbot_train_data
    '''
    with db.cursor() as cursor:
        cursor.execute(sql)
```

```
# auto increment 초기화
sql = '''
    ALTER TABLE chatbot_train_data AUTO_INCREMENT=1
'''
with db.cursor() as cursor:
    cursor.execute(sql)
```

❷ OpenPyXL 모듈을 이용해 엑셀 파일을 읽어와 DB에 데이터를 저장합니다.

```
wb = openpyxl.load_workbook(train_file)
sheet = wb['Sheet1']
for row in sheet.iter_rows(min_row=2):  # 헤더는 불러오지 않음
    # 데이터 저장
    insert_data(db, row)

wb.close()
```

우리가 정의한 insert_data( ) 함수의 내부를 살펴봅시다. insert 명령어를 사용해 엑셀에서
불러온 데이터 열을 DB에 저장하는 간단한 함수입니다.

```
def insert_data(db, xls_row):
    intent, ner, query, answer, answer_img_url = xls_row

    sql = '''
        INSERT chatbot_train_data(intent, ner, query, answer, answer_image)
        values(
            '%s', '%s', '%s', '%s', '%s'
        )
    ''' % (intent.value, ner.value, query.value, answer.value, answer_img_url.
value)

    # 엑셀에서 불러온 cell에 데이터가 없는 경우 null로 치환
    sql = sql.replace("'None'", "null")

    with db.cursor() as cursor:
        cursor.execute(sql)
        print('{} 저장'.format(query.value))
        db.commit()
```

다음은 엑셀 파일 내용을 DB에 학습한 결과를 확인하기 위해 select 구문을 실행한 결과입니다. chatbot_train_data 테이블에 엑셀 내용과 동일하게 저장된 모습을 확인할 수 있습니다.

그림 7-9 챗봇 학습 데이터 테이블 내용 확인

	id	intent	ner	query	answer	answer_image
1	1	인사	<null>	안녕하세요	네 안녕하세요 :D↩반갑습니다. 저는 챗봇입니다.	<null>
2	2	인사	<null>	반가워요	네 안녕하세요 :D↩반갑습니다. 저는 챗봇입니다.	<null>

7.4 마치며

이 장에선 챗봇 엔진이 적절한 답변을 출력할 수 있도록 필요한 학습 데이터베이스를 구축하고 학습 데이터를 엑셀 파일로 관리할 수 있는 간단한 툴을 만들었습니다. 8장에서 만들게 될 챗봇 엔진은 학습 DB에 항상 연결되어 있어 업데이트된 질문-답변 데이터를 실시간으로 활용할 수 있습니다. 이 장을 통해 챗봇 엔진이 어떻게 답변을 찾는지, 어떻게 학습 데이터를 관리할 수 있는지 배웠습니다. 실무에 바로 쓸 수 있는 형태는 아니지만 챗봇 동작 원리를 파악할 수 있도록 최대한 간단하게 예제를 구성했습니다.

NOTE_ 이 장에서 다룬 챗봇 학습은 사용자가 요청한 질의와 연관된 답변을 찾을 수 있도록 학습 데이터를 DB에 저장하는 것을 의미합니다. 챗봇 엔진에서 사용되는 딥러닝 모델의 학습은 8장에서 다루겠습니다.

## CHAPTER 8

챗봇 엔진 만들기

8.1 챗봇 엔진 소개

챗봇이란 채팅하는 봇을 의미합니다. 그럼 챗봇 엔진은 무엇일까요? 챗봇에서 핵심 기능을 하는 모듈이며, 화자의 질문을 이해하고 알맞은 답변을 출력하는 역할을 합니다. 한마디로 자연어 처리 모듈입니다. 챗봇을 구현하는 방법은 다양하며, 이 책에서 제시하는 방법이 유일한 해법은 아닙니다. 다양한 연구를 통해 더욱 더 사람처럼 행동하는 챗봇 개발에 힘쓰고 있으며, 최근 들어 음성 챗봇을 활용해 전화 상담까지 가능한 기술 수준까지 도달해 있습니다.

현재 국내외 업체들이 개발한 챗봇 엔진을 활용하는 봇 빌더가 많이 출시되어 있습니다. 우리가 이 책에서 활용하는 카카오톡 및 네이버톡톡 역시 자체적으로 챗봇을 쉽게 제작할 수 있는 봇 빌더 툴을 제공하고 있습니다. 이런 봇 빌더를 이용하면 기술적 이해 없이도 성능 좋은 챗봇을 쉽게 만들 수 있는 시대에 살고 있습니다. 저는 챗봇에 관심 있어 하는 초심자들에게 간단하게나마 이런 상용 챗봇 엔진들이 어떤 원리로 구현되는지, 각 전문분야에 맞는 챗봇을 어떻게 구축할 수 있는지에 대한 아이디어와 힌트를 드리고 싶습니다. 그럼 이 장을 같이 살펴보면서 챗봇 엔진에 대해 알아봅시다.

8.2 챗봇 엔진 구조

챗봇 엔진을 설계하기 전에 우리가 만들려는 챗봇의 목적과 어떤 도메인 지식을 가지는 챗봇을 만들 것인지 결정해야 합니다. 그에 따라 챗봇 엔진 개발 방법론과 학습에 필요한 데이터셋이 달라지기 때문에 이러한 결정은 매우 중요합니다. 여기서는 1장에서 언급했듯이 간단하게 음식 예약 및 주문을 도와주는 음식점 예약 주문에 특화된 챗봇 엔진을 만들겠습니다.

7.3절 '챗봇 학습툴 만들기'에서 챗봇 엔진 구조를 간단히 설명했습니다. 이 절에서 좀 더 자세히 살펴보겠습니다. 우리가 만들 토이 수준의 챗봇 엔진은 크게 5가지 기능을 합니다. 다음은 이 장에서 구현할 챗봇 엔진의 핵심 기능을 정리한 표입니다.

표 8-1 챗봇 엔진의 핵심 기능

핵심 기능	설명
질문 의도 분류	화자의 질문 의도를 파악합니다. 이는 해당 질문을 의도 분류 모델을 이용해 의도 클래스를 예측하는 문제입니다.
개체명 인식	화자의 질문에서 단어 토큰별 개체명을 인식합니다. 이는 단어 토큰에 맞는 개체명을 예측하는 문제입니다.
핵심 키워드 추출	화자의 질문 의미에서 핵심이 될 만한 단어 토큰을 추출합니다. 형태소 분석기를 이용해 핵심 키워드가 되는 명사나 동사를 추출합니다.
답변 검색	해당 질문의 의도, 개체명, 핵심 키워드 등을 기반으로 답변을 학습 DB에서 검색합니다.
소켓 서버	다양한 종류(카카오톡, 네이버톡)의 챗봇 클라이언트에서 요청하는 질문을 처리하기 위해 소켓 서버 프로그램 역할을 합니다. 따라서 이 책에서는 챗봇 엔진 서버 프로그램이라고 부르겠습니다.

다음은 우리가 목표하고 있는 챗봇 엔진의 처리 과정을 나타낸 그림입니다.

그림 8-1 챗봇 엔진 처리 과정

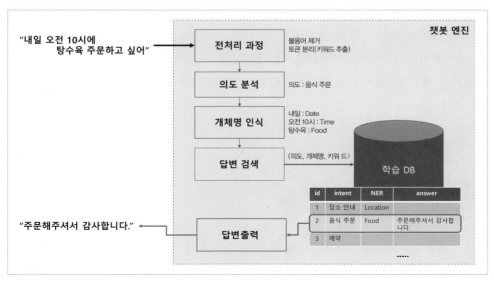

화자의 질의 문장이 입력되면 챗봇 엔진은 제일 먼저 전처리를 진행합니다. 형태소 분석기를 이용해 단어 토큰(키워드)을 추출한 뒤 명사나 동사 등 필요한 품사만 남기고 불용어는 제거합니다. 그다음 의도 분석과 개체명 인식을 완료한 후 결괏값을 이용해 적절한 답변을 학습 DB에서 검색해 화자에게 답변을 출력합니다.

해당 챗봇 엔진에는 자연어 처리를 위해 2가지 딥러닝 모델(의도 분석, 개체명 인식)을 사용하고 있습니다. 해당 도메인 지식^{domain knowledge}에 맞는 딥러닝 모델 학습 데이터셋을 많이 보유하고 있다면 성능이 우수한 챗봇 엔진 개발에 도움이 됩니다. 하지만 품질 좋은 데이터셋은 구하기 쉽지 않으며, 이 책에서 제공하는 샘플 데이터로는 모델 성능을 보장하기에 부족함이 많습니다. 일반적으로 특정 도메인 지식에 맞는 방대한 데이터셋은 해당 단체나 조직의 중요한 자산으로 분류되어 인터넷 상에서 구하기가 쉽지 않습니다. 따라서 부족한 모델 성능을 보완하기 위해 이 책에선 룰 베이스와 딥러닝 모델을 같이 사용하는 방법으로 챗봇 엔진을 만들어봅니다. 모든 상황에 대해 규칙을 설정하기란 불가능에 가깝지만 자주 반복되고 빈도가 높은 문제에 대해서는 작은 학습 데이터셋만 가지고도 딥러닝 모델보다 품질이 우수한 결과를 보여줍니다.

> **NOTE_** 현업에서 문제를 해결하다 보면 무조건 딥러닝 모델이 답은 아닙니다. 간단한 상황에서는 룰 베이스 모델이나 확률 모델이 훨씬 좋은 결과를 보이는 경우도 많습니다. 실제로 닭 잡는 데 소 잡는 칼을 사용할 필요는 없습니다. 딥러닝이니 인공지능이니 하는 기술이 모든 문제의 열쇠는 아니므로 상황에 맞게 적절한 칼을 골라 쓰는 지혜를 발휘해야 합니다.

8.3 전처리 과정

이 절에서는 챗봇 엔진의 전처리 과정을 알아보겠습니다. 전처리 과정은 자연어 처리에 있어 제일 처음 수행해야 하는 기본적인 과정입니다. 전처리를 어떻게 하느냐에 따라 후처리 부분의 성능 차이가 커지므로 매우 중요한 작업입니다.

우리가 만드는 챗봇 엔진의 전처리 과정은 형태소 분석기로 토크나이징 작업을 하고, 문장 해석에 의미 있는 정보만 남기고 나머지 불용어들은 제거하는 작업을 합니다.

이제 챗봇 엔진에서 전처리를 담당하는 모듈을 만들어봅시다. 해당 모듈은 챗봇 개발에 필요한 유틸리티 라이브러리이기 때문에 /utils 디렉터리 내에 생성하겠습니다. Preprocess.py 소스 파일을 생성해주세요. 소스 코드는 다음과 같습니다. 전처리 모듈의 경우 챗봇 엔진 내에서 자주 사용하기 때문에 클래스로 정의합니다. 앞으로 챗봇 엔진에 새로운 전처리 과정이 필요하면 해당 객체에 새로운 기능으로 추가할 것입니다.

예제 8-1 챗봇 전처리 클래스

```python
from konlpy.tag import Komoran

class Preprocess:
    def __init__(self, userdic=None):  # 생성자
        # 형태소 분석기 초기화 ❶
        self.komoran = Komoran(userdic=userdic)

        # 제외할 품사 ❷
        # 참조 : https://docs.komoran.kr/firststep/postypes.html
        # 관계언 제거, 기호 제거
        # 어미 제거
        # 접미사 제거
        self.exclusion_tags = [
            'JKS', 'JKC', 'JKG', 'JKO', 'JKB', 'JKV', 'JKQ',
            'JX', 'JC',
            'SF', 'SP', 'SS', 'SE', 'SO',
            'EP', 'EF', 'EC', 'ETN', 'ETM',
            'XSN', 'XSV', 'XSA'
        ]

    # 형태소 분석기 POS 태거 ❸
    def pos(self, sentence):
        return self.komoran.pos(sentence)

    # 불용어 제거 후 필요한 품사 정보만 가져오기 ❹
    def get_keywords(self, pos, without_tag=False):
        f = lambda x: x in self.exclusion_tags
        word_list = []
        for p in pos:
            if f(p[1]) is False:
                word_list.append(p if without_tag is False else p[0])
        return word_list
```

❶ Preprocess 클래스가 생성될 때 형태소 분석기 인스턴스 객체를 생성합니다. 여기서 형태소 분석기는 코모란을 사용합니다. userdic 인자에는 사용자 정의 사전 파일의 경로를 입력할 수 있습니다.

```
        self.komoran = Komoran(userdic=userdic)
```

❷ 형태소 분석기 인스턴스 객체 생성 이후 어떤 품사를 불용어로 정의할지 클래스 멤버 변수인
exclusion_tags 리스트에 정의합니다. 즉, 해당 리스트에 정의된 품사들은 불용어로 정의되어
핵심 키워드에서 제외됩니다.

```
        self.exclusion_tags = [
            'JKS', 'JKC', 'JKG', 'JKO', 'JKB', 'JKV', 'JKQ',
            'JX', 'JC',
            'SF', 'SP', 'SS', 'SE', 'SO',
            'EP', 'EF', 'EC', 'ETN', 'ETM',
            'XSN', 'XSV', 'XSA'
        ]
```

> **NOTE_** 코모란 형태소 분석기의 품사 정보는 아래 웹사이트를 참고하였습니다.
>
> docs.komoran.kr/firststep/postypes.html

❸ 코모란 형태소 분석기의 POS 태거를 호출하는 메서드입니다. 이 메서드는 Preprocess 클
래스 외부에서는 코모란 형태소 분석기 객체를 직접적으로 호출할 일이 없게 하기 위해 정의한
래퍼 함수입니다. 형태소 분석기 종류를 바꾸게 될 경우 이 래퍼 함수 내용만 변경하면 되므로
유지보수 측면에서 장점이 많습니다.

```
    def pos(self, sentence):
        return self.komoran.pos(sentence)
```

❹ 불용어를 제거한 후 핵심 키워드 정보만 가져오는 함수입니다. 생성자에서 정의한 self.
exclusion_tags 리스트에 해당하지 않는 품사 정보만 키워드로 저장합니다.

```
    def get_keywords(self, pos, without_tag=False):
        f = lambda x: x in self.exclusion_tags
        word_list = []
        for p in pos:
            if f(p[1]) is False:
                word_list.append(p if without_tag is False else p[0])
        return word_list
```

마지막으로 /test 디렉터리에 preprocess_test.py 파일을 생성하고 방금 만든 Preprocess 클래스 동작을 테스트해봅시다.

예제 8-2 챗봇 전처리 클래스 테스트 코드

```
from utils.Preprocess import Preprocess

sent = "내일 오전 10시에 탕수육 주문하고 싶어"

# 전처리 객체 생성
p = Preprocess(userdic='../utils/user_dic.tsv')

# 형태소 분석기 실행
pos = p.pos(sent)

# 품사 태그와 같이 키워드 출력
ret = p.get_keywords(pos, without_tag=False)
print(ret)

# 품사 태그 없이 키워드 출력
ret = p.get_keywords(pos, without_tag=True)
print(ret)
```

결과는 다음과 같습니다.

```
[('내일', 'NNG'), ('오전', 'NNP'), ('10', 'SN'), ('시', 'NNB'), ('탕수육', 'NNP'),
('주문', 'NNG'), ('싶', 'VX')]
['내일', '오전', '10', '시', '탕수육', '주문', '싶']
```

8.4 단어 사전 구축 및 시퀀스 생성

이 책에서 만드는 챗봇 엔진에서 의도 분류 및 개체명 인식 모델의 학습을 하려면 단어 사전을 구축해야 합니다. 예제에서 제공하는 말뭉치 데이터는 지금까지 예제로 사용했던 말뭉치 데이터를 모두 합친 데이터입니다.

단어 사전 구축에 필요한 말뭉치 데이터(corpus.txt)는 /train_tools/dict/ 디렉터리에 들어 있습니다. 단어 사전을 생성하는 소스를 해당 위치에 생성해주세요. 파일명은 create_dict.py 입니다.

예제 8-3 단어 사전 생성

```
#
# 챗봇에서 사용하는 사전 파일 생성
#
from utils.Preprocess import Preprocess
from tensorflow.keras import preprocessing
import pickle

# 말뭉치 데이터 읽어오기
def read_corpus_data(filename):
    with open(filename, 'r') as f:
        data = [line.split('\t') for line in f.read().splitlines()]
        data = data[1:]  # 헤더 제거
    return data


# 말뭉치 데이터 가져오기  ❶
corpus_data = read_corpus_data('./corpus.txt')

# 말뭉치 데이터에서 키워드만 추출해서 사전 리스트 생성  ❷
p = Preprocess()
dict = []
for c in corpus_data:
    pos = p.pos(c[1])
    for k in pos:
        dict.append(k[0])

# 사전에 사용될 word2index 생성  ❸
# 사전의 첫 번째 인덱스에는 OOV 사용
tokenizer = preprocessing.text.Tokenizer(oov_token='OOV')
tokenizer.fit_on_texts(dict)
word_index = tokenizer.word_index

# 사전 파일 생성  ❹
f = open("chatbot_dict.bin", "wb")
try:
    pickle.dump(word_index, f)
except Exception as e:
    print(e)
```

```
finally:
    f.close()
```

❶ 말뭉치 데이터를 불러옵니다. read_corpus_data( ) 함수는 제공된 말뭉치 파일(corpus. txt)을 읽어와 리스트로 반환합니다. corpus.txt 파일은 4장에서 사용한 네이버 영화 리뷰 말 뭉치 데이터를 기반으로 만든 데이터이기 때문에 라인마다 [Tab]을 사용하여 id, document, label 컬럼으로 데이터를 구분했습니다. 따라서 read_corpus_data( ) 함수는 말뭉치 데이터 를 각 라인별로 읽어와 \t를 기준으로 데이터를 분리합니다.

```
corpus_data = read_corpus_data('./corpus.txt')
```

> **NOTE_** 테스트 과정에서 우리가 사용한 단어가 사전에 존재하지 않을 수 있습니다. 이 경우 챗봇 엔진에서 는 OOV 처리를 하지만 품질 향상을 위해 단어 사전을 업데이트하는 것이 좋습니다. corpus.txt 파일에 해 당 단어를 사용하는 말뭉치를 업데이트하여 다시 단어 사전을 생성해주면 됩니다. 단어 사전을 만드는 데 시 간이 꽤 오래 걸립니다. 말뭉치 데이터를 추가할 때 데이터 양식에 맞지 않으면 오류가 날 수 있으니 반드시 \t를 사용해 데이터를 컬럼에 맞게 추가해야 합니다.

❷ **❶**에서 불러온 말뭉치 데이터 리스트에서 문장을 하나씩 불러와 POS 태깅합니다. 형태소 분석 결과를 단어 리스트(dict)에 저장합니다.

```
p = Preprocess()  # 전처리 객체 생성
dict = []
for c in corpus_data:
    pos = p.pos(c[1])
    for k in pos:
        dict.append(k[0])
```

❸ 토크나이저를 이용해 **❷**에서 만들어진 단어 리스트(dict)를 단어 인덱스 딕셔너리(word_ index) 데이터로 만듭니다.

```
# 사전에 사용될 word2index 생성  ❸
# 사전의 첫 번째 인덱스에는 OOV 사용
tokenizer = preprocessing.text.Tokenizer(oov_token='OOV')
tokenizer.fit_on_texts(dict)
word_index = tokenizer.word_index
```

❹ 생성된 단어 인덱스 딕셔너리(word_index) 객체를 파일로 저장합니다.

```python
f = open("chatbot_dict.bin", "wb")
try:
    pickle.dump(word_index, f)
except Exception as e:
    print(e)
finally:
    f.close()
```

/test 디렉터리에 chatbot_dict_test.py 파일을 생성해 방금 만든 단어 인덱스 사전 파일을 불러와 데이터를 확인해봅시다.

예제 8-4 단어 사전 테스트 코드

```python
import pickle
from utils.Preprocess import Preprocess

# 단어 사전 불러오기
f = open("../train_tools/dict/chatbot_dict.bin", "rb")
word_index = pickle.load(f)
f.close()

sent = "내일 오전 10시에 탕수육 주문하고 싶어 ㅋㅋ"

# 전처리 객체 생성
p = Preprocess(userdic='../utils/user_dic.tsv')

# 형태소 분석기 실행
pos = p.pos(sent)

# 품사 태그 없이 키워드 출력
keywords = p.get_keywords(pos, without_tag=True)
for word in keywords:
    try:
        print(word, word_index[word])
    except KeyError:
        # 해당 단어가 사전에 없는 경우 OOV 처리
        print(word, word_index['OOV'])
```

결과는 다음과 같습니다. 해당 단어에 대한 index 값을 출력하고 있습니다.

```
내일  12
오전  214
10시  81
탕수육  404
주문  3
싶  9
ㅋㅋ  10844
```

이제 입력한 문장을 단어 인덱스 사전을 이용해 단어 시퀀스 벡터로 변환하는 기능을 추가해봅시다. 이 기능은 챗봇 엔진의 전처리 과정에 포함되기 때문에 앞서 정의한 Preprocess 클래스의 메서드로 정의하겠습니다. 기존에 작성했던 코드 중 일부는 생략했습니다. 코드 내용은 [예제 8-4]와 동일하기 때문에 설명은 생략하겠습니다.

예제 8-5 전처리 클래스에 단어 인덱스 시퀀스 변환 메서드 추가

```python
from konlpy.tag import Komoran
import pickle

class Preprocess:
    def __init__(self, word2index_dic='', userdic=None):
        # 단어 인덱스 사전 불러오기
        if(word2index_dic != ''):
            f = open(word2index_dic, "rb")
            self.word_index = pickle.load(f)
            f.close()
        else:
            self.word_index = None

        ...

    # 형태소 분석기 POS 태거
    def pos(self, sentence):
        ...

    # 불용어 제거 후 필요한 품사 정보만 가져오기
    def get_keywords(self, pos, without_tag=False):
        ...
```

```python
# 키워드를 단어 인덱스 시퀀스로 변환
def get_wordidx_sequence(self, keywords):
    if self.word_index is None:
        return []
    w2i = []
    for word in keywords:
        try:
            w2i.append(self.word_index[word])
        except KeyError:
            # 해당 단어가 사전에 없는 경우 OOV 처리
            w2i.append(self.word_index['OOV'])
    return w2i
```

8.5 의도 분류 모델

챗봇 엔진에 화자의 질의가 입력되었을 때 전처리 과정을 거친 후 해당 문장의 의도를 분류합니다. 이때 문장을 의도 클래스별로 분류하기 위해 6장에서 배운 CNN 모델을 사용합니다. 이 책에서는 다양한 의도를 분류하기엔 학습 데이터 수가 한정적이기 때문에 인사, 욕설, 주문, 예약, 기타 5가지 의도로만 분류할 수 있도록 구현하겠습니다.

표 8-2 챗봇 엔진의 의도 분류 클래스 종류

의도명	분류 클래스	설명
인사	0	텍스트가 인사말인 경우
욕설	1	텍스트가 욕설인 경우
주문	2	텍스트가 주문 관련 내용인 경우
예약	3	텍스트가 예약 관련 내용인 경우
기타	4	어떤 의도에도 포함되지 않는 경우

모델 학습 모듈을 만들기 전에 챗봇 엔진 소스 전역에서 사용할 파라미터 정보를 /config 디렉터리 내에 파일로 관리하겠습니다. GlobalParams.py 파일을 생성해 다음과 같이 작성하세요.

예제 8-6 글로벌 파라미터 정보

```
# 단어 시퀀스 벡터 크기
MAX_SEQ_LEN = 15


def GlobalParams():
    global MAX_SEQ_LEN
```

8.5.1 의도 분류 모델 학습

챗봇 엔진의 의도 분류 모듈을 만들기 전에 해당 모델의 설계 및 학습을 진행하겠습니다.
/models/intent 디렉터리에 total_train_data.csv 파일을 학습 데이터셋으로 사용합니다. 이
파일은 6장에서 사용한 chatbot_data.csv(송영숙 님 공개 데이터)을 기반으로 제가 독자를
위해 생성한 의도 분류용 학습 데이터셋입니다. 이는 음식점 주문과 예약을 위한 챗봇에 특화
되어 있으며, 클래스별 샘플 텍스트가 다양하지 않아 특정 의도 클래스의 경우 예측 품질이 떨
어질 수 있습니다.

다음은 total_train_data.csv 파일을 읽어와 의도 분류 모델을 생성하고 학습하는 코드입니다.
해당 위치에 train_model.py 파일을 생성하세요. 모델의 입출력 크기만 다를 뿐 6장의 감정
분류 모델과 거의 동일한 소스 코드입니다.

예제 8-7 챗봇 엔진 의도 분류 모델

```
# 필요한 모듈 임포트
import pandas as pd
import tensorflow as tf
from tensorflow.keras import preprocessing
from tensorflow.keras.models import Model
from tensorflow.keras.layers import Input, Embedding, Dense, Dropout, Conv1D,
GlobalMaxPool1D, concatenate

# 데이터 읽어오기  ❶
train_file = "total_train_data.csv"
data = pd.read_csv(train_file, delimiter=',')
queries = data['query'].tolist()
intents = data['intent'].tolist()
```

```python
from utils.Preprocess import Preprocess
p = Preprocess(word2index_dic='../../train_tools/dict/chatbot_dict.bin',
               userdic='../../utils/user_dic.tsv')

# 단어 시퀀스 생성
sequences = []
for sentence in queries:
    pos = p.pos(sentence)
    keywords = p.get_keywords(pos, without_tag=True)
    seq = p.get_wordidx_sequence(keywords)
    sequences.append(seq)

# 단어 인덱스 시퀀스 벡터 생성  ❷
# 단어 시퀀스 벡터 크기
from config.GlobalParams import MAX_SEQ_LEN
padded_seqs = preprocessing.sequence.pad_sequences(sequences, maxlen=MAX_SEQ_LEN,
padding='post')

# 학습용, 검증용, 테스트용 데이터셋 생성  ❸
# 학습셋:검증셋:테스트셋 = 7:2:1
ds = tf.data.Dataset.from_tensor_slices((padded_seqs, intents))
ds = ds.shuffle(len(queries))

train_size = int(len(padded_seqs) * 0.7)
val_size = int(len(padded_seqs) * 0.2)
test_size = int(len(padded_seqs) * 0.1)

train_ds = ds.take(train_size).batch(20)
val_ds = ds.skip(train_size).take(val_size).batch(20)
test_ds = ds.skip(train_size + val_size).take(test_size).batch(20)

# 하이퍼파라미터 설정
dropout_prob = 0.5
EMB_SIZE = 128
EPOCH = 5
VOCAB_SIZE = len(p.word_index) + 1  # 전체 단어 수

# CNN 모델 정의  ❹
input_layer = Input(shape=(MAX_SEQ_LEN,))
embedding_layer = Embedding(VOCAB_SIZE, EMB_SIZE, input_length=MAX_SEQ_LEN)(input_
layer)
dropout_emb = Dropout(rate=dropout_prob)(embedding_layer)

conv1 = Conv1D(
```

```python
        filters=128,
        kernel_size=3,
        padding='valid',
        activation=tf.nn.relu)(dropout_emb)
pool1 = GlobalMaxPool1D()(conv1)

conv2 = Conv1D(
        filters=128,
        kernel_size=4,
        padding='valid',
        activation=tf.nn.relu)(dropout_emb)
pool2 = GlobalMaxPool1D()(conv2)

conv3 = Conv1D(
        filters=128,
        kernel_size=5,
        padding='valid',
        activation=tf.nn.relu)(dropout_emb)
pool3 = GlobalMaxPool1D()(conv3)

# 3, 4, 5-gram 이후 합치기
concat = concatenate([pool1, pool2, pool3])

hidden = Dense(128, activation=tf.nn.relu)(concat)
dropout_hidden = Dropout(rate=dropout_prob)(hidden)
logits = Dense(5, name='logits')(dropout_hidden)
predictions = Dense(5, activation=tf.nn.softmax)(logits)

# 모델 생성 ❺
model = Model(inputs=input_layer, outputs=predictions)
model.compile(optimizer='adam',
              loss='sparse_categorical_crossentropy',
              metrics=['accuracy'])

# 모델 학습 ❻
model.fit(train_ds, validation_data=val_ds, epochs=EPOCH, verbose=1)

# 모델 평가(테스트 데이터셋 이용) ❼
loss, accuracy = model.evaluate(test_ds, verbose=1)
print('Accuracy: %f' % (accuracy * 100))
print('loss: %f' % (loss))

# 모델 저장 ❽
model.save('intent_model.h5')
```

❶ Pandas의 read_csv() 함수를 이용해 total_train_data.csv 파일을 읽어와 CNN 모델 학습 시 필요한 query(질문)와 intent(의도) 데이터를 queries와 intents 리스트에 저장합니다. 그다음 챗봇 전처리 모듈 Preprocess로 단어 시퀀스를 생성합니다. 해당 단어에 매칭되는 번호로 시퀀스를 생성합니다.

```python
train_file = "total_train_data.csv"
data = pd.read_csv(train_file, delimiter=',')
queries = data['query'].tolist()
intents = data['intent'].tolist()

from utils.Preprocess import Preprocess
p = Preprocess(word2index_dic='../../train_tools/dict/chatbot_dict.bin',
               userdic='../../utils/user_dic.tsv')

# 단어 시퀀스 생성
sequences = []
for sentence in queries:
    pos = p.pos(sentence)
    keywords = p.get_keywords(pos, without_tag=True)
    seq = p.get_wordidx_sequence(keywords)
    sequences.append(seq)
```

❷ ❶에서 생성한 단어 시퀀스 벡터의 크기를 동일하게 맞추기 위해 MAX_SEQ_LEN 크기만큼 시퀀스 벡터를 패딩 처리합니다.

```python
# 단어 인덱스 시퀀스 벡터 생성  ❷
# 단어 시퀀스 벡터 크기
from config.GlobalParams import MAX_SEQ_LEN
padded_seqs = preprocessing.sequence.pad_sequences(sequences, maxlen=MAX_SEQ_LEN,
padding='post')
```

❸ ❷에서 패딩 처리된 시퀀스(padded_seqs) 벡터 리스트와 의도(intents) 리스트 전체를 데이터셋 객체로 만듭니다. 그다음 데이터를 랜덤으로 섞은 후 학습용, 검증용, 테스트용 데이터셋을 7:2:1 비율로 나눠서 실제 학습에 필요한 데이터셋 객체를 각각 분리합니다.

```python
ds = tf.data.Dataset.from_tensor_slices((padded_seqs, intents))
ds = ds.shuffle(len(queries))
```

```
train_size = int(len(padded_seqs) * 0.7)
val_size = int(len(padded_seqs) * 0.2)
test_size = int(len(padded_seqs) * 0.1)

train_ds = ds.take(train_size).batch(20)
val_ds = ds.skip(train_size).take(val_size).batch(20)
test_ds = ds.skip(train_size + val_size).take(test_size).batch(20)
```

❹ 의도 분류 모델은 케라스 함수형 모델 방식으로 구현하였습니다. 입력하는 문장을 의도 클래스로 분류하는 CNN 모델은 전처리된 입력 데이터를 단어 임베딩 처리하는 영역, 합성곱 필터와 연산을 통해 문장의 특징 정보(특징맵)를 추출하고 평탄화flatten하는 영역, 완전 연결 계층fully connected layer을 통해 감정별로 클래스를 분류하는 영역으로 구성되어 있습니다. 이미 배운 내용이므로 자세한 설명은 생략하겠습니다.

```
input_layer = Input(shape=(MAX_SEQ_LEN,))
embedding_layer = Embedding(VOCAB_SIZE, EMB_SIZE, input_length=MAX_SEQ_LEN)(input_
layer)
dropout_emb = Dropout(rate=dropout_prob)(embedding_layer)

conv1 = Conv1D(
    filters=128,
    kernel_size=3,
    padding='valid',
    activation=tf.nn.relu)(dropout_emb)
pool1 = GlobalMaxPool1D()(conv1)

conv2 = Conv1D(
    filters=128,
    kernel_size=4,
    padding='valid',
    activation=tf.nn.relu)(dropout_emb)
pool2 = GlobalMaxPool1D()(conv2)

conv3 = Conv1D(
    filters=128,
    kernel_size=5,
    padding='valid',
    activation=tf.nn.relu)(dropout_emb)
pool3 = GlobalMaxPool1D()(conv3)

# 3, 4, 5-gram 이후 합치기
concat = concatenate([pool1, pool2, pool3])
```

우리는 5가지 의도 클래스를 분류해야 하기 때문에 출력 노드가 5개인 Dense 계층을 생성합니다. 이는 신경망이 예측하는 최종 단계이기 때문에 활성화 함수를 사용하지 않습니다. 이번 계층에서 결과로 나온 값(logits)들을 점수score라 부릅니다. 출력 노드에서 5개의 점수가 출력되는데, 가장 큰 점수를 가진 노드 위치가 CNN 모델이 예측한 의도 클래스가 됩니다.

```
hidden = Dense(128, activation=tf.nn.relu)(concat)
dropout_hidden = Dropout(rate=dropout_prob)(hidden)
logits = Dense(5, name='logits')(dropout_hidden)
```

마지막으로 출력 노드로 정의한 logits에서 나온 점수를 소프트맥스 계층을 통해 감정 클래스별 확률을 계산합니다.

```
predictions = Dense(5, activation=tf.nn.softmax)(logits)
```

❺ ❹에서 정의한 계층들을 케라스 모델에 추가하는 작업을 합니다. 케라스 모델을 생성할 때는 Model() 함수를 사용하는데, 인자로는 앞서 생성한 입력 계층(input_layer)과 출력 계층(predictions)을 사용합니다. 모델 정의 후 실제 모델을 model.compile() 함수를 통해 CNN 모델을 컴파일합니다. 최적화optimizer 방법에는 adam을, 손실 함수에는 sparse_categorical_crossentropy를 사용하도록 했습니다. 또한 케라스 모델을 평가할 때 정확도를 확인하기 위해 metrics에 accuracy를 사용했습니다. 손실값(loss)만 확인할 경우에는 생략해도 됩니다.

```
model = Model(inputs=input_layer, outputs=predictions)
model.compile(optimizer='adam',
              loss='sparse_categorical_crossentropy',
              metrics=['accuracy'])
```

❻ ❹에서 정의한 CNN 모델을 학습합니다. 첫 번째 인자에는 학습용 데이터셋을 입력하고, 두 번째 validation_data 인자에는 검증용 데이터셋을 입력합니다. 예제에서는 에포크값을 5로 설정했으므로 모델 학습을 5회 반복합니다.

```
model.fit(train_ds, validation_data=val_ds, epochs=EPOCH, verbose=1)
```

❼ evaluate( ) 함수를 이용해 성능을 평가합니다. 인자에는 테스트용 데이터셋을 사용합니다.

```
loss, accuracy = model.evaluate(test_ds, verbose=1)
print('Accuracy: %f' % (accuracy * 100))
print('loss: %f' % (loss))
```

다음은 학습 model.evaluate( ) 함수 호출 후 테스트용 데이터셋을 평가한 결과를 보여주는 화면입니다. 손실이 0.7%, 정확도가 99%로 성능 좋은 분류 모델이 완성되었습니다.

```
Accuracy: 99.394226
loss: 0.007038
```

❽ 마지막으로 학습이 완료된 모델을 h5 파일 포맷으로 저장합니다. 해당 모델 파일은 챗봇 엔진의 의도 분류 모듈에서 사용됩니다.

```
model.save('intent_model.h5')
```

8.5.2 의도 분류 모듈 생성

챗봇 엔진의 의도 분류 모듈을 만들겠습니다. 이 모듈은 앞서 학습한 의도 분류 모델 파일을 활용해 입력되는 텍스트의 의도 클래스를 예측하는 기능을 가지고 있습니다. 해당 모듈은 딥러닝 모델이기 때문에 /models/intent 디렉터리 내에 파일을 생성하겠습니다. IntentModel.py 소스 파일을 생성해주세요.

예제 8-8 챗봇 엔진 의도 분류 모델 모듈

```
import tensorflow as tf
from tensorflow.keras.models import Model, load_model
from tensorflow.keras import preprocessing

# 의도 분류 모델 모듈
class IntentModel:
    def __init__(self, model_name, proprocess):
```

```python
        # 의도 클래스별 레이블
        self.labels = {0: "인사", 1: "욕설", 2: "주문", 3: "예약", 4: "기타"}

        # 의도 분류 모델 불러오기
        self.model = load_model(model_name)

        # 챗봇 Preprocess 객체
        self.p = proprocess

    # 의도 클래스 예측
    def predict_class(self, query):
        # 형태소 분석
        pos = self.p.pos(query)

        # 문장 내 키워드 추출(불용어 제거)
        keywords = self.p.get_keywords(pos, without_tag=True)
        sequences = [self.p.get_wordidx_sequence(keywords)]

        # 단어 시퀀스 벡터 크기
        from config.GlobalParams import MAX_SEQ_LEN

        # 패딩 처리
        padded_seqs = preprocessing.sequence.pad_sequences(sequences, maxlen=MAX_
SEQ_LEN, padding='post')

        predict = self.model.predict(padded_seqs)
        predict_class = tf.math.argmax(predict, axis=1)
        return predict_class.numpy()[0]
```

다음은 IntentModel 클래스를 테스트하는 코드입니다. IntentModel 객체를 생성해 새로운 유형의 문장을 분류합니다. 어려운 내용이 없으므로 설명은 생략하겠습니다. 테스트 코드이므로 /test 디렉터리에 model_intent_test.py 파일로 생성해주세요.

예제 8-9 IntentModel 객체 사용 예제

```python
from utils.Preprocess import Preprocess
from models.intent.IntentModel import IntentModel

p = Preprocess(word2index_dic='../train_tools/dict/chatbot_dict.bin',
               userdic='../utils/user_dic.tsv')

intent = IntentModel(model_name='../models/intent/intent_model.h5', proprocess=p)
```

```
query = "오늘 탕수육 주문 가능한가요?"
predict = intent.predict_class(query)
predict_label = intent.labels[predict]

print(query)
print("의도 예측 클래스 : ", predict)
print("의도 예측 레이블 : ", predict_label)
```

결과는 다음과 같습니다. 생각보다 학습이 잘된 모델 같습니다. 학습 데이터에서 크게 벗어나지 않는 문장의 경우 의도를 적절하게 잘 예측합니다.

```
오늘 탕수육 주문 가능한가요?
의도 예측 클래스 : 2
의도 예측 레이블 : 주문
```

8.6 개체명 인식 모델 학습

챗봇 엔진에 입력된 문장의 의도가 분류된 후 문장 내 개체명 인식^{Named Entity Recognition}을 진행합니다. 개체명 인식을 위해 6장에서 배운 양방향 LSTM 모델을 사용합니다. 이번 모델에서 인식 가능한 주요 개체명은 다음과 같습니다.

표 8-3 개체명 종류

개체명	설명
B_FOOD	음식
B_DT, B_TI	날짜, 시간(학습 데이터의 영향으로 날짜와 시간을 혼용해서 사용합니다.)
B_PS	사람
B_OG	조직, 회사
B_LC	지역

8.6.1 개체명 인식 모델 학습

/models/ner 디렉터리의 ner_train.txt 파일을 학습 데이터셋으로 사용합니다. 해당 파일은 6장에서 사용한 train.txt(HLCT 2016 KoreanNERCorpus 공개 데이터)을 기반으로 제가

독자 분을 위해 생성한 개체명 인식용 학습 데이터셋입니다. 기존 학습 데이터셋에 음식, 날짜, 시간 BIO 태그 데이터를 보강했습니다.

다음은 ner_train.txt 파일을 읽어와 NER 모델을 생성하고 학습하는 코드입니다. 해당 위치에 train_model.py 파일을 생성해주세요. 모델의 학습 데이터 처리 부분만 다를 뿐 6장의 개체 명 인식 모델과 거의 동일한 소스 코드입니다.

예제 8-10 챗봇 엔진 NER 모델

```python
import tensorflow as tf
from tensorflow.keras import preprocessing
from sklearn.model_selection import train_test_split
import numpy as np
from utils.Preprocess import Preprocess

# 학습 파일 불러오기
def read_file(file_name):
    sents = []
    with open(file_name, 'r', encoding='utf-8') as f:
        lines = f.readlines()
        for idx, l in enumerate(lines):
            if l[0] == ';' and lines[idx + 1][0] == '$':
                this_sent = []
            elif l[0] == '$' and lines[idx - 1][0] == ';':
                continue
            elif l[0] == '\n':
                sents.append(this_sent)
            else:
                this_sent.append(tuple(l.split()))
    return sents

# 전처리 객체 생성
p = Preprocess(word2index_dic='../../train_tools/dict/chatbot_dict.bin',
               userdic='../../utils/user_dic.tsv')

# 학습용 말뭉치 데이터를 불러옴 ❶
corpus = read_file('ner_train.txt')

# 말뭉치 데이터에서 단어와 BIO 태그만 불러와 학습용 데이터셋 생성 ❷
sentences, tags = [], []
for t in corpus:
    tagged_sentence = []
```

```
        sentence, bio_tag = [], []
        for w in t:
            tagged_sentence.append((w[1], w[3]))
            sentence.append(w[1])
            bio_tag.append(w[3])

    sentences.append(sentence)
    tags.append(bio_tag)

print("샘플 크기 : \n", len(sentences))
print("0번째 샘플 단어 시퀀스 : \n", sentences[0])
print("0번째 샘플 bio 태그 : \n", tags[0])
print("샘플 단어 시퀀스 최대 길이 : ", max(len(l) for l in sentences))
print("샘플 단어 시퀀스 평균 길이 : ", (sum(map(len, sentences))/len(sentences)))

# 토크나이저 정의  ❸
tag_tokenizer = preprocessing.text.Tokenizer(lower=False) # 태그 정보는 lower=False
소문자로 변환하지 않는다.
tag_tokenizer.fit_on_texts(tags)

# 단어 사전 및 태그 사전 크기
vocab_size = len(p.word_index) + 1
tag_size = len(tag_tokenizer.word_index) + 1
print("BIO 태그 사전 크기 :", tag_size)
print("단어 사전 크기 :", vocab_size)

# 학습용 단어 시퀀스 생성  ❹
x_train = [p.get_wordidx_sequence(sent) for sent in sentences]
y_train = tag_tokenizer.texts_to_sequences(tags)

index_to_ner = tag_tokenizer.index_word # 시퀀스 인덱스를 NER로 변환하기 위해 사용
index_to_ner[0] = 'PAD'

# 시퀀스 패딩 처리  ❺
max_len = 40
x_train = preprocessing.sequence.pad_sequences(x_train, padding='post',
maxlen=max_len)
y_train = preprocessing.sequence.pad_sequences(y_train, padding='post',
maxlen=max_len)

# 학습 데이터와 테스트 데이터를 8:2 비율로 분리  ❻
x_train, x_test, y_train, y_test = train_test_split(x_train, y_train, test_
size=.2, random_state=1234)
```

```python
# 출력 데이터를 원-핫 인코딩
y_train = tf.keras.utils.to_categorical(y_train, num_classes=tag_size)
y_test = tf.keras.utils.to_categorical(y_test, num_classes=tag_size)

print("학습 샘플 시퀀스 형상 : ", x_train.shape)
print("학습 샘플 레이블 형상 : ", y_train.shape)
print("테스트 샘플 시퀀스 형상 : ", x_test.shape)
print("테스트 샘플 레이블 형상 : ", y_test.shape)

# 모델 정의(Bi-LSTM)  ❼
from tensorflow.keras.models import Sequential
from tensorflow.keras.layers import LSTM, Embedding, Dense, TimeDistributed,
Dropout, Bidirectional
from tensorflow.keras.optimizers import Adam

model = Sequential()
model.add(Embedding(input_dim=vocab_size, output_dim=30, input_length=max_len,
mask_zero=True))
model.add(Bidirectional(LSTM(200, return_sequences=True, dropout=0.50, recurrent_
dropout=0.25)))
model.add(TimeDistributed(Dense(tag_size, activation='softmax')))
model.compile(loss='categorical_crossentropy', optimizer=Adam(0.01),
metrics=['accuracy'])
model.fit(x_train, y_train, batch_size=128, epochs=10)

print("평가 결과 : ", model.evaluate(x_test, y_test)[1])
model.save('ner_model.h5')

# 시퀀스를 NER 태그로 변환
def sequences_to_tag(sequences):  # 예측값을 index_to_ner를 사용하여 태깅 정보로 변경하는
함수
    result = []
    for sequence in sequences:  # 전체 시퀀스로부터 시퀀스를 하나씩 꺼낸다.
        temp = []
        for pred in sequence:  # 시퀀스로부터 예측값을 하나씩 꺼낸다.
            pred_index = np.argmax(pred)  # 예를 들어 [0, 0, 1, 0 ,0]이라면 1의 인덱스
인 2를 리턴한다.
            temp.append(index_to_ner[pred_index].replace("PAD", "O"))  # 'PAD'는
'O'로 변경
        result.append(temp)
    return result

# F1 스코어 계산을 위해 사용
from seqeval.metrics import f1_score, classification_report
```

```
# 테스트 데이터셋의 NER 예측  ❽
y_predicted = model.predict(x_test)
pred_tags = sequences_to_tag(y_predicted)  # 예측된 NER
test_tags = sequences_to_tag(y_test)        # 실제 NER

# F1 평가 결과
print(classification_report(test_tags, pred_tags))
print("F1-score: {:.1%}".format(f1_score(test_tags, pred_tags)))
```

❶ 개체 인식 모델을 학습하기 위해 말뭉치 데이터를 불러옵니다.

```
corpus = read_file('train.txt')
```

❷ ❶에서 불러온 말뭉치 데이터에서 단어(w[1])와 BIO 태그(w[3])만 불러와 학습용 데이터셋을 생성합니다.

```
sentences, tags = [], []
for t in corpus:
    tagged_sentence = []
    sentence, bio_tag = [], []
    for w in t:
        tagged_sentence.append((w[1], w[3]))
        sentence.append(w[1])
        bio_tag.append(w[3])

    sentences.append(sentence)
    tags.append(bio_tag)
```

❸ 단어 시퀀스의 경우 Preprocess 객체에서 생성하기 때문에 예제에서는 BIO 태그용 토크나이저 객체만 생성합니다.

```
tag_tokenizer = preprocessing.text.Tokenizer(lower=False)  # 태그 정보는 lower=False
소문자로 변환하지 않는다.
tag_tokenizer.fit_on_texts(tags)
```

생성된 사전 리스트를 이용해 단어와 태그 사전의 크기를 정의합니다.

```
# 단어 사전 및 태그 사전 크기
vocab_size = len(p.word_index) + 1
tag_size = len(tag_tokenizer.word_index) + 1
print("BIO 태그 사전 크기 :", tag_size)
print("단어 사전 크기 :", vocab_size)
```

❹ 모델에 입력될 문장의 경우 Preprocess에서 생성한 단어 인덱스 시퀀스를 사용하며, BIO 태그는 ❸에서 만들어진 사전 데이터를 시퀀스 번호 형태로 인코딩합니다.

```
x_train = [p.get_wordidx_sequence(sent) for sent in sentences]
y_train = tag_tokenizer.texts_to_sequences(tags)
```

❺ 개체명 인식 모델의 입출력 벡터 크기를 동일하게 맞추기 위해 시퀀스 패딩 작업을 합니다. 벡터 크기를 ❹에서 계산한 단어 시퀀스의 평균 길이보다 넉넉하게 40으로 정의합니다.

```
max_len = 40
x_train = preprocessing.sequence.pad_sequences(x_train, padding='post',
maxlen=max_len)
y_train = preprocessing.sequence.pad_sequences(y_train, padding='post',
maxlen=max_len)
```

❻ sklearn.model_selection 모듈의 train_test_split( ) 함수를 이용해 학습용과 테스트 용 데이터셋을 8:2 비율로 분리합니다. 복잡한 데이터셋 분리 과정을 sklearn 라이브러리를 활용해 간단하게 해결했습니다.

```
x_train, x_test, y_train, y_test = train_test_split(x_train, y_train, test_
size=.2, random_state=1234)
```

이후 학습과 테스트용 출력 데이터(y_train, y_test)를 태그 사전 크기에 맞게 원-핫 인코딩 합니다.

```
y_train = tf.keras.utils.to_categorical(y_train, num_classes=tag_size)
y_test = tf.keras.utils.to_categorical(y_test, num_classes=tag_size)

print("학습 샘플 시퀀스 형상 : ", x_train.shape)
```

```
print("학습 샘플 레이블 형상 : ", y_train.shape)
print("테스트 샘플 시퀀스 형상 : ", x_test.shape)
print("테스트 샘플 레이블 형상 : ", y_test.shape)
```

❼ 개체 인식 모델을 순차 모델 방식으로 구현했습니다. 앞서 배운 내용을 기반으로 구성한 코드이므로 전혀 새로운 내용이 없습니다. tag_size 만큼의 출력 뉴런에서 제일 확률 높은 출력 값 1개를 선택하는 문제이기 때문에 모델 출력 계층의 활성화 함수로 softmax를 사용했으며, 손실 함수로 categorical_crossentropy를 사용했습니다.

```
model = Sequential()
model.add(Embedding(input_dim=vocab_size, output_dim=30, input_length=max_len,
mask_zero=True))
model.add(Bidirectional(LSTM(200, return_sequences=True, dropout=0.50, recurrent_
dropout=0.25)))
model.add(TimeDistributed(Dense(tag_size, activation='softmax')))
model.compile(loss='categorical_crossentropy', optimizer=Adam(0.01),
metrics=['accuracy'])
model.fit(x_train, y_train, batch_size=128, epochs=10)

print("평가 결과 : ", model.evaluate(x_test, y_test)[1])
```

학습이 완료된 모델을 h5 파일 포맷으로 저장합니다. 해당 모델 파일은 챗봇 엔진의 개체명 인식 모듈에서 사용합니다.

```
model.save('ner_model.h5')
```

❽ F1 스코어를 계산하기 위해 모델의 predict() 함수를 통해 테스트용 데이터셋의 결과를 예측합니다. 해당 함수의 입력으로는 시퀀스 번호로 인코딩된 테스트용 단어 시퀀스(넘파이 배열)를 사용합니다. 해당 함수의 결과로는 예측된 NER 태그 정보가 담긴 넘파이 배열이 반환됩니다.

seqeval.metrics 모듈의 classification_report() 함수를 통해 NER 태그별로 계산된 정밀도[precision]와 재현율[recall] 그리고 F1 스코어를 출력합니다. f1_score() 함수를 통해 F1 스코어값만 불러올 수도 있습니다. 본 모델에서는 예측 결과의 평균 F1 스코어가 92.0%로 나왔습니다. 6장에서 사용한 모델에 비해 높은 F1 스코어가 나왔습니다. 이 장에서 제공한 NER용 데이터셋은 다른 BIO 태그에 비해 비슷한 유형의 B_FOOD 태그 데이터가 반복되는 형태로 많은 양이 분포되어 있습니다. 따라서 학습용과 테스트용 데이터셋의 비율이 동일하기 때문에 테스트용 데이터셋으로 F1 스코어 계산 시 1.0이 나왔습니다. B_FOOD 태그의 F1 스코어가 평균 F1 스코어에 많은 영향을 주어 좋은 결과를 낸 것처럼 보이지만 유의미한 점수는 아닙니다. 모든 태그가 전반적으로 높은 점수가 나와야 좋은 모델입니다.

```
y_predicted = model.predict(x_test)
pred_tags = sequences_to_tag(y_predicted)   # 예측된 NER
test_tags = sequences_to_tag(y_test)        # 실제 NER

# F1 평가 결과
print(classification_report(test_tags, pred_tags))
print("F1-score: {:.1%}".format(f1_score(test_tags, pred_tags)))
```

8.6.2 개체명 인식 모듈 생성

챗봇 엔진의 개체명 인식 모듈을 만들어보겠습니다. 이 모듈은 앞서 학습한 개체명 인식 모델 파일을 활용해 입력한 문장 내부의 개체명을 인식하는 기능을 가지고 있습니다. 해당 모듈은 딥러닝 모델이기 때문에 /models/ner 디렉터리 내에 파일을 생성하겠습니다. NerModel.py 소스 파일을 생성해주세요.

예제 8-11 챗봇 엔진 NER 모델 모듈

```
import tensorflow as tf
import numpy as np
from tensorflow.keras.models import Model, load_model
from tensorflow.keras import preprocessing

# 개체명 인식 모델 모듈
class NerModel:
    def __init__(self, model_name, proprocess):

        # BIO 태그 클래스별 레이블
        self.index_to_ner = {1: 'O', 2: 'B_DT', 3: 'B_FOOD', 4: 'I', 5: 'B_OG', 6:
'B_PS', 7: 'B_LC', 8: 'NNP', 9: 'B_TI', 0: 'PAD'}

        # 의도 분류 모델 불러오기
        self.model = load_model(model_name)
```

```python
        # 챗봇 Preprocess 객체
        self.p = proprocess

    # 개체명 클래스 예측
    def predict(self, query):
        # 형태소 분석
        pos = self.p.pos(query)

        # 문장 내 키워드 추출(불용어 제거)
        keywords = self.p.get_keywords(pos, without_tag=True)
        sequences = [self.p.get_wordidx_sequence(keywords)]

        # 패딩 처리
        max_len = 40
        padded_seqs = preprocessing.sequence.pad_sequences(sequences,
padding="post", value=0, maxlen=max_len)

        # 키워드별 개체명 예측
        predict = self.model.predict(np.array([padded_seqs[0]]))
        predict_class = tf.math.argmax(predict, axis=-1)

        tags = [self.index_to_ner[i] for i in predict_class.numpy()[0]]
        return list(zip(keywords, tags))

    def predict_tags(self, query):
        # 형태소 분석
        pos = self.p.pos(query)

        # 문장 내 키워드 추출(불용어 제거)
        keywords = self.p.get_keywords(pos, without_tag=True)
        sequences = [self.p.get_wordidx_sequence(keywords)]

        # 패딩 처리
        max_len = 40
        padded_seqs = preprocessing.sequence.pad_sequences(sequences,
padding="post", value=0, maxlen=max_len)

        predict = self.model.predict(np.array([padded_seqs[0]]))
        predict_class = tf.math.argmax(predict, axis=-1)

        tags = []
        for tag_idx in predict_class.numpy()[0]:
            if tag_idx == 1: continue
            tags.append(self.index_to_ner[tag_idx])
```

```
        if len(tags) == 0:
            return None
        return tags
```

다음은 NerModel 클래스를 테스트하는 코드입니다. NerModel 객체를 생성해 새로운 유형의 문장에서 개체명을 인식합니다. 어려운 내용이 없으므로 설명은 생략하겠습니다. 테스트 코드이므로 /test 디렉터리에 model_ner_test.py 파일을 생성해주세요.

예제 8-12 NerModel 객체 사용

```
From utils.Preprocess import Preprocess
from models.ner.NerModel import NerModel

p = Preprocess(word2index_dic='../train_tools/dict/chatbot_dict.bin',
               userdic='../utils/user_dic.tsv')

ner = NerModel(model_name='../models/ner/ner_model.h5', proprocess=p)
query = '오늘 오전 13시 2분에 탕수육 주문하고 싶어요'
predicts = ner.predict(query)
print(predicts)
```

결과는 다음과 같습니다. 테스트 예문이 학습 데이터 유형과 비슷해 개체명들을 잘 인식했습니다. 다양한 유형의 문장을 학습하면 NER 품질이 더 좋아집니다.

```
[('오늘', 'B_DT'), ('오전', 'B_DT'), ('13시', 'B_DT'), ('2분', 'B_DT'), ('탕수육',
'B_FOOD'), ('주문', 'O'), ('하', 'O'), ('싶', 'O')]
```

8.7 답변 검색

이 절에서는 화자로부터 입력된 문장이 전처리, 의도 분류, 개체명 인식 과정을 거쳐 해석된 데이터를 기반으로 적절한 답변을 학습 DB로부터 검색하는 방법을 알아보겠습니다. 챗봇 엔진이 자연어 처리를 통해 해석한 문장을 토대로 유사한 답변을 검색하는 일은 매우 중요하고, 기술적으로 난이도가 있는 전문 분야입니다. 해당 검색 기술만 가지고도 책 한 권이 나올 정도로 방대한 주제입니다. 사실 챗봇의 검색 답변 기능은 포털 사이트의 검색 엔진과 기능이 유사합니다. 실제로 상용화된 챗봇 엔진의 경우 검색 엔진을 같이 활용해 성능을 끌어올리고 있습니다. 하지만 이 책에서 논할만한 주제와 수준이 아니기 때문에 단순한 수준의 SQL 구문을 이용해 룰 베이스 기반으로 답변을 검색하는 방법을 소개합니다. 이런 방법으로도 데이터 구조와 챗봇 엔진 설계만 잘한다면 기본적으로 괜찮은 성능을 보장합니다.

> **NOTE_** 이 책에서 다루는 챗봇 엔진은 입력되는 문장을 해석하기 위해 딥러닝 모델을 사용하고 있으며, 해석 결과를 기반으로 답변을 찾아가는 과정은 룰 베이스 기반으로 처리합니다.

8.7.1 데이터베이스 제어 모듈 생성

답변 검색 모듈을 만들기 전에 데이터베이스 제어를 쉽게 할 수 있는 모듈을 먼저 만들어보겠습니다. 7장에서 DB 제어를 위해 배운 내용들을 쉽게 사용할 수 있도록 클래스로 만들었습니다. /utils 디렉터리 내에 Database.py 파일을 생성해주세요. 7장에서 배운 내용이기 때문에 설명은 생략합니다.

예제 8-13 데이터베이스 제어 모듈

```python
import pymysql
import pymysql.cursors
import logging


class Database:
    '''
    데이터베이스 제어
    '''

    def __init__(self, host, user, password, db_name, charset='utf8'):
        self.host = host
        self.user = user
        self.password = password
        self.charset = charset
        self.db_name = db_name
        self.conn = None

    # DB 연결
    def connect(self):
```

```python
        if self.conn != None:
            return

        self.conn = pymysql.connect(
            host=self.host,
            user=self.user,
            password=self.password,
            db=self.db_name,
            charset=self.charset
        )

    # DB 연결 닫기
    def close(self):
        if self.conn is None:
            return

        if not self.conn.open:
            self.conn = None
            return
        self.conn.close()
        self.conn = None

    # SQL 구문 실행
    def execute(self, sql):
        last_row_id = -1
        try:
            with self.conn.cursor() as cursor:
                cursor.execute(sql)
            self.conn.commit()
            last_row_id = cursor.lastrowid
            # logging.debug("excute last_row_id : %d", last_row_id)
        except Exception as ex:
            logging.error(ex)

        finally:
            return last_row_id

    # SELECT 구문 실행 후 단 1개의 데이터 ROW만 불러옴
    def select_one(self, sql):
        result = None

        try:
            with self.conn.cursor(pymysql.cursors.DictCursor) as cursor:
                cursor.execute(sql)
                result = cursor.fetchone()
```

```
        except Exception as ex:
            logging.error(ex)

        finally:
            return result

    # SELECT 구문 실행 후 전체 데이터 ROW를 불러옴
    def select_all(self, sql):
        result = None

        try:
            with self.conn.cursor(pymysql.cursors.DictCursor) as cursor:
                cursor.execute(sql)
                result = cursor.fetchall()
        except Exception as ex:
            logging.error(ex)

        finally:
            return result
```

8.7.2 답변 검색 모듈 생성

챗봇 엔진은 입력되는 문장을 전처리, 의도 분류, 개체명 인식 과정을 거쳐서 나온 자연어 해석 결과를 이용해 학습 DB에서 적절한 답변을 검색합니다. 해석된 결과 항목에 따라 학습 DB에서 어떤 방식으로 답변을 검색할지 결정하는 일은 챗봇 엔진 설계자의 몫입니다. 이 책에선 단순하게 의도명과 개체명 2가지 항목만 가지고 답변을 검색해 화자에게 제공하도록 하겠습니다. 다음은 챗봇 엔진 답변 검색 과정을 나타낸 그림입니다.

그림 8-2 챗봇 엔진 답변 검색 과정

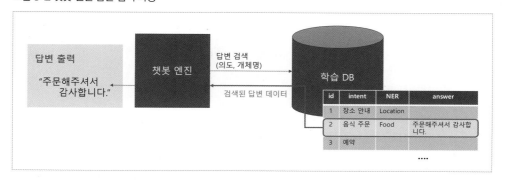

이제 답변 검색 모듈을 만들어봅시다. 이 모듈은 답변 검색에 필요한 기능을 제공하는 클래스입니다. /utils 디렉터리 내에 FindAnswer.py 파일을 생성하세요.

예제 8-14 챗봇 답변 검색 모듈

```python
class FindAnswer:
    def __init__(self, db):        ❶
        self.db = db

    # 검색 쿼리 생성
    def _make_query(self, intent_name, ner_tags):
        sql = "select * from chatbot_train_data"
        if intent_name != None and ner_tags == None:
            sql = sql + " where intent='{}' ".format(intent_name)

        elif intent_name != None and ner_tags != None:
            where = ' where intent="%s" ' % intent_name
            if (len(ner_tags) > 0):
                where += 'and ('
                for ne in ner_tags:
                    where += " ner like '%{}%' or ".format(ne)
                where = where[:-3] + ')'
            sql = sql + where

        # 동일한 답변이 2개 이상인 경우 랜덤으로 선택
        sql = sql + " order by rand() limit 1"
        return sql

    # 답변 검색
    def search(self, intent_name, ner_tags):        ❷
        # 의도명과 개체명으로 답변 검색
        sql = self._make_query(intent_name, ner_tags)
        answer = self.db.select_one(sql)

        # 검색되는 답변이 없으면 의도명만 검색
        if answer is None:
            sql = self._make_query(intent_name, None)
            answer = self.db.select_one(sql)

        return (answer['answer'], answer['answer_image'])

    # NER 태그를 실제 입력된 단어로 변환        ❸
    def tag_to_word(self, ner_predicts, answer):
```

```
for word, tag in ner_predicts:

    # 변환해야 하는 태그가 있는 경우 추가
    if tag == 'B_FOOD':
        answer = answer.replace(tag, word)

answer = answer.replace('{', '')
answer = answer.replace('}', '')
return answer
```

❶ FindAnswer 클래스의 생성자입니다. [예제 8-13]에서 생성한 Database 인스턴스 객체를 인자로 받아 클래스 멤버 변수로 저장합니다. 이 객체를 통해 답변을 검색합니다.

```
def __init__(self, db):
    self.db = db
```

❷ 의도명(inten_name)과 개체명 태그 리스트(ner_tags)를 이용해 질문의 답변을 검색하는 메서드입니다. 인자로 제공된 2가지 정보(의도명과 개체명 태그 리스트)로 답변 검색 시 실패할 수도 있습니다. 이런 경우에는 의도명만 이용해 답변을 검색합니다. 챗봇 엔진이 찾는 정확한 조건의 답변이 없는 경우 차선책으로 동일한 의도를 가지는 답변을 검색합니다. 의도가 동일한 경우 답변도 유사할 확률이 높습니다. 이런 방법은 간단해서 구현하기 쉽지만 학습 데이터양이 많아지고, 학습 답변의 의도가 상세하게 구분되어 있지 않으면 오답이 나올 확률이 높아집니다. 이는 룰 베이스 기반 검색 방식의 한계를 보여주고 있습니다. 이런 이유로 검색 엔진을 활용하거나 질문 검색 시 조건을 더 구체화시킬 수 있는 방법을 사용하고 있습니다.

```
def search(self, intent_name, ner_tags):
    # 의도명과 개체명으로 답변 검색
    sql = self._make_query(intent_name, ner_tags)
    answer = self.db.select_one(sql)

    # 검색되는 답변이 없으면 의도명만 검색
    if answer is None:
        sql = self._make_query(intent_name, None)
        answer = self.db.select_one(sql)

    return (answer['answer'], answer['answer_image'])
```

다음은 의도명과 개체명 태그를 기반으로 검색 쿼리를 생성하는 함수 내부입니다. 의도명만 검색할지, 여러 종류의 개체명 태그와 함께 검색할지 결정하는 조건을 만드는 간단한 함수입니다.

```python
def _make_query(self, intent_name, ner_tags):
    sql = "select * from chatbot_train_data"
    if intent_name != None and ner_tags == None:
        sql = sql + " where intent='{}' ".format(intent_name)

    elif intent_name != None and ner_tags != None:
        where = ' where intent="%s" ' % intent_name
        if (len(ner_tags) > 0):
            where += 'and ('
            for ne in ner_tags:
                where += " ner like '%{}%' or ".format(ne)
            where = where[:-3] + ')'
        sql = sql + where

    # 동일한 답변이 2개 이상인 경우 랜덤으로 선택
    sql = sql + " order by rand() limit 1"
    return sql
```

❸ 검색된 답변 텍스트에서 NER 태그 변수를 실제 입력된 단어로 변환하는 함수입니다. 예를 들어 '자장면 주문할게요'라는 텍스트가 챗봇 엔진에 입력되었다고 합시다. 챗봇 엔진은 자장면을 B_FOOD 개체명으로 인식합니다. 이때 검색된 답변이 '{B_FOOD} 주문 처리 완료되었습니다. 주문해주셔서 감사합니다.'라 했을 때 답변 내용 속 {B_FOOD}를 자장면으로 변환해주는 함수입니다. 변환해야 하는 태그가 더 존재한다면 변환 규칙을 추가하면 됩니다.

```python
def tag_to_word(self, ner_predicts, answer):
    for word, tag in ner_predicts:

        # 변환해야 하는 태그가 있는 경우 추가
        if tag == 'B_FOOD':
            answer = answer.replace(tag, word)

    answer = answer.replace('{', '')
    answer = answer.replace('}', '')
    return answer
```

다음은 FindAnswer 클래스를 테스트하는 코드입니다. 이 테스트 코드는 챗봇 엔진의 전체 동작 과정을 한 번에 보여주고 있습니다. 즉, 챗봇 엔진의 동작 코드입니다. 이 예제가 서버 환경에서 작동될 수 있도록 수정하면 챗봇 엔진 서버 프로그램이 됩니다. 테스트 코드이므로 /test 디렉터리에 chatbot_test.py 파일을 생성해주세요.

예제 8-15 챗봇 엔진 동작

```python
from config.DatabaseConfig import *
from utils.Database import Database
from utils.Preprocess import Preprocess

# 전처리 객체 생성
p = Preprocess(word2index_dic='../train_tools/dict/chatbot_dict.bin',
               userdic='../utils/user_dic.tsv')

# 질문/답변 학습 디비 연결 객체 생성
db = Database(
    host=DB_HOST, user=DB_USER, password=DB_PASSWORD, db_name=DB_NAME
)
db.connect()  # 디비 연결

# 원문 ❶
query = "오전에 탕수육 10개 주문합니다"

# 의도 파악 ❷
from models.intent.IntentModel import IntentModel
intent = IntentModel(model_name='../models/intent/intent_model.h5', proprocess=p)
predict = intent.predict_class(query)
intent_name = intent.labels[predict]

# 개체명 인식 ❸
from models.ner.NerModel import NerModel
ner = NerModel(model_name='../models/ner/ner_model.h5', proprocess=p)
predicts = ner.predict(query)
ner_tags = ner.predict_tags(query)

print("질문 : ", query)
print("=" * 40)
print("의도 파악 : ", intent_name)
print("개체명 인식 : ", predicts)
print("답변 검색에 필요한 NER 태그 : ", ner_tags)
print("=" * 40)
```

```
# 답변 검색 ❹
from utils.FindAnswer import FindAnswer

try:
    f = FindAnswer(db)
    answer_text, answer_image = f.search(intent_name, ner_tags)
    answer = f.tag_to_word(predicts, answer_text)
except:
    answer = "죄송해요, 무슨 말인지 모르겠어요."

print("답변 : ", answer)

db.close()  # 디비 연결 끊음
```

❶ 챗봇 엔진이 사용할 입력 문장을 정의합니다.

```
query = "오전에 탕수육 10개 주문합니다"
```

❷ 챗봇 엔진에서 의도 분류를 하는 코드입니다. 이전에 학습한 의도 분류 모델 파일을 불러와 문장의 의도를 예측합니다.

```
from models.intent.IntentModel import IntentModel
intent = IntentModel(model_name='../models/intent/intent_model.h5', proprocess=p)
predict = intent.predict_class(query)
intent_name = intent.labels[predict]
```

'오전에 탕수육 10개 주문합니다' 문장에서 예측된 의도는 다음과 같습니다.

```
의도 파악 : 주문
```

❸ 챗봇 엔진에서 개체명 인식을 하는 코드입니다. 이전에 학습한 개체명 인식 모델 파일을 불러와 문장 내에 개체명을 예측합니다.

```
from models.ner.NerModel import NerModel
ner = NerModel(model_name='../models/ner/ner_model.h5', proprocess=p)
predicts = ner.predict(query)
ner_tags = ner.predict_tags(query)
```

'오전에 탕수육 10개 주문합니다' 문장에서 예측된 개체명은 다음과 같습니다.

```
개체명 인식 : [('오전', 'B_DT'), ('탕수육', 'B_FOOD'), ('10', 'O'), ('개', 'O'), ('주
문', 'O')]
```

❹ ❷와 ❸에서 예측된 결과(의도명과 개체명)를 이용해 학습 DB에서 답변을 검색합니다. 학습 DB에 해당 조건에 맞는 답변이 존재하지 않는 경우 예외가 발생하는데, 이때 해당 문장을 이해할 수 없다는 문장을 출력합니다. 챗봇 엔진의 성능을 높이기 위해서는 예외 사항이 발생하는 질문 내용들을 계속해서 모델 학습 데이터로 활용해야 합니다.

```
From utils.FindAnswer import FindAnswer

try:
    f = FindAnswer(db)
    answer_text, answer_image = f.search(intent_name, ner_tags)
    answer = f.tag_to_word(predicts, answer_text)
except:
    answer = "죄송해요, 무슨 말인지 모르겠어요."

print("답변 : ", answer)
```

챗봇 엔진의 실행 결과는 다음과 같습니다. 탕수육 주문 수량 파악 기능은 없지만 우리가 학습한 답변을 잘 출력해주고 있습니다.

```
질문 : 오전에 탕수육 10개 주문합니다
=======================================================
의도 파악 :  주문
개체명 인식 : [('오전', 'B_DT'), ('탕수육', 'B_FOOD'), ('10', 'O'), ('개', 'O'), ('주
문', 'O')]
답변 검색에 필요한 NER 태그 :  ['B_DT', 'B_FOOD']
=======================================================
답변 : 탕수육 주문 처리 감사!!
```

NOTE_ 완벽한 음식 주문 챗봇을 만들기 위해선 주문 정보를 정확하게 받을 수 있는 개체명 인식 모델을 구축해야 합니다. 아쉽지만 이 책에서 제공하는 학습 데이터에는 다양한 주문 정보를 인식할 수 있는 태그 데이터가 없습니다.

8.8 챗봇 엔진 서버 개발

우리가 목표하는 챗봇 엔진은 다양한 플랫폼에서 언제든 접속해서 사용할 수 있도록 서버용 프로그램으로 제작하는 것입니다. 핵심 기능은 앞서 구현한 부분을 그대로 사용하며, 이 절에서는 서버 통신을 위한 기능을 구현합니다.

다음 그림과 같이 챗봇 엔진 서버 프로그램은 다수의 챗봇 서비스가 접속해 화자의 질의에 대한 응답(답변)을 제공할 수 있도록 구현됩니다. 여기서 챗봇 서비스란 카카오톡이나 네이버톡톡과 같은 메신저 플랫폼을 의미합니다. 이 절에서 만들 챗봇 엔진 서버가 외부 메신저 플랫폼과 연동되기 위해서는 클라우드 서버나 서버 호스팅 환경에서 구동되어야 합니다. 이 부분을 실습하기 위해서는 클라우드 서비스에 가입할 필요가 있습니다. 다행히 일정 기간 동안 무료로 사용할 수 있는 프로그램이 많이 있습니다.

그림 8-3 챗봇 엔진 서버 프로그램 구성

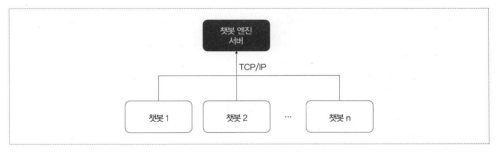

8.8.1 통신 프로토콜 정의

우선 챗봇 엔진 서버와 통신하기 위해 프로토콜부터 정의해봅시다. 프로토콜이란 서버와 클라이언트 간에 통신을 하기 위해 필요한 규약으로 생각하면 됩니다. 최근에는 서버와 클라이언트 간에 JSON 문자열 형태로 통신을 많이 합니다. JSON[JavaScript Object Notation]은 Key/Value 쌍으로 이루어진 데이터 객체를 전달하기 위해 인간이 읽을 수 있는 텍스트 형태를 사용하는 개방형 표준 포맷입니다. 간단한 구성에 사용성이 좋아 다양한 곳에서 활용하고 있습니다.

우리도 JSON 포맷을 이용해 서버 통신용 프로토콜을 구성해봅시다. 양방향 통신이기 때문에 두 가지 형태의 프로토콜을 정의해야 합니다. 다음은 클라이언트에서 서버 쪽으로 요청하는

JSON 프로토콜 예시입니다. JSON 포맷은 객체^{object} 형태로 표현하며, 파이썬의 딕셔너리 타입과 닮았으며, Key와 Value로 구성되어 있습니다. 다음 예시에서 Query는 챗봇 엔진에 요청하는 질의 텍스트를 의미하며, BotType은 서버에 접속하는 챗봇 서비스 타입을 의미합니다. BotType은 이 책의 예제에선 사용하진 않지만 추후 로그 기록이 필요할 때를 대비해 정의했습니다.

```
{
    "Query": "자장면 주문할게요",
    "BotType": "Kakao"
}
```

다음은 챗봇 엔진의 처리 결과를 클라이언트 쪽에 응답하는 JSON 프로토콜 예시입니다. 아래 예시에서 Query는 챗봇 엔진에 요청한 질의 텍스트이며, Intent는 챗봇 엔진이 해석한 질의 텍스트의 의도, NER은 인식된 개체명, Answer는 요청한 질의의 답변 텍스트입니다. 답변에 이미지가 존재하는 경우 AnswerImageUrl에 이미지 경로가 있습니다.

```
{
    "Query": "자장면 주문할게요",
    "Intent": "주문",
    "NER": "[('자장면', 'B_FOOD'), ('주문', 'O')]",
    "Answer": "자장면 주문 처리 감사",
    "AnswerImageUrl": ""
}
```

다음은 서버와 클라이언트 간에 JSON 데이터를 주고받는 과정을 나타낸 그림입니다.

그림 8-4 챗봇 엔진 서버 – 챗봇 클라이언트 통신 과정

8.8.2 다중 접속을 위한 TCP 소켓 서버

지금까지의 예제는 한 번에 하나의 작업만 실행하는 싱글 스레드$^{single\ thread}$ 방식이었습니다. 싱글 스레드로는 다수의 챗봇 클라이언트 서비스 요청을 한 번에 처리할 수 없습니다. 이미 다른 클라이언트가 서비스를 받고 있는 경우에는 챗봇 엔진의 응답을 받지 못하는 것이죠. 그런 경우엔 챗봇 클라이언트의 사용성이 많이 떨어집니다. 이런 문제점을 해결하기 위해서는 멀티 스레드$^{multi\ thread}$ 방식으로 챗봇 엔진 서버를 만들어야 합니다. 이 절에서는 자세한 네트워크 이론이나 운영체제론에 대한 내용은 다루지 않습니다. 자세하게 공부하고 싶은 분은 인터넷에서 관련 자료를 찾아 활용하기 바랍니다.

멀티 스레드란 무엇일까요? 간단히 설명하면 하나의 프로그램에서 동시에 여러 개의 작업을 할 수 있도록 하는 방법입니다. 여기서 스레드^{thread}란 프로그램 내에서 실행되는 단위 정도로 생각하면 됩니다. 어떤 함수를 하나 호출하면 하나의 스레드가 생겨서 실행되는 것이죠. 멀티 스레드는 여러 개의 함수가 동시에 실행된다고 보면 됩니다.

다음은 이 절에서 구현할 챗봇 엔진 서버 동작을 표현한 그림입니다.

그림 8-5 챗봇 엔진 서버 동작 과정

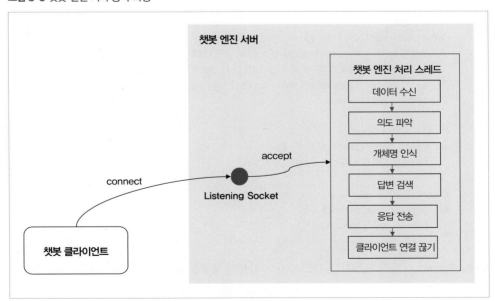

챗봇 엔진 서버는 챗봇 클라이언트가 연결^{connect} 요청을 할 때마다 챗봇 엔진 처리 스레드를 생성해 일련의 과정을 거쳐 요청한 질의의 답변을 클라이언트 쪽으로 전송합니다. 챗봇 클라이언트의 요청이 동시에 들어온다면 챗봇 엔진 처리 스레드는 클라이언트 연결 요청 수만큼 생성되어 동작합니다. 이때 동시에 생성될 수 있는 스레드 수를 지정해 서버 자원을 효율적으로 관리할 수 있도록 해야 합니다.

TCP 소켓 서버를 관리하는 모듈을 먼저 만들어봅시다. 이 모듈은 서버에 접속하는 클라이언트 소켓을 생성하고 처리하는 기능을 합니다. /utils 디렉터리 내에 BotServer.py 파일을 생성해 주세요.

예제 8-16 챗봇 서버 모듈

```
import socket

class BotServer:
    def __init__(self, srv_port, listen_num):  ❶
        self.port = srv_port
        self.listen = listen_num
        self.mySock = None

    # sock 생성
    def create_sock(self):  ❷
        self.mySock = socket.socket(socket.AF_INET, socket.SOCK_STREAM)
        self.mySock.bind(("0.0.0.0", int(self.port)))
        self.mySock.listen(int(self.listen))
        return self.mySock

    # client 대기
    def ready_for_client(self):  ❸
        return self.mySock.accept()

    # sock 반환
    def get_sock(self):  ❹
        return self.mySock
```

❶ BotServer 객체의 생성자입니다. 인자로 사용된 생성할 소켓 서버의 포트 번호(srv_port)와 동시에 연결을 수락할 클라이언트 수(listen_num)를 멤버 변수로 저장합니다.

```
def __init__(self, srv_port, listen_num):
    self.port = srv_port
    self.listen = listen_num
    self.mySock = None
```

❷ BotServer의 소켓을 생성하는 메서드입니다. 파이썬에서 지원하는 저수준 네트워킹 인터페이스 API를 사용하기 쉽도록 만든 래퍼 함수입니다. TCP/IP 소켓을 생성한 뒤 지정한 서버 포트(self.port)로 지정한 연결 수(self.listen)만큼 클라이언트 연결을 수락하도록 합니다.

```
def create_sock(self):
    self.mySock = socket.socket(socket.AF_INET, socket.SOCK_STREAM)
    self.mySock.bind(("0.0.0.0", int(self.port)))
    self.mySock.listen(int(self.listen))
    return self.mySock
```

❸ 챗봇 클라이언트 연결을 대기하고 있다가 연결을 수락하는 메서드입니다. 서버 소켓은 우리가 설정한 주소와 통신에 바인드되어 클라이언트 연결을 주시listening socket하고 있어야 합니다. 클라이언트가 연결을 요청하는 즉시 accept( ) 함수는 클라이언트와 통신할 수 있는 클라이언트용 소켓 객체를 반환합니다. 이때 반환값은 (conn, address) 튜플입니다.

```
def ready_for_client(self):
    return self.mySock.accept()
```

ready_for_client 메서드의 반환값은 다음과 같습니다.

- conn : 연결된 챗봇 클라이언트와 데이터를 송수신할 수 있는 클라이언트 소켓입니다.
- address : 연결된 챗봇 클라이언트 소켓의 바인드된 주소입니다.

❹ 현재 생성된 서버 소켓을 반환합니다.

```
def get_sock(self):
    return self.mySock
```

이제 챗봇 엔진 서버 프로그램을 완성해봅시다. [예제 8-15] 챗봇 엔진 동작 예제가 서버 환경에서 작동될 수 있도록 BotServer 클래스와 멀티 스레드 모듈을 이용합니다. 다음 코드는 챗봇 엔진 메인 프로그램이기 때문에 프로젝트 루트 디렉터리에 bot.py 파일로 생성합니다.

예제 8-17 챗봇 엔진 서버 메인 프로그램

```python
import threading
import json

from config.DatabaseConfig import *
from utils.Database import Database
from utils.BotServer import BotServer
from utils.Preprocess import Preprocess
from models.intent.IntentModel import IntentModel
from models.ner.NerModel import NerModel
from utils.FindAnswer import FindAnswer

# 전처리 객체 생성
p = Preprocess(word2index_dic='train_tools/dict/chatbot_dict.bin',
               userdic='utils/user_dic.tsv')

# 의도 파악 모델
intent = IntentModel(model_name='models/intent/intent_model.h5', proprocess=p)

# 개체명 인식 모델
ner = NerModel(model_name='models/ner/ner_model.h5', proprocess=p)

def to_client(conn, addr, params):    ❷
    db = params['db']
    try:
        db.connect()  # 디비 연결

        # 데이터 수신
        read = conn.recv(2048)  # 수신 데이터가 있을 때까지 블로킹
        print('==========================')
        print('Connection from: %s' % str(addr))

        if read is None or not read:
            # 클라이언트 연결이 끊어지거나 오류가 있는 경우
            print('클라이언트 연결 끊어짐')
            exit(0)  # 스레드 강제 종료
```

```python
        # json 데이터로 변환
        recv_json_data = json.loads(read.decode())
        print("데이터 수신 : ", recv_json_data)
        query = recv_json_data['Query']

        # 의도 파악
        intent_predict = intent.predict_class(query)
        intent_name = intent.labels[intent_predict]

        # 개체명 파악
        ner_predicts = ner.predict(query)
        ner_tags = ner.predict_tags(query)

        # 답변 검색
        try:
            f = FindAnswer(db)
            answer_text, answer_image = f.search(intent_name, ner_tags)
            answer = f.tag_to_word(ner_predicts, answer_text)

        except:
            answer = "죄송해요 무슨 말인지 모르겠어요. 조금 더 공부할게요."
            answer_image = None

        send_json_data_str = {
            "Query" : query,
            "Answer": answer,
            "AnswerImageUrl" : answer_image,
            "Intent": intent_name,
            "NER": str(ner_predicts)
        }
        message = json.dumps(send_json_data_str)  # json 객체를 전송 가능한 문자열로 변환
        conn.send(message.encode())  # 응답 전송

    except Exception as ex:
        print(ex)

    finally:
        if db is not None:  # db 연결 끊기
            db.close()
        conn.close()

if __name__ == '__main__':
    # 질문/답변 학습 db 연결 객체 생성
```

```
db = Database(
    host=DB_HOST, user=DB_USER, password=DB_PASSWORD, db_name=DB_NAME
)
print("DB 접속")

# 봇 서버 동작  ❶
port = 5050
listen = 100
bot = BotServer(port, listen)
bot.create_sock()
print("bot start")

while True:
    conn, addr = bot.ready_for_client()
    params = {
        "db": db
    }

    client = threading.Thread(target=to_client, args=(
        conn,    # 클라이언트 연결 소켓
        addr,    # 클라이언트 연결 주소 정보
        params   # 스레드 함수 파라미터
    ))
    client.start()  # 스레드 시작
```

❶ 챗봇 서버 소켓을 생성합니다. 챗봇 엔진 서버의 통신 포트는 5050이며, 최대 클라이언트 연결 수는 100으로 설정했습니다. 챗봇 엔진 서버 동작 이후 챗봇 클라이언트는 서버 IP와 서버에서 설정한 통신 포트가 오픈되어 있어야 접속이 가능합니다.

```
port = 5050
listen = 100
bot = BotServer(port, listen)
bot.create_sock()
```

무한루프를 돌면서 챗봇 클라이언트 연결을 기다립니다. 클라이언트의 서버 연결 요청이 서버에서 수락되는 즉시 챗봇 클라이언트의 서비스 요청을 처리할 수 있는 스레드를 생성합니다. 이때 생성되는 스레드는 to_client() 함수를 호출합니다. 스레드 함수 내부에서 Database 객체에 접근할 수 있도록 파라미터에 해당 인스턴스를 넘겨줍니다.

```
while True:
    conn, addr = bot.ready_for_client()
    params = {
        "db": db
    }

    client = threading.Thread(target=to_client, args=(
        conn,    # 클라이언트 연결 소켓
        addr,    # 클라이언트 연결 주소 정보
        params   # 스레드 함수 파라미터
    ))
    client.start()  # 스레드 시작
```

❷ to_client( )는 챗봇 클라이언트의 서버 연결이 수락되는 순간 실행되는 스레드 함수입니다. 챗봇 클라이언트에서 질의한 내용을 처리해 적절한 답변을 찾은 후 다시 챗봇 클라이언트에 응답을 전송합니다. 챗봇 엔진의 처리 과정이 이 함수 내부에 구현되어 있습니다. 함수 내부가 조금 길어 조금씩 나눠서 살펴보겠습니다. 챗봇 클라이언트가 서버에 접속하면 제일 먼저 학습 DB에 연결부터 합니다.

```
def to_client(conn, addr, params):
    db = params['db']
    try:
        db.connect()  # 디비 연결
```

다음은 챗봇 클라이언트로부터 데이터를 받기 위해 대기하는 부분입니다. 이때 conn은 챗봇 클라이언트 소켓 객체입니다. 이 객체를 통해 클라이언트와 데이터를 주고받습니다. recv( ) 메서드는 데이터가 수신될 때까지 블로킹blocking됩니다. 여기서는 최대 2048바이트만큼 데이터를 수신합니다. 클라이언트와의 연결이 끊어지거나 오류가 있는 경우에는 블로킹이 해제되어 None이 반환됩니다.

```
# 데이터 수신
read = conn.recv(2048)  # 수신 데이터가 있을 때까지 블로킹
print('==========================')
print('Connection from: %s' % str(addr))

if read is None or not read:
```

```
# 클라이언트 연결이 끊어지거나 오류가 있는 경우
print('클라이언트 연결 끊어짐')
exit(0)  # 스레드 강제 종료
```

챗봇 클라이언트로부터 수신된 데이터를 JSON 객체로 변환하는 부분입니다. 이때 JSON 포맷은 앞서 정의한 챗봇 클라이언트에서 서버 쪽으로 요청하는 JSON 프로토콜입니다.

```
recv_json_data = json.loads(read.decode())
print("데이터 수신 : ", recv_json_data)
query = recv_json_data['Query']
```

챗봇 클라이언트로부터 수신된 질문 텍스트의 의도와 개체명을 파악합니다.

```
# 의도 파악
intent_predict = intent.predict_class(query)
intent_name = intent.labels[intent_predict]

# 개체명 파악
ner_predicts = ner.predict(query)
ner_tags = ner.predict_tags(query)
```

분석된 의도와 개체명을 이용해 학습 DB에서 답변을 검색합니다.

```
# 답변 검색
try:
    f = FindAnswer(db)
    answer_text, answer_image = f.search(intent_name, ner_tags)
    answer = f.tag_to_word(ner_predicts, answer_text)

except:
    answer = "죄송해요 무슨 말인지 모르겠어요. 조금 더 공부할게요."
    answer_image = None
```

마지막으로 검색된 답변 데이터(의도, 개체명, 답변 텍스트, 이미지 URL)를 앞서 정의한 서버에서 클라이언트 쪽으로 응답하는 JSON 포맷으로 객체로 생성합니다. 소켓 통신으로는 객체 형태로 데이터 송신이 불가능합니다. 따라서 json.dumps() 함수를 통해 JSON 객체를 문자열로 변환합니다. 해당 문자열을 UTF-8로 인코딩해 챗봇 클라이언트 쪽으로 문자열 데이터를 전송합니다. 데이터 전송이 완료된 이후 학습 DB와 챗봇 클라이언트와의 연결을 끊은 뒤 스레드 함수의 실행을 종료합니다.

```
            send_json_data_str = {
                "Query" : query,
                "Answer": answer,
                "AnswerImageUrl" : answer_image,
                "Intent": intent_name,
                "NER": str(ner_predicts)
            }
            message = json.dumps(send_json_data_str)  # json 객체를 전송 가능한 문자열로 변환
            conn.send(message.encode())  # 응답 전송

    except Exception as ex:
        print(ex)

    finally:
        if db is not None:  # db 연결 끊기
            db.close()
        conn.close()
```

드디어 챗봇 엔진 서버가 완성되었습니다. 해당 프로그램이 서버 환경에서 백그라운드 프로그램으로 동작한다면 24시간 챗봇 서비스를 운영할 수 있습니다. 정말 긴 여정이었는데 잘 따라와 주셔서 감사합니다. 마지막으로 챗봇 엔진 서버 프로그램에 접속하는 클라이언트 프로그램을 만들어 챗봇 엔진 동작을 테스트해봅시다.

> **NOTE_** 해당 엔진 서버 프로그램이 서버 환경에서 백그라운드로 구동 중일 때 사용자의 터미널 세션이 끊어지면 백그라운드로 구동 중인 프로그램도 같이 종료됩니다. 이를 방지하기 위해서는 nohup 명령어를 이용하거나 표준 출력을 하지 않도록 서버 프로그램을 실행해야 합니다.

8.8.3 챗봇 테스트 클라이언트 프로그램

마지막으로 앞서 만든 챗봇 엔진 서버를 테스트할 수 있는 클라이언트 프로그램을 간단하게 만들어보겠습니다. 챗봇 테스트 클라이언트 프로그램은 콘솔 화면에 질문을 입력하면 챗봇 엔진 서버와 통신해 결과를 출력합니다. /test 디렉터리에 chatbot_client_test.py 파일을 생성합니다.

예제 8-18 챗봇 테스트 클라이언트 프로그램

```python
import socket
import json

# 챗봇 엔진 서버 접속 정보  ❶
host = "127.0.0.1"  # 챗봇 엔진 서버 IP 주소
port = 5050  # 챗봇 엔진 서버 통신 포트

# 클라이언트 프로그램 시작  ❷
while True:
    print("질문 : ")
    query = input()  # 질문 입력
    if(query == "exit"):
        exit(0)
    print("-" * 40)

    # 챗봇 엔진 서버 연결
    mySocket = socket.socket()
    mySocket.connect((host, port))

    # 챗봇 엔진 질의 요청
    json_data = {
        'Query': query,
        'BotType': "MyService"
    }
    message = json.dumps(json_data)
    mySocket.send(message.encode())

    # 챗봇 엔진 답변 출력
    data = mySocket.recv(2048).decode()
    ret_data = json.loads(data)  # json 형태 문자열을 json 객체로 변환
    print("답변 : ")
    print(ret_data['Answer'])
    print("\n")

# 챗봇 엔진 서버 연결 소켓 닫기
mySocket.close()
```

❶ 챗봇 엔진 서버 접속에 필요한 정보를 host와 port 변수에 정의합니다.

```python
host = "127.0.0.1"  # 챗봇 엔진 서버 IP 주소
port = 5050  # 챗봇 엔진 서버 통신 포트
```

❷ 무한루프를 돌면서 질문을 입력할 때마다 챗봇 엔진 서버에 연결해 답변을 받아옵니다. 챗봇 클라이언트가 서버 쪽에 어떻게 질의를 요청하는지 조금씩 나눠서 살펴봅시다. input() 함수를 이용해 콘솔 상에서 질문 문자열을 입력받습니다. 이 함수를 호출하면 키보드 입력이 있을 때까지 블로킹됩니다. 만약 입력된 문장이 'exit'일 경우에는 테스트 프로그램을 종료합니다.

```python
while True:
    print("질문 : ")
    query = input()  # 질문 입력
    if(query == "exit"):
        exit(0)
    print("-" * 40)
```

input() 함수를 통해 질문 문자열이 입력되면 챗봇 엔진 서버에 연결을 시도합니다. 챗봇 엔진 서버에 접속할 수 없는 경우에는 ConnectionRefusedError 예외가 발생합니다.

```python
mySocket = socket.socket()
mySocket.connect((host, port))
```

키보드 입력으로 받은 질문 텍스트를 사전에 약속한 프로토콜 포맷으로 JSON 객체를 생성한 뒤 데이터 전송이 가능한 문자열 형태로 변환합니다. 이후 UTF-8 형태로 인코딩하고 챗봇 엔진 서버에 문자열 데이터를 전송합니다.

```python
json_data = {
    'Query': query,
    'BotType': "MyService"
}
message = json.dumps(json_data)
mySocket.send(message.encode())
```

챗봇 엔진 서버로부터 응답 데이터가 수신될 때까지 대기합니다. 응답이 수신되면 해당 문자열 데이터를 유니코드로 디코딩한 후 다시 JSON 객체로 변환합니다. 그리고 챗봇 답변을 출력합니다.

```python
data = mySocket.recv(2048).decode()
ret_data = json.loads(data)  # json 형태 문자열을 json 객체로 변환
```

```
print("답변 : ")
print(ret_data['Answer'])
print("\n")
```

챗봇 엔진 서버로부터 수신한 답변 텍스트를 화면에 출력한 뒤 서버 소켓을 닫습니다. 소켓은 컴퓨터 자원이기 때문에 사용한 뒤에는 반드시 닫아야 합니다.

```
mySocket.close()
```

다음은 챗봇 테스트 프로그램을 테스트한 결과입니다. 테스트할 때 반드시 챗봇 엔진 서버 프로그램이 구동된 상태여야 합니다. 다음 결과에서 굵은 문자가 키보드로 입력한 텍스트입니다.

```
질문 :
안녕
------------------------------------------
답변 :
네 안녕하세요 :D
반갑습니다. 저는 챗봇입니다.


질문 :
나쁜놈아
------------------------------------------
답변 :
욕하면 나빠요 ㅠ


질문 :
오늘 탕수육 주문할래
------------------------------------------
답변 :
탕수육 주문 처리 완료되었습니다.
주문해주셔서 감사합니다.


질문 :
아무 소리나 해볼까요
------------------------------------------
답변 :
죄송해요 무슨 말인지 모르겠어요. 조금 더 공부할게요.
```

우리가 학습한 데이터를 토대로 적절한 답변을 출력하고 있습니다. 아직 학습 데이터가 부족한 탓에 다양한 상황에 맞는 답변은 못하고 있지만 지금까지 배운 내용을 기반으로 다양한 의도와 개체명, 질문에 맞는 답변들을 보강한다면 꽤 괜찮은 챗봇이 되지 않을까 기대해봅니다.

현재 카카오톡과 네이버톡톡 챗봇은 개인이 학습용으로 사용하기에 어려움이 있습니다. 해당 플랫폼 챗봇을 사용하기 위해 서비스 가입 시 사용 승인 절차를 거치는데 챗봇 사용 목적이 명확하지 않으면 반려될 수 있습니다. 이런 경우엔 아쉽지만 이 절에서 만든 챗봇 테스트 클라이언트 프로그램을 이용해 테스트를 해볼 수밖에 없습니다.

8.9 마치며

이 장에서는 우리가 만들고자 하는 챗봇 엔진에 대해 알아보았습니다. 실제로 음식 주문용 챗봇으로 사용하기 위해서는 입력되는 질의에서 2개 이상의 B_FOOD를 인식해야 하며, 음식 주문 수량을 확인할 수 있는 개체명이 추가되어야 합니다. 현재 우리가 만든 챗봇 엔진 서버에서는 아래 형태의 주문을 정확하게 처리할 수 없습니다.

> 질문 :
> **자장면 1개, 탕수육 대 주문할게요.**

다행히 우리가 학습한 의도 분류 모델에서는 해당 문장이 '주문'이라는 의도인 걸 파악했고, 해당 문장에서 '자장면'이라는 개체명을 인식해 적당한 답변을 출력했습니다.

> 답변 :
> **자장면** 주문 처리 감사!!

이 책에서 구현한 챗봇 엔진은 개체명 인식 모델을 학습할 때 음식 이름이 2개 이상 포함된 문장 유형이 없었기 때문에 '자장면'과 '탕수육'을 동시에 인식할 수 없습니다. 또한 주문 수량 역시 개체명을 인식할 수 있는 학습 데이터가 없기에 정확한 수량 정보를 파악할 수 없습니다. 이렇듯 딥러닝 모델에서는 학습용 데이터가 매우 중요합니다. 모델 설계야 공개된 모델들이 많아서 도입하는 데 어려움이 없지만 우리가 목표하는 시스템에 맞는 데이터를 수집하고 정제하는 데 대부분의 시간을 보내야 합니다.

최근에는 챗봇이 더욱 더 사람같이 대화할 수 있도록 문맥 전체를 이해할 수 있는 방법이나 챗봇의 페르소나*를 표현하는 방법에 대한 연구가 진행되고 있으며, 학습된 말뭉치 데이터를 기반으로 문맥에 맞는 답변을 스스로 생성할 수 있는 기술도 나오고 있습니다. 완벽하진 않지만 해당 연구들의 성과가 계속해서 나오고 있으며 올해부터는 전화 상담이 가능한 음성 챗봇도 상용화됩니다. 올해 전 세계를 강타한 코로나 사태로 인해 비대면 기술이 주목받고 있으며, 챗봇의 활용 범위가 더욱 더 넓어질 것으로 예상하고 있습니다. 이 장까지 오면서 딥러닝 모델을 적용한 간단한 챗봇 엔진 서버 프로그램을 구현해보았는데 포스트 코로나 시대에 활용할 수 있는 챗봇 개발에 조금이라도 도움이 되었으면 합니다.

다음 장부터는 이 장에서 만든 챗봇 엔진을 외부 메신저 플랫폼과 연동하기 위한 내용을 알아보겠습니다.

---

* 사회 역할 또는 배우에 의해 연기되는 등장 인물을 뜻하며, 배우가 쓰는 탈을 뜻하는 라틴어에서 유래했습니다. 이 책에서는 챗봇이 사용자에게 노출시키는 성격이나 특징을 의미합니다.

## CHAPTER 9

챗봇 API 만들기

9.1 챗봇 API 소개

이 장에서는 8장에서 만든 챗봇 엔진 서버와 직접 통신해 카카오톡이나 네이버톡톡과 같은 다양한 메신저 플랫폼이 챗봇 엔진의 기능을 사용할 수 있도록 챗봇 API 서버를 만들어봅니다. 다음 그림은 이 책에서 만들고 있는 챗봇 시스템의 구조입니다. 지금까지 화자의 질의를 해석해서 알맞은 답변을 제공하는 챗봇 엔진 구현에 초점을 맞추었다면 이 장부터는 다양한 메신저 플랫폼과 어떻게 통신을 하며, 챗봇 엔진의 해석 결과를 카카오톡이나 네이버톡톡 챗봇 상에서 어떻게 말풍선으로 보여줄 것인지 알아봅니다.

그림 9-1 챗봇 시스템 구조

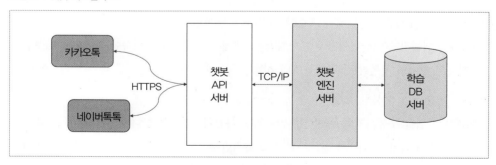

[그림 9-1]에서 챗봇 API 서버는 다양한 메신저 플랫폼과 챗봇 엔진 사이에서 서로 데이터를 주고받을 수 있도록 인터페이스 역할을 합니다. 카카오톡이나 네이버톡톡 시스템이 API 서버

를 거치지 않고 바로 챗봇 엔진 서버와 통신한다면 챗봇 엔진 서버 구성이 복잡해집니다. 각 플랫폼마다 통신 프로토콜이 다르기 때문에 새로운 플랫폼이 추가될 때마다 챗봇 엔진 서버 프로그램을 수정해야 하는 문제가 생깁니다. 따라서 중간에 API 서버 계층을 두어 각 플랫폼이 요구하는 통신 프로토콜은 API 서버에서 처리하며, 챗봇 엔진 서버와는 동일한 프로토콜로 통신을 합니다.

챗봇 기능을 지원하는 메신저 플랫폼과 통신하기 위해서는 REST^{Representational State Transfer} API 방식으로 챗봇 서버를 구현해야 합니다. REST API란 웹(HTTP) URI^{Uniform Resource Identifier}를 통해 자원^{resource}을 명시하고, HTTP 메서드(GET, POST, PUT, DELETE)를 통해 해당 자원에 대한 CRUD 동작을 처리하는 API 호출 방식입니다. HTTP 인프라를 그대로 사용하므로 구축하는 데 시간과 노력이 적게 들어갑니다. 또한 HTTP 표준 프로토콜을 최대한 활용하므로 웹을 지원하는 모든 플랫폼에서 사용 가능한 장점이 있습니다. 우리도 다른 메신저 플랫폼과의 통신을 위해 REST API를 지원하는 챗봇 API 서버를 구축해야 합니다. 이제 본격적으로 챗봇 API 서버를 만들어봅시다.

> **NOTE_** 챗봇 엔진 서버와 직접 통신하기 위해 필요한 프로토콜은 8장에서 정의했습니다. 각 플랫폼과 통신하기 위한 프로토콜은 10장(카카오톡), 11장(네이버톡톡)에서 살펴보겠습니다.

9.2 파이썬 Flask

REST API는 웹(HTTP)상에서 호출할 수 있도록 웹 애플리케이션 형태로 만들어야 합니다. 다양한 웹 애플리케이션 언어가 존재하지만 이 책에서는 우리에게 익숙한 파이썬을 사용합니다. 하나의 언어로 챗봇 엔진과 챗봇 API 서버를 구현하므로 다른 언어를 배우는 과정에서 오는 비용을 줄일 수 있습니다.

파이썬에서 웹을 구동시키기 위해서는 별도의 프레임워크가 필요합니다. 저수준 소켓 라이브러리를 이용해 직접 웹 서버를 만드는 방법도 있지만 우리에겐 늘 시간이 없습니다. 이미 파이썬을 위한 다양한 웹 애플리케이션 프레임워크가 존재하며 그중 하나를 선택해서 사용하면 됩니다. 우리는 빠르고 간단하게 API 서버를 구축하는 것이 목표입니다. 이를 위해 웹 애플리케이션 프레임워크로 Flask를 사용합니다. Flask는 파이썬 기반으로 경량화된 프레임워크입니다. 구현이 간단하고 웹 서비스 구현에 있어 자유도가 높아 REST API 서버 개발에 많이 사용하고 있습니다.

9.2.1 Hello Flask

Flask의 동작 방식을 이해하기 위해 간단하게 'Hello Flask' 문자열을 웹 페이지로 띄우는 웹 애플리케이션을 만들어봅시다. 생각보다 너무 간단해 깜짝 놀랄 수도 있습니다. 우선 적당한 곳에 /hello_flask 디렉터리를 만들고 app.py 파일을 생성합니다.

예제 9-1 Hello Flask

```
from flask import Flask    ❶
app = Flask(__name__)    ❷

@app.route('/')    ❸
def hello():
    return 'Hello Flask'

if __name__ == '__main__':    ❹
    app.run()
```

❶ 프레임워크를 사용하기 위해 flask 패키지에서 Flask 모듈을 불러옵니다.

```
from flask import Flask
```

❷ Flask 웹 애플리케이션을 시작하기 위해 Flask 인스턴스 객체를 생성합니다. 이때 Flask 클래스의 생성자로 현재 실행되는 애플리케이션 모듈명을 전달해야 합니다. 파이썬 전역 변수인 __name__을 사용하면 현재 실행되는 애플리케이션의 모듈명이 자동으로 들어갑니다(메인 모듈로 실행되기 때문에 __name__에는 '__main__' 문자열이 저장되어 있습니다).

```
app = Flask(__name__)
```

❸ 브라우저 상에서 특정 URI를 호출했을 때 실행되는 함수를 정의합니다. 이 함수의 결괏값이 웹 브라우저 화면에 보이기 때문에 뷰^{view} 함수라고 합니다. Flask 프레임워크는 호출되는

URI를 처리하는 함수를 연결할 수 있는 방법을 제공합니다. 이를 라우트[route]라 하며, @app.route() 데커레이터를 사용합니다. 라우트 데커레이터 인자에 해당 뷰 함수와 연결될 URI를 지정할 수 있습니다. 여기서는 루트(/) URI를 호출했을 때 실행되는 뷰 함수를 정의했습니다.

```python
@app.route('/')
def hello():
    return 'Hello Flask'
```

❹ 메인 모듈로 실행되는 경우에만 Flask 서버를 실행합니다. 예제에서는 생략했지만 실행되는 서버의 주소와 포트를 run() 함수의 인자로 설정할 수 있습니다.

```python
if __name__ == '__main__':
    app.run()  # app.run(host='127.0.0.1', port='5000')
```

예제를 실행해 Flask 서버를 구동한 후 웹 브라우저에서 http://127.0.0.1:5000 주소로 접속하면 브라우저에서 결과를 확인할 수 있습니다. 다음은 Hello Flask 예제 실행 결과입니다.

그림 9-2 Hello Flask 예제 실행 결과

9.2.2 URI 동적 변수

REST API는 HTTP 메서드(GET, POST, DELETE, PUT)에 따라 URI를 호출합니다. 이때 필요한 기능에 따라 URI에 동적으로 변수가 들어갈 수도 있습니다. 이 절에서는 URI에서 어떻게 동적으로 변수를 처리하는지 알아봅니다. 앞서 작성했던 Hello Flask 예제에 코드를 추가합니다.

```python
from flask import Flask
app = Flask(__name__)

@app.route('/')
def hello():
    return 'Hello Flask'

@app.route('/info/<name>')        ❶
def get_name(name):
    return "hello {}".format(name)

@app.route('/user/<int:id>')      ❷
def get_user(id):
    return "user id is {}".format(id)

@app.route('/json/<int:dest_id>/<message>')      ❸
@app.route('/JSON/<int:dest_id>/<message>')
def send_message(dest_id, message):
    json = {
        "bot_id": dest_id,
        "message": message
    }
    return json

if __name__ == '__main__':
    app.run()
```

❶ '/info/〈name〉' URI와 연결된 뷰 함수입니다. 여기서 〈name〉은 URI에서 사용되는 동적 변수입니다. 예를 들어 브라우저에서 http://127.0.0.1/info/KEI 주소로 접속했을 때 해당 URI와 연결된 get_name( ) 뷰 함수를 호출합니다. 이때 뷰 함수 인자 name에는 'KEI' 문자열 이 입력됩니다.

```python
@app.route('/info/<name>')
def get_name(name):
    return "hello {}".format(name)
```

❷ '/user/〈int:id〉' URI와 연결된 뷰 함수입니다. 라우트 데커레이터 인자에 사용되는 URI의 변수 부분에는 데이터 타입을 지정할 수 있습니다. 여기서는 URI 변수(id)의 데이터 타입으

로 정수형(int)이 지정되었습니다. API 호출 URI에서 ⟨int:id⟩ 자리에 정수형이 아닌 문자열 데이터를 사용하는 경우엔 해당 URL을 찾을 수 없다는 오류 페이지를 출력합니다. 라우트 데 커레이터로 정의한 정확한 URI 형태여야 뷰 함수를 호출할 수 있습니다. ❶에서 지정한 변수 (name)에서는 데이터 타입을 생략했습니다. 이 경우 기본적으로 문자열 데이터 타입으로 인식합니다.

```python
@app.route('/user/<int:id>')
def get_user(id):
    return "user id is {}".format(id)
```

❸ 하나의 뷰 함수에 여러 개의 URI를 지정할 수 있습니다. ❸은 2개의 URI를 send_message( ) 함수에 연결하고, JSON 포맷으로 출력합니다. 파이썬에서는 딕셔너리를 이용해 JSON 데이터를 표현할 수 있습니다.

```python
@app.route('/json/<int:dest_id>/<message>')
@app.route('/JSON/<int:dest_id>/<message>')
def send_message(dest_id, message):
    json = {
        "bot_id": dest_id,
        "message": message
    }
    return json
```

9.2.3 기본적인 REST API 서비스 구현

REST API는 기능에 따라 GET, POST, DELETE, PUT HTTP 메서드를 사용합니다. 이 절에서는 클라이언트로부터 요청이 들어왔을 때 HTTP 메서드별로 뷰 함수를 정의하는 방법을 알아봅니다. 다음은 REST API에서 CRUD 동작이 어떤 HTTP 메서드와 매핑되어 있는지 설명하는 표입니다. 이 책에서는 주로 POST, GET 메서드만 다룹니다.

표 9-1 HTTP 메서드별 CRUD 동작 설명

HTTP 메서드	CRUD 동작	설명
POST	Create	서버 리소스를 생성할 때 사용합니다.
GET	Read	서버 리소스를 읽어올 때 사용합니다.
PUT	Update	서버 리소스를 수정할 때 사용합니다.
DELETE	Delete	서버 리소스를 삭제할 때 사용합니다.

예제를 위해 /basic_restapi 디렉터리를 만들고 app.py 파일을 생성합니다. 다음은 GET, POST 방식으로 REST API를 호출했을 때 JSON 포맷으로 응답하는 예제입니다.

예제 9-3 기본적인 REST API 서버 구현

```
from flask import Flask, request, jsonify  ❶
app = Flask(__name__)

# 서버 리소스  ❷
resource = []

# 사용자 정보 조회  ❸
@app.route('/user/<int:user_id>', methods=['GET'])
def get_user(user_id):

    for user in resource:
        if user['user_id'] is user_id:
            return jsonify(user)

    return jsonify(None)

# 사용자 추가  ❹
@app.route('/user', methods=['POST'])
def add_user():
    user = request.get_json()  # HTTP 요청의 body에서 json 데이터를 불러옴
    resource.append(user)  # 리소스 리스트에 추가
    return jsonify(resource)

if __name__ == '__main__':
    app.run()
```

❶ 프레임워크를 사용하기 위해 flask 패키지에서 Flask, request, jsonify 모듈을 불러옵니다. request 모듈은 클라이언트로부터 HTTP 요청^{request}을 받았을 때 요청 정보를 확인할 수

있는 모듈입니다. jsonify 모듈은 데이터 객체를 JSON 응답으로 변환해주는 Flask의 유틸리티 함수입니다.

```
from flask import Flask, request, jsonify
```

❷ 웹 서버의 리소스를 표현하기 위해 생성한 리스트 객체입니다. 예제에서는 GET, POST 메서드로 호출된 REST API를 통해 해당 리소스에 객체를 추가하고 불러오도록 구현합니다.

```
resource = []
```

❸ user_id에 맞는 사용자 정보를 조회하는 GET 메서드의 REST API(/user/⟨int:user_id⟩)를 정의했습니다. GET 메서드의 경우 라우트 데커레이터 인자에서 methods를 생략할 수 있습니다. 사용자 정보 조회 REST API에 연결되어 있는 get_user( ) 함수는 리소스를 탐색해 user_id 값으로 저장된 데이터가 있다면 해당 객체를 JSON으로 응답합니다.

```
@app.route('/user/<int:user_id>', methods=['GET'])
def get_user(user_id):

    for user in resource:
        if user['user_id'] is user_id:
            return jsonify(user)

    return jsonify(None)
```

❹ 사용자 정보를 추가하는 POST 메서드의 REST API(/user)입니다. REST API에 연결된 add_user( ) 함수는 HTTP 요청 시 Body에 포함된 JSON 데이터를 서버 리소스에 추가한 후 현재 저장된 전체 리소스 데이터를 JSON으로 변환해 응답합니다.

request.get_json( ) 함수를 통해 HTTP 요청 Body의 JSON 객체를 딕셔너리 형태로 가져옵니다. jsonify( ) 함수를 통해 resource 리스트를 JSON 응답 형태로 반환합니다.

```
@app.route('/user', methods=['POST'])
def add_user():
    user = request.get_json()  # HTTP 요청의 body에서 json 데이터를 불러옴
    resource.append(user)  # 리소스 리스트에 추가
    return jsonify(resource)
```

[예제 9-3]을 실행해 Flask 서버를 구동하고 우리가 작성한 REST API가 잘 작동하는지 테스트해야 합니다. API가 GET 메서드인 경우에는 브라우저 상에서 해당 주소로 접속하면 작동 결과를 확인할 수 있지만 POST 메서드인 경우에는 따로 POST 전송 웹 애플리케이션을 만들지 않는 한 테스트할 수 없습니다. 다행히 REST API를 테스트할 수 있는 Talend API Test 툴이 있습니다. Talend API Test는 크롬 브라우저에서 작동하는 무료 확장 프로그램이며 사용 방법이 매우 간단합니다. 해당 확장 프로그램은 크롬 웹 스토어에서 'Talend API Tester'를 검색해 크롬 브라우저에 추가합니다.

그림 9-3 Talend API Tester 설치

이제 Talend API Tester를 이용해 [예제 9-3]에서 작성한 REST API를 테스트해봅시다. 회원정보를 추가하는 API 호출을 먼저 테스트합니다. 다음은 회원정보 추가 REST API 호출 정보입니다.

• URI

```
POST http://127.0.0.1:5000/user
```

• Body

```
{
    "user_id": 1,
    "name": "김길동",
    "age": 30
}
```

다음 그림과 같이 호출 정보에 맞게 입력합니다. METHOD는 POST를 선택하고, URI에는 http://127.0.0.1:5000/user를 입력합니다. BODY에는 앞에서 정의한대로 추가할 사용자 정보를 JSON 형태로 입력한 후 'Send' 버튼을 누릅니다.

그림 9-4 POST 전송 테스트

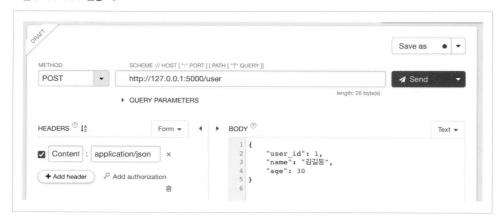

다음 그림은 REST API 서버에서 받은 응답을 보여줍니다.

그림 9-5 POST 응답 데이터

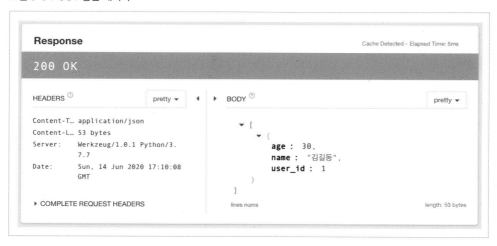

이제 추가한 회원정보를 조회하는 API를 호출해봅시다. 다음은 회원정보 조회 REST API 호출 정보입니다. user_id에는 1을 사용합니다.

- **URI**

```
GET http://127.0.0.1:5000/user/<int:user_id>
```

다음 그림과 같이 호출 정보에 맞게 입력합니다. METHOD는 GET을 선택하고, URI에는 http://127.0.0.1:5000/user/1을 입력한 후 'Send' 버튼을 누릅니다.

그림 9-6 GET 전송 테스트

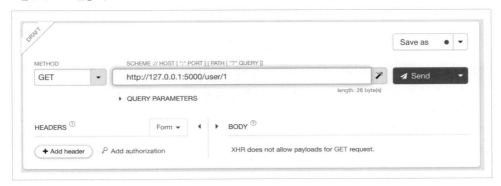

다음 그림은 REST API 서버에서 받은 응답을 보여줍니다. 현재 서버에 저장되어 있는 회원 정보를 JSON 형태로 받았습니다. 앞으로는 REST API를 테스트하는 과정은 생략하겠습니다. 여러분 스스로 HTTP 메서드와 API Body에 JSON 데이터를 변경해가며 Talend API Tester 프로그램에 익숙해지기 바랍니다.

그림 9-7 GET 응답 데이터

9.3 챗봇 API 서버 구현

지금까지 파이썬에서 기본적인 REST API 서버를 만드는 방법을 배웠습니다. Flask 프레임워크를 이용할 경우 손쉽게 API 서버를 만들 수 있었습니다. 이제 챗봇 클라이언트에서 REST API 호출 시 챗봇 엔진 서버에 소켓 통신으로 접속해 질의에 대한 답변을 받아오는 API 서버를 만들어봅시다. 항상 그래왔듯이 지금까지 배운 내용을 반복적으로 사용하며 예제를 구성했습니다.

먼저 API 서버 프로토콜을 정의해봅시다. 이 부분은 메신저 플랫폼에 따라 별도로 구현해야 합니다. 10장과 11장에서 각 메신저 플랫폼의 통신 프로토콜을 알아보고, 챗봇 API 서버에 추가할 것입니다. 이 장에서는 간단하게 테스트 목적으로 프로토콜을 정의해보겠습니다.

챗봇 엔진 서버의 리소스(답변)를 생성하는 API이기 때문에 POST 메서드를 사용하며 URI는 /query/<bot_type>입니다. bot_type 변수는 메신저 플랫폼을 구분하기 위해 사용합니다.

• **URI**

```
POST /query/<bot_type>
```

• **Body**

```
{
    "query": "오늘 자장면 주문할게요!!"
}
```

챗봇 엔진 서버와는 별개로 챗봇 API 서버만을 위한 프로젝트 디렉터리를 만들어야 합니다. 실제로 서버 환경에서 구동할 것이기 때문에 소스를 별도로 관리하는 게 운영상 좋습니다. 예제에서는 /chatbot_api 디렉터리를 생성한 후 메인 모듈로 app.py 파일을 생성합니다.

예제 9-4 챗봇 REST API 서버 구현

```
from flask import Flask, request, jsonify, abort
import socket
import json

# 챗봇 엔진 서버 접속 정보 ❶
host = "127.0.0.1"  # 챗봇 엔진 서버 IP 주소
port = 5050  # 챗봇 엔진 서버 통신 포트
```

```python
# Flask 애플리케이션
app = Flask(__name__)

# 챗봇 엔진 서버와 통신  ❷
def get_answer_from_engine(bottype, query):
    # 챗봇 엔진 서버 연결
    mySocket = socket.socket()
    mySocket.connect((host, port))

    # 챗봇 엔진 질의 요청
    json_data = {
        'Query': query,
        'BotType': bottype
    }
    message = json.dumps(json_data)
    mySocket.send(message.encode())

    # 챗봇 엔진 답변 출력
    data = mySocket.recv(2048).decode()
    ret_data = json.loads(data)

    # 챗봇 엔진 서버 연결 소켓 닫기
    mySocket.close()

    return ret_data

# 챗봇 엔진 query 전송 API  ❸
@app.route('/query/<bot_type>', methods=['POST'])
def query(bot_type):
    body = request.get_json()

    try:
        if bot_type == 'TEST':
            # 챗봇 API 테스트
            ret = get_answer_from_engine(bottype=bot_type, query=body['query'])
            return jsonify(ret)

        elif bot_type == "KAKAO":
            # 카카오톡 처리(10장에서 구현)
            pass

        elif bot_type == "NAVER":
            # 네이버톡톡 처리(11장에서 구현)
            pass
```

```
        else:
            # 정의되지 않은 bot type인 경우 404 오류
            abort(404)

    except Exception as ex:
        # 오류 발생 시 500 오류
        abort(500)

if __name__ == '__main__':
    app.run()
```

❶ 챗봇 엔진 서버 접속에 필요한 정보를 host와 port 변수에 저장합니다. 8장에서 만든 챗봇 엔진 서버에서 설정한 통신 포트를 사용해야 합니다.

```
host = "127.0.0.1"  # 챗봇 엔진 서버 IP 주소
port = 5050  # 챗봇 엔진 서버 통신 포트
```

❷ get_answer_from_engine( ) 함수는 챗봇 엔진 서버에 소켓 통신으로 질의를 전송합니다. 챗봇 엔진 서버로부터 성공적으로 답변 데이터를 수신한 경우 응답으로 받은 JSON 문자열을 딕셔너리 객체로 반환합니다. 해당 내용은 8.8.3절 '챗봇 테스트 클라이언트 프로그램'에서 자세하게 설명했습니다. 기억이 나지 않으면 다시 살펴보세요.

```
def get_answer_from_engine(bottype, query):
    # 챗봇 엔진 서버 연결
    mySocket = socket.socket()
    mySocket.connect((host, port))

    # 챗봇 엔진 질의 요청
    json_data = {
        'Query': query,
        'BotType': bottype
    }
    message = json.dumps(json_data)
    mySocket.send(message.encode())

    # 챗봇 엔진 답변 출력
    data = mySocket.recv(2048).decode()
    ret_data = json.loads(data)
```

```
# 챗봇 엔진 서버 연결 소켓 닫기
mySocket.close()

return ret_data
```

❸ 'POST /query/<bot_type>' REST API를 처리하는 함수입니다. <bot_type> 동적 변수에는 API를 호출하는 메신저 플랫폼 명칭이 할당되어 있습니다. 예제에서는 <bot_type> 변수로 'TEST' 문자열을 사용합니다. request.get_json() 함수를 통해 'POST /query/<bot_type>' API 요청 시 Body에 담긴 JSON 데이터를 딕셔너리 형태로 가져옵니다. 그다음 ❷에서 정의한 get_answer_from_engine() 함수를 사용해 챗봇 엔진 서버로부터 답변을 받아옵니다. KAKAO와 NAVER 봇 타입은 10장과 11장에서 구현합니다.

```
@app.route('/query/<bot_type>', methods=['POST'])
def query(bot_type):
    body = request.get_json()

    try:
        if bot_type == 'TEST':
            # 챗봇 API 테스트
            ret = get_answer_from_engine(bottype=bot_type, query=body['query'])
            return jsonify(ret)

        elif bot_type == "KAKAO":
            # 카카오톡 처리(10장에서 구현)
            pass

        elif bot_type == "NAVER":
            # 네이버톡톡 처리(11장에서 구현)
            pass

        else:
            # 정의되지 않은 bot type인 경우 404 오류
            abort(404)

    except Exception as ex:
        # 오류 발생 시 500 오류
        abort(500)
```

챗봇 API 서버에서 정상적인 결과를 확인하기 위해서는 8장에서 구현한 챗봇 엔진 서버를 구동시켜야 합니다. 챗봇 엔진 서버를 구동시킨 후 [예제 9-4]에서 구현한 API 서버를 실행시켜 봅시다.

다음은 'POST /query/TEST'를 호출했을 때 받은 응답 데이터입니다. 챗봇 엔진 서버로부터 받은 데이터를 성공적으로 출력했습니다. 추후 챗봇 엔진 서버로부터 받은 응답 데이터를 카카오톡이나 네이버톡톡 서비스 프로토콜에 맞게 챗봇 API 서버에서 응답한다면 해당 챗봇에서 말풍선으로 출력할 수 있습니다.

```
{
    "Answer": "자장면 주문 처리 완료되었습니다. \n주문해주셔서 감사합니다.",
    "AnswerImageUrl": null,
    "Intent": "주문",
    "NER": "[('오늘', 'B_DT'), ('자장면', 'B_FOOD'), ('주문', 'O')]",
    "Query": "오늘 자장면 주문할게요"
}
```

9.4 마치며

이 장에서는 파이썬 Flask 프레임워크를 활용해 챗봇 API 서버를 만들어보았습니다. 이렇게 구현된 챗봇 API 서버는 다양한 메신저 플랫폼(카카오톡, 네이버톡톡, 페이스북, 텔레그램, 라인 등)과 연동될 수 있도록 인터페이스 역할을 하며 다양한 플랫폼이 요구하는 통신 프로토콜을 추상화해주고 있습니다. 이 장에서는 테스트 봇 타입만 간단하게 구현했는데, 10장 카카오톡, 11장 네이버톡톡에서 다른 봇 타입도 완성해보겠습니다.

실제 API 서비스를 위해서는 보안에 신경 써야 합니다. 현재 구현된 API 서버에 허용된 사용자만 API를 호출할 수 있도록 인증 기능을 추가해야 하며 불법적인 접근을 막을 수 있는 방안을 고려해야 합니다. Flask를 좀 더 깊이 있게 다루고 싶지만 이 책의 주제와 많이 벗어나기 때문에 REST API 서버 구현의 기본 원리만 알아보았습니다. 부족한 부분은 Flask 관련 입문서나 인터넷 자료를 참고하세요.

## CHAPTER 10

카카오톡 챗봇 만들기

10.1 카카오 아이 오픈빌더 소개

이 장에서는 우리가 만든 챗봇 엔진을 카카오톡 챗봇에서 사용하는 방법을 알아봅니다. 카카오톡 챗봇은 카카오톡 채널에서 동작하는 챗봇입니다. 공식 명칭은 카카오톡 채널 챗봇입니다. 이 책에서는 간편하게 카카오톡 챗봇이라고 표현합니다. 카카오톡 챗봇은 어떻게 만들까요? 카카오에서는 사용 승인 과정을 거친다면 누구나 카카오톡 챗봇을 만들 수 있도록 챗봇 빌더 프로그램을 제공합니다. 카카오에서 제공하는 챗봇 빌더를 카카오 아이 오픈빌더라고 합니다. 카카오 아이 오픈빌더를 사용하면 카카오의 인공지능 기술을 이용해 챗봇 엔진 구현 없이도 성능 좋은 챗봇을 손쉽게 만들 수 있습니다. 하지만 이 책에선 우리가 직접 만든 토이 챗봇 엔진을 사용해 카카오톡 챗봇을 만들기 때문에 카카오 아이 오픈빌더를 이용해 챗봇을 만드는 내용은 다루지 않습니다.

> **NOTE_** 카카오 아이 오픈빌더는 집필 시점에 OBT(open beta test) 기간입니다. 따라서 카카오 아이 오픈빌더를 사용하기 위해서는 OBT 참여를 신청한 후 승인 과정을 거쳐야 합니다. 신청 목적에 따라 OBT 신청이 반려될 수도 있습니다.

10.1.1 카카오톡 채널 가입

카카오톡 챗봇을 사용하려면 카카오 채널을 만들어야 합니다. '카카오톡 채널 for Business' 사이트에 접속해주세요. 사이트 주소는 다음과 같습니다. 기존에 카카오 채널이 있는 분은 이절을 건너뛰어도 됩니다.

```
business.kakao.com/info/kakaotalkchannel/
```

카카오 채널은 개인 계정으로도 만들 수 있으며, 가입이 크게 어렵진 않습니다. 카카오톡 채널 for Business 사이트에서 '카카오톡 채널 시작하기' 버튼을 클릭한 후 로그인합니다.

그림 10-1 카카오톡 채널 시작하기

카카오톡 채널을 사용하려면 채널 관리자 가입이 필요합니다. 본인 이름과 전화번호 정보를 입력해 채널 관리자로 가입해주세요.

그림 10-2 카카오톡 채널 관리자 가입하기

채널 관리자 가입이 완료되면 카카오톡 채널을 만들 수 있습니다. '새 카카오톡 채널 만들기' 버튼을 클릭하세요.

그림 10-3 카카오톡 채널 만들기

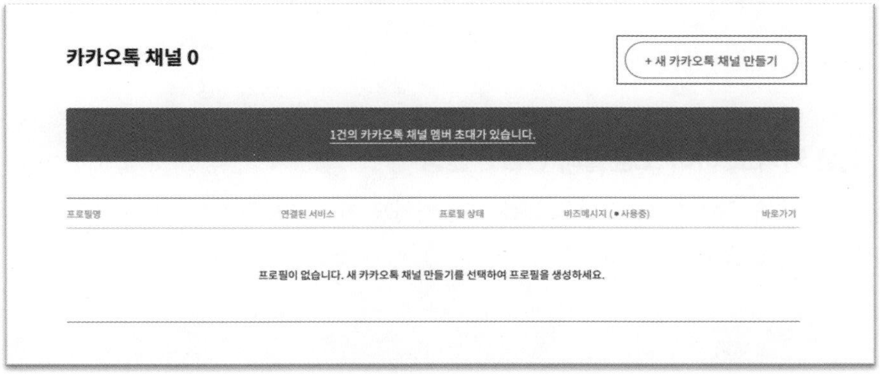

채널 개설을 위해 필요한 정보를 순서대로 입력하세요. 프로필 사진과 배경 사진을 첨부하는 게 채널의 신뢰도를 높이는 데 좋습니다. 채널 개설 이후 카카오톡에서 채널 검색이 되기까지 2~3일 정도 소요됩니다. 채널 개설 후 오픈빌더 OBT 신청을 위해 카카오톡 채널 관리자 센터 대시보드의 프로필 설정에서 홈 공개를 ON으로 해주세요.

그림 10-4 카카오톡 채널 개설 신청

10.1.2 카카오 아이 오픈빌더 OBT 신청

오픈빌더 사용을 위해 OBT 신청을 해봅시다. 카카오 아이 디벨로퍼스 사이트를 접속하세요.
사이트 주소는 다음과 같습니다.

```
i.kakao.com
```

오픈빌더는 개인 계정으로도 만들 수 있으며, OBT 참여 신청 자체는 그리 복잡하지 않습니다.
우선 카카오 아이 디벨로퍼스 사이트에서 '카카오 채널 챗봇 만들기' 버튼을 클릭한 후 로그인
합니다.

그림 10-5 카카오톡 채널 챗봇 만들기

오픈빌더 OBT 참여를 위해 필요한 정보를 정확하게 입력하세요. 채널 홈 URL이나 신청 사유가 정확하지 않으면 심사 과정에서 거절될 수 있습니다. 신청 사유에 챗봇의 성격을 뚜렷하게 명시해야 합니다. 예를 들어 주변 맛집을 찾아주는 '맛집봇', 특정 인물의 Q&A를 알려주는 '인물봇' 등 챗봇의 사용 목적이 드러나면 좋습니다. OBT 신청 심사는 보통 6일 이내로 완료되며 심사 결과는 이메일로 전송됩니다.

그림 10-6 카카오 아이 디벨로퍼스 OBT 참여 신청

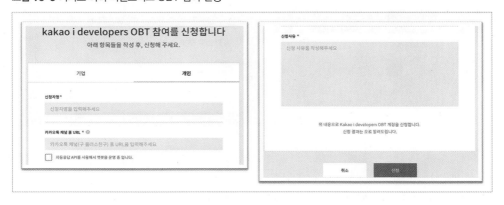

심사 과정에서 반려 메일을 받았다면 반려 사유를 꼼꼼히 읽어보고 수정 보완한 후 다시 OBT 신청을 하세요.

10.1.3 봇 생성

OBT 참여 승인을 받았다면 카카오 아이 디벨로퍼스 회원 가입을 하여 오픈빌더를 사용할 수 있습니다. 다음 그림은 챗봇 생성을 할 수 있는 봇 목록 화면입니다. 챗봇을 생성하기 위해 '+' 버튼을 클릭합니다.

그림 10-7 카카오 아이 오픈빌더 봇 목록

'카카오톡 챗봇' 버튼을 클릭한 후 봇 이름을 입력합니다. 이 책에서는 음식 주문을 위한 챗봇을 만들고 있으므로 봇 이름을 '음식주문봇'으로 했습니다. 봇 이름은 나중에 변경 가능합니다.

그림 10-8 카카오톡 챗봇 생성

챗봇이 성공적으로 생성되었다면 다음 화면으로 이동하여 챗봇에 필요한 학습이나 기능을 추가할 수 있습니다. 이 책에서는 오픈빌더에서 제공하는 챗봇 학습이나 플러그인 기능은 다루지 않습니다. 궁금하신 분은 도움말 사이트를 참고하세요.

그림 10-9 카카오 아이 오픈빌더 봇 개발 화면

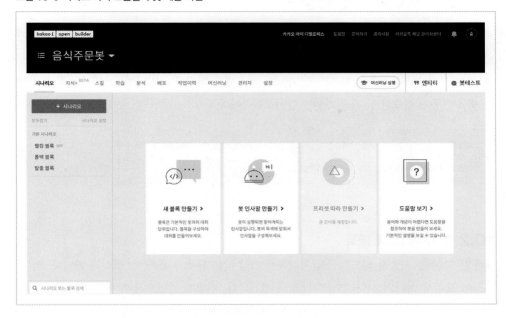

마지막으로 앞에서 개설한 채널을 생성한 봇과 연결해야 합니다. 다음 그림과 같이 설정 탭으로 이동한 후 운영 채널 연결에서 본인이 개설한 채널을 선택합니다. 채널 선택에 문제가 없는 경우 '저장' 버튼을 클릭합니다. 만약 운영 채널 목록에 채널이 보이지 않는다면 오픈빌더와 동일한 아이디로 채널 개설을 다시 시도해주세요.

그림 10-10 카카오톡 채널 연결

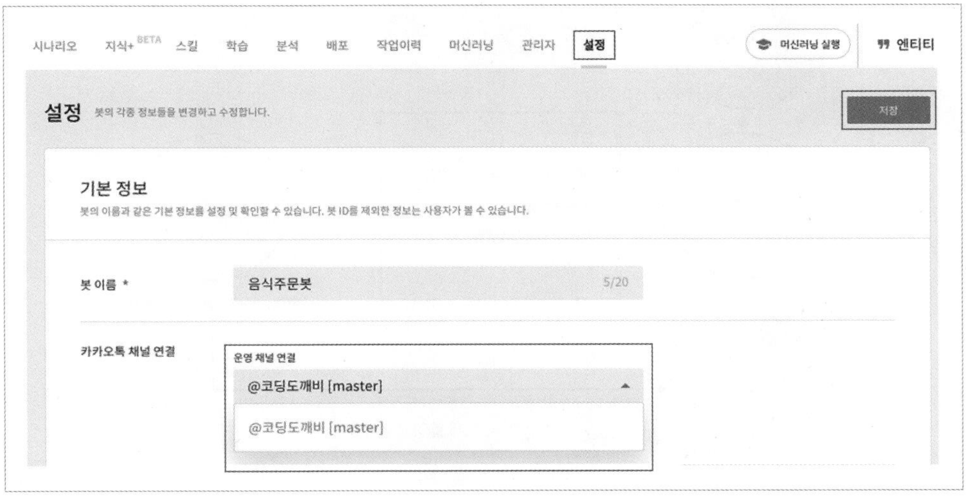

10.2 카카오톡 챗봇 연동

지금까지 잘 따라왔다면 카카오톡 챗봇을 만들기 위한 기본 준비는 마친 겁니다. 이제 우리가 만든 챗봇 엔진을 연결하기 위해 필요한 몇 가지 주요 개념을 알아봅시다. 오픈빌더만을 이용해 챗봇을 제작한다면 조금 더 다양한 개념과 사용법을 익혀야 하지만 이 책에서는 우리가 만든 챗봇 연동에 필요한 두 가지 개념만 알아보겠습니다.

> **NOTE_** 오픈빌더에서 정의한 다양한 개념을 알고 싶으면 아래 웹사이트를 참고하세요.
> i.kakao.com/docs/key-concepts-block

10.2.1 시나리오와 블록

오픈빌더에서는 사용자 의도[intent]를 처리하는 가장 작은 단위를 블록[block]이라고 합니다. 이 블록들이 모여서 하나의 시나리오[scenario]로 구성됩니다. 이렇게 카카오톡 챗봇은 시나리오를 어떻게 구성하느냐에 따라 챗봇의 기능이 달라집니다. 블록에는 사용자 예상 발화 패턴이나 봇이 수행하는 액션과 응답 형식을 정의합니다. 즉, 사용자 발화가 입력되었을 때 블록 내 발화 패턴을 기반으로 사용자 의도가 파악되어 최종적으로 1개의 블록이 실행됩니다. 예를 들어 음식 주문이나 위치 안내 같이 챗봇이 처리해야 할 기능 단위로 블록이 만들어집니다.

그림 10-11 블록 작동 원리(출처 : 카카오 아이 오픈빌더 도움말)

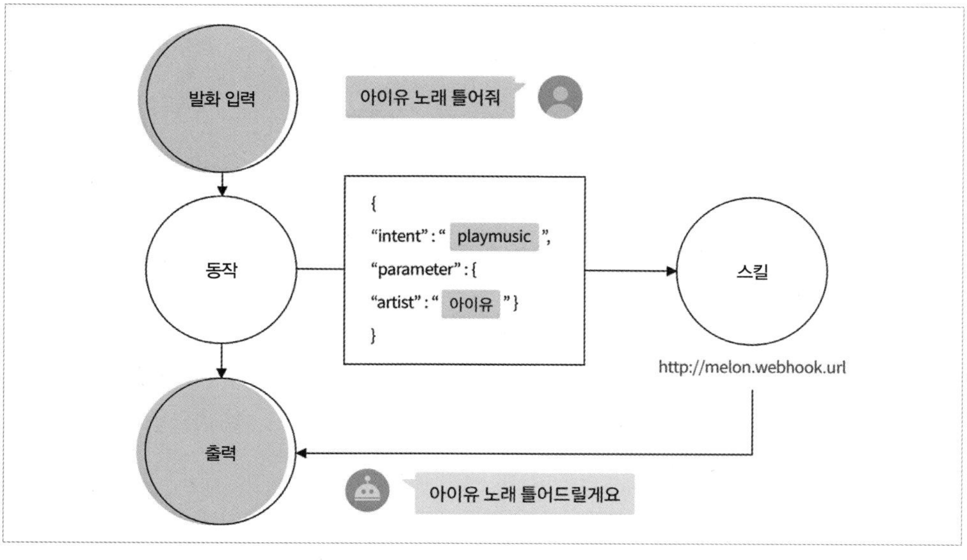

오픈빌더에서 생성된 모든 봇은 기본 시나리오를 포함합니다. 사용자는 설계하는 봇에 따라 시나리오와 블록을 추가할 수 있습니다. 이 책에서는 사용자 발화 처리를 우리가 제작한 챗봇 엔진에서 직접 하기 때문에 시나리오를 추가하는 방법은 다루지 않습니다.

기본 시나리오에는 다음 그림처럼 3가지 기본 제공 블록이 존재합니다.

그림 10-12 기본 시나리오의 기본 제공 블록

다음은 기본 시나리오에 포함된 3가지 블록에 대한 설명입니다.

표 10-1 기본 시나리오 3가지 블록 설명

블록	설명
웰컴 블록	사용자가 카카오톡 채널 방에 최초로 입장했을 때 발송하는 웰컴 메시지를 정의할 수 있습니다. 웰컴 블록은 최초 1회만 작동합니다.
폴백 블록	챗봇이 사용자의 발화 의도를 이해하지 못할 때의 동작을 정의할 수 있습니다. 일반적으로 '이해를 잘 못했어요'와 같은 메시지를 정의합니다.
탈출 블록	챗봇이 사용자에게 계속해서 되묻는 상황에서 탈출하고 싶을 때 사용자 명령어를 정의합니다. 이 책에선 사용자의 발화를 우리가 만든 챗봇 엔진에서 처리하기 때문에 탈출 블록은 사용하지 않습니다.

10.2.2 스킬

스킬skill은 외부에서 구현한 기능을 호출해 사용자에게 정보를 출력해주는 기능입니다. 단어에서 유추할 수 있듯이 스킬을 통해 챗봇 기술을 추가할 수 있습니다. 스킬은 블록의 출력 기능과

비슷하지만 응답 설정을 프로그램으로 처리할 수 있는 장점이 있습니다. 즉, 외부에서 만든 기능을 카카오톡 챗봇에 맞게 응답을 출력할 수 있습니다. 스킬도 해당 블록의 발화에 반응하여 응답을 돌려주므로 스킬과 블록을 연결하는 과정이 필요합니다.

다음은 사용자 발화가 입력되었을 때 스킬을 처리하는 과정을 보여주는 그림입니다. 음식 주문 관련 발화를 처리할 수 있는 주문 블록이 존재합니다. 이때 주문 정보를 DB 서버에 저장하고 처리할 수 있는 스킬 서버가 있습니다. 다음 그림처럼 음식 주문 요청 발화가 봇에 입력되면 주문 블록에 연결된 스킬을 호출하게 됩니다. 이후 스킬 서버에서는 주문 정보를 DB에 저장하고 주문 처리 결과를 스킬 응답 포맷에 맞게 반환하면 봇에서는 스킬 서버의 응답에 맞게 사용자에게 답변합니다.

그림 10-13 스킬 처리 과정

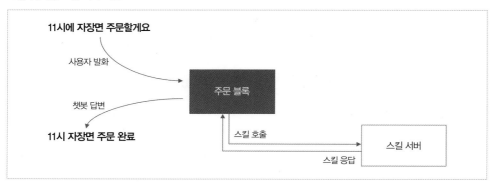

그럼 어떻게 우리가 만든 챗봇 엔진을 카카오톡 챗봇에 연결할 수 있을까요? 공식적으로 오픈빌더는 외부 챗봇 엔진을 지원하지 않습니다. 하지만 사용자 발화 의도를 이해하지 못했을 때 대응할 수 있는 폴백 블록fall-back block을 지원합니다. 폴백 블록은 사용자 발화를 처리할 수 있는 시나리오 블록이 더 이상 없을 때 실행됩니다. 보통 학습되지 않은 발화가 입력될 때 폴백 블록으로 대응합니다. 우리는 모든 사용자 발화를 폴백 블록에서 처리하도록 기본 블록 이외에 다른 시나리오 블록은 생성하지 않습니다. 그다음 폴백 블록에서 챗봇 API 서버와 통신할 수 있는 스킬을 지정한다면 외부 챗봇 엔진을 사용할 수 있습니다. 즉, 챗봇 API 서버를 스킬 서버로 사용합니다.

다음 그림은 오픈빌더에서 외부 챗봇 엔진과 연동하는 방법을 보여주고 있습니다. 그림처럼 다양한 시나리오 블록이 존재한다면 발화 주제에 따라 카카오 챗봇 엔진과 우리가 제작한 챗봇 엔진을 같이 사용할 수 있습니다. 즉, 카카오 챗봇 엔진에서 폴백 처리되는 발화를 우리가 제작한 챗봇 엔진에서 처리하는 구조입니다. 이런 구조를 응용하면 자사 학습 데이터 관리에 용이한 카카오톡 챗봇을 개발할 수 있습니다.

그림 10-14 외부 챗봇 엔진 연동 방법

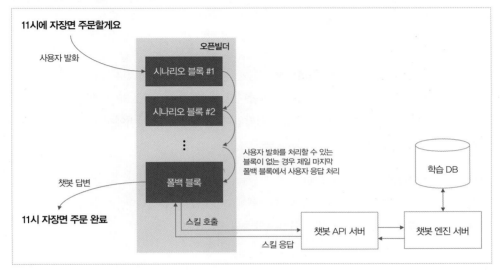

10.3 스킬 사용하기

카카오톡 챗봇을 우리가 제작한 챗봇 엔진에 연동하기 위해서는 스킬 사용이 필수입니다. 이 절에서는 기본적인 스킬을 만들어보는 시간을 가져봅니다. 스킬을 사용하기 위해서는 스킬 서버가 필요합니다. 스킬 서버는 9장에서 배운 파이썬 Flask를 이용해서 만들겠습니다.

10.3.1 스킬 서버 이해하기

스킬 서버는 카카오 봇 시스템에서 받은 요청을 처리해 적절한 응답을 반환합니다. 각각의 요청은 HTTP POST 메서드를 통해 전달되고 JSON 형태로 데이터를 주고받습니다. 9장에서 배운 REST API 서버를 만드는 방식과 동일합니다.

그림 10-15 봇 시스템 요청과 스킬 서버 응답(출처 : 카카오 아이 오픈빌더 도움말)

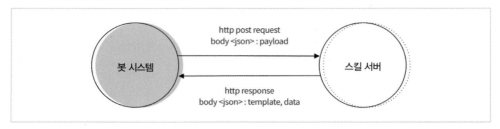

• HTTP POST 스킬 요청(봇 시스템 → 스킬 서버)

POST 요청에는 스킬 페이로드^{payload}를 포함합니다. 스킬 페이로드는 봇 시스템이 스킬 서버에 Body로 전달하는 JSON 형태의 요청 데이터입니다. 주로 스킬 서버에서 처리해야 하는 정보가 포함됩니다(사용자 정보, 발화, 블록 등).

• HTTP 스킬 응답(스킬 서버 → 봇 시스템)

스킬 서버 응답^{response}은 스킬 서버가 봇 시스템에 전달하는 응답입니다. 주로 봇 시스템이 사용자에게 출력해야 하는 정보가 포함됩니다(템플릿, 데이터).

10.3.2 스킬 서버 만들기

이 절에서는 2가지 REST API를 제공하는 간단한 스킬 서버를 만들어봅니다. 스킬 서버에서 제공하는 2가지 API URI는 다음과 같습니다.

• 단순 텍스트형 응답 스킬

```
POST /api/sayHello
```

'안녕'이라는 텍스트를 봇 시스템에 텍스트형 응답으로 반환하는 스킬

• 단순 이미지형 응답 스킬

```
POST /api/showHello
```

카카오 라이언이 이미지를 봇 시스템에 이미지형 응답으로 반환하는 스킬

이제 간단한 스킬 서버를 파이썬 Flask로 만들어봅시다. /hello_kakao_skill 디렉터리를 만들고 app.py 파일을 생성합니다.

예제 10-1 스킬 서버 예제

```python
from flask import Flask, request
app = Flask(__name__)


# 카카오톡 텍스트형 응답  ❶
@app.route('/api/sayHello', methods=['POST'])
def sayHello():
    body = request.get_json()  # 봇 시스템 요청 body(SkillPayload)
    print(body)  # SkillPayload 출력

    responseBody = {
        "version": "2.0",
        "template": {
            "outputs": [
                {
                    "simpleText": {
                        "text": "안녕 hello I'm Ryan"
                    }
                }
            ]
        }
    }

    return responseBody

# 카카오톡 이미지형 응답  ❷
@app.route('/api/showHello', methods=['POST'])
def showHello():
    body = request.get_json()  # 봇 시스템 요청 body(SkillPayload)
    print(body)  # SkillPayload 출력

    responseBody = {
        "version": "2.0",
        "template": {
            "outputs": [
                {
                    "simpleImage": {
```

```
                                    "imageUrl": "https://t1.daumcdn.net/friends/prod/category/
    M001_friends_ryan2.jpg",
                                    "altText": "hello I'm Ryan"
                                }
                            }
                        ]
                    }
                }

        return responseBody

    if __name__ == '__main__':
        app.run(host='0.0.0.0', port=5000)   ❸
```

❶ 단순 텍스트형 응답을 반환하는 REST API(/api/sayHello)입니다. '/api/sayHello' 라우팅을 담당하는 sayHello( ) 함수는 카카오 봇 시스템의 요청 body(스킬 페이로드)를 확인하기 위해 로그를 출력한 후 단순 텍스트형 응답(simpleText)을 카카오 봇 시스템으로 반환합니다. 봇 시스템에 responseBody에 저장된 JSON 포맷을 전달하면 카카오톡 채팅창 화면에는 'hello I'm Ryan' 텍스트가 담긴 말풍선이 출력됩니다.

```
@app.route('/api/sayHello', methods=['POST'])
def sayHello():
    body = request.get_json()  # 봇 시스템 요청 body(SkillPayload)
    print(body)  # SkillPayload 출력

    responseBody = {
        "version": "2.0",
        "template": {
            "outputs": [
                {
                    "simpleText": {
                        "text": "안녕 hello I'm Ryan"
                    }
                }
            ]
        }
    }

    return responseBody
```

❷ 단순 이미지형 응답을 반환하는 REST API(/api/showHello)입니다. '/api/ showHello' 라우팅을 담당하는 showHello( ) 함수는 카카오 봇 시스템의 요청 body(스킬 페이로드)를 확인하기 위해 로그를 출력한 후 단순 이미지형 응답(simpleImage)을 카카오 봇 시스템으로 반환합니다. 봇 시스템에 responseBody에 저장된 JSON 포맷을 전달하면 카카오톡 채팅창 화면에는 손 흔드는 라이언 이미지가 담긴 말풍선이 출력됩니다.

```python
@app.route('/api/showHello', methods=['POST'])
def showHello():
    body = request.get_json()  # 봇 시스템 요청 body(SkillPayload)
    print(body)  # SkillPayload 출력

    responseBody = {
        "version": "2.0",
        "template": {
            "outputs": [
                {
                    "simpleImage": {
                        "imageUrl": "https://t1.daumcdn.net/friends/prod/caegory/
M001_friends_ryan2.jpg",
                        "altText": "hello I'm Ryan"
                    }
                }
            ]
        }
    }

    return responseBody
```

❸ Flask 서버를 실행합니다. 이때 host 인자에 '0.0.0.0'을 입력해야 모든 공개 IP로부터 수신 가능한 상태가 됩니다. host 인자를 생략하면 기본값으로 '127.0.0.1'이 설정되어 외부에서는 API 서버에 접속할 수 없습니다.

```python
app.run(host='0.0.0.0', port=5000)
```

이 절에서 사용한 예제는 카카오 아이 오픈빌더 도움말에서 node.js용으로 제공된 기본 예제를 파이썬 Flask에 맞게 수정한 것이며, 라이언 이미지 역시 오픈빌더 도움말의 기본 예제에서 사용한 이미지를 그대로 사용했습니다. 카카오 아이 오픈빌더 도움말에서 스킬 만들기 예제는

다음 웹사이트를 확인하세요.

```
i.kakao.com/docs/skill-build
```

> **NOTE_** 이 책에서 다루는 챗봇 엔진 및 API 서버를 카카오 봇 시스템과 연동하기 위해서는 클라우드 서비스(AWS, MS 에저 등)나 서버 호스팅을 받아야 합니다. 최근 대표적인 클라우드 서비스의 경우 일정 기간 무료로 사용할 수 있는 크래딧을 제공하니 직접 서버 구축이 어려우신 분은 클라우드 서비스를 이용해보세요.

10.3.3 오픈빌더에서 스킬/블록 등록하기

지금까지 과정을 잘 따라왔다면 2가지 기능을 처리할 수 있는 스킬 서버를 완성한 겁니다. 이제 카카오 봇 시스템에서 사용자 발화에 맞는 스킬을 호출해 응답을 받을 수 있도록 스킬과 블록을 등록하는 방법을 알아봅시다.

우리가 만든 스킬 API를 연결하려면 오픈빌더에서 2개의 스킬을 생성해야 합니다. 다음 그림처럼 스킬 탭으로 이동해서 '생성' 버튼 클릭합니다.

그림 10-16 오픈빌더 스킬 생성 시작

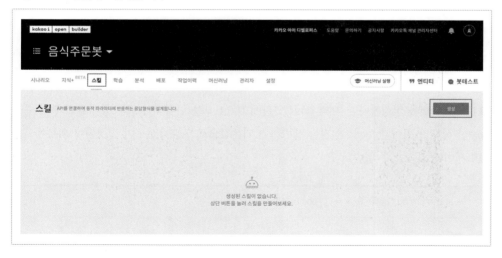

스킬 생성 페이지에서 앞서 만든 단순 텍스트 응답 스킬 API 정보를 다음 그림과 같이 입력한 후 '저장' 버튼을 클릭합니다. 이때 URL에는 본인이 구축한 스킬 API 서버 주소를 입력해야 합니다.

그림 10-17 단순 텍스트 응답 스킬 생성

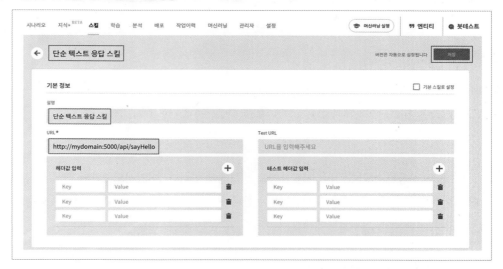

같은 방법으로 '단순 이미지 응답' 스킬도 생성해봅니다.

그림 10-18 단순 이미지 응답 스킬 생성

정상적으로 스킬 등록을 마쳤다면 다음 화면과 같이 등록된 스킬 정보를 확인할 수 있습니다.

그림 10-19 등록된 스킬 목록

스킬 등록 후 사용자 발화를 처리하는 블록을 생성해야 합니다. 여기서도 2가지 다른 종류의 발화를 처리하기 위해 2개의 블록을 생성해야 합니다. 다음 그림처럼 시나리오 탭으로 이동해서 '+ 시나리오' 버튼을 클릭합니다.

그림 10-20 시나리오 등록

블록 생성 페이지에서 블록 이름에 '단순 텍스트'를 입력한 후 사용자 발화에 사용자 입력으로 예상되는 질문을 등록합니다. 예제에서는 '안녕 텍스트'를 패턴 발화로 등록합니다. 이 외에도 다양한 발화 패턴을 등록할 수 있습니다. 이때 입력된 발화 패턴이 카카오톡 챗봇 상에서 입력된다면 해당 블록이 실행됩니다.

그림 10-21 블록에 사용자 발화 등록

사용자 발화 등록 후 발화 패턴이 인식됐을 때 호출될 스킬을 선택해야 합니다. 파라미터 설정 영역에서 '스킬 선택' 선택 박스를 선택하면 앞서 등록한 스킬 목록이 나옵니다. 이때 '단순 텍스트 응답 스킬'을 선택합니다. 일반 파라미터를 이용하면 인식된 발화에서 필요한 개체 정보 (엔티티)를 추출해 스킬 호출 시 파라미터로 전달할 수도 있습니다. 본 예제에서는 사용하지 않습니다.

그림 10-22 파라미터 설정에서 스킬 선택

이제 봇이 어떻게 사용자에게 응답할지 결정해야 합니다. 스킬 연동 없이 오픈빌더에서 사용자 가 직접 디자인한 응답 타입으로 사용 가능하지만 우리는 앞서 등록한 스킬 데이터로 봇 응답 설정을 하겠습니다.

그림 10-23 봇 응답에서 스킬 데이터 선택

모든 설정이 완료되었다면 '저장' 버튼을 클릭해 블록을 생성해주세요. 생성된 블록은 왼쪽 시나리오 메뉴에 새로 생성된 시나리오(시나리오 01) 그룹의 하위 메뉴로 관리됩니다.

그림 10-24 '단순 텍스트' 블록 저장

같은 방법으로 '단순 이미지' 블록도 생성하세요. 이미 시나리오가 생성되어 있기 때문에 시나리오 메뉴에서 '+ 블록 추가' 버튼을 클릭합니다. 블록 이름에 '단순 이미지'를 입력한 후 사용자 발화에 '안녕 이미지'를 등록합니다. 파라미터 설정에서 '단순 이미지 응답 스킬'을 선택한 후 봇 응답으로 '스킬 데이터'를 사용합니다.

그림 10-25 '단순 이미지' 블록 저장

정리하자면 사용자 발화 입력이 '안녕 텍스트'인 경우 '단순 텍스트 응답 스킬'이 호출되며, '안녕 이미지'인 경우 '단순 이미지 응답 스킬'이 호출되어 봇 응답을 처리합니다.

등록된 블록과 스킬을 카카오톡 챗봇에서 사용하려면 최종적으로 배포 과정을 거쳐야 합니다. 다음 그림처럼 오픈빌더의 배포 탭으로 이동해서 배포 내용을 입력한 후 '배포' 버튼을 클릭하세요. 배포 내용은 생략 가능하지만 변경 내역을 관리하기 위해서는 작성하는 게 좋습니다. 이후 오픈빌더 상에서 변경이 있을 때마다 반드시 재배포해야 카카오톡 챗봇에서 사용 가능합니다.

그림 10-26 실시간 배포

마지막으로 스킬에 연결된 블록이 동작하는지 카카오톡 챗봇에서 확인해봅시다. 오픈빌더에서 생성한 봇과 연결된 카카오톡 채널 채팅방에서 결과를 확인할 수 있습니다.

그림 10-27 카카오톡 챗봇 스킬 사용 결과

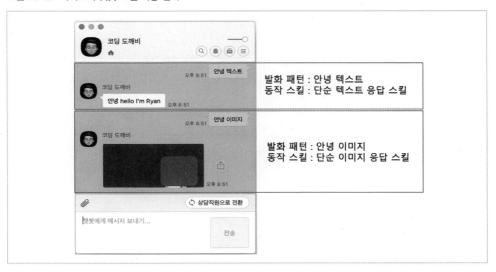

10.3.4 응답 타입별 JSON 포맷

스킬 서버에서 작성한 응답 타입별 JSON 포맷에 따라 카카오톡 말풍선 형태가 변경되는 걸 확인했습니다. 이렇듯 스킬을 통해 카카오톡의 다양한 말풍선을 직접 사용할 수 있습니다. 이 절에서는 스킬 서버에서 봇 시스템의 요청과 응답을 잘 처리하는 방법을 알아보기 위해 [예제 10-1]에서 설명한 내용을 자세하게 다루겠습니다. 우선 봇 시스템이 스킬 API를 호출할 때 전달되는 스킬 페이로드(SkillPayload)를 알아봅시다. 다음은 [예제 10-1]에서 /api/sayHello 주소를 라우팅했던 함수 내용의 일부분입니다.

```python
@app.route('/api/sayHello', methods=['POST'])
def sayHello():
    body = request.get_json()  # 봇 시스템 요청 body(SkillPayload)
    print(body)  # SkillPayload 출력
```

sayHello() 함수에서 요청받은 스킬 페이로드 데이터를 출력했을 때의 내용을 살펴봅시다. 스킬 페이로드 데이터 역시 JSON 포맷이며, 페이로드 내용이 길기 때문에 중요한 부분만 나눠서 설명하겠습니다.

bot은 사용자 발화를 받은 봇의 정보를 담고 있는 필드입니다. 봇 아이디와 이름 정보가 있습니다.

```json
"bot": {
    "id": "<봇 아이디>",
    "name": "음식주문봇"
},
```

intent는 인식된 사용자 발화의 블록 정보를 담고 있는 필드입니다. 아래 결과에서는 '안녕 텍스트' 발화 정보가 담긴 블록이기 때문에 블록 이름이 '단순 텍스트'입니다.

```json
"intent": {
    "id": "<블록 아이디>",
    "name": "단순 텍스트",
    "extra": {
        "reason": {
            "code": 1,
            "message": "OK"
```

```
            }
        }
    },
```

action은 실행되는 스킬 정보를 담고 있는 필드입니다. 오픈빌더에서 스킬 호출 시 일반 파라미터를 추가하면 사용자 발화에서 추출한 개체 정보(엔티티)를 prams, detailParams, clientExtra 필드에 포함합니다.

```
"action": {
    "id": "<스킬 아이디>",
    "name": "단순 텍스트 응답 스킬",
    "params": {},
    "detailParams": {},
    "clientExtra": {}
},
```

userRequest는 사용자 정보를 담고 있는 필드입니다. 스킬 페이로드에서 가장 중요한 정보들을 담고 있습니다. block은 사용자 발화가 인식된 블록 정보를 나타내며, user는 챗봇 사용자 정보를 나타냅니다. <사용자 botUserKey>는 유니크하기 때문에 챗봇에서 사용자를 식별하는 데 사용됩니다. utterance는 봇 시스템에 전달된 사용자 발화입니다. 즉, 챗봇 상에서 사용자로부터 입력받은 텍스트 정보가 담겨 있습니다.

이후 스킬 페이로드에서 userRequest의 utterance 필드 데이터만 추출해 챗봇 API 서버에 전달할 예정입니다.

```
"userRequest": {
    "block": {
        "id": "<블록 아이디>",
        "name": "단순 텍스트"
    },
    "user": {
        "id": "<사용자 botUserKey>",
        "type": "botUserKey",
        "properties": {
            "plusfriendUserKey": "<카카오 채널 사용자 id>"
        }
    },
```

```
      "utterance": "안녕 텍스트",
      "params": {},
      "lang": "ko",
      "timezone": "Asia/Seoul"
    },
    "contexts": []
  }
```

이제 스킬 서버에서 봇 시스템에 보내는 스킬 응답(SkillResponse)에 대해 알아봅시다. 다양한 스킬 응답이 있지만 이 절에서는 단순 텍스트와 단순 이미지 응답만 살펴보겠습니다. 스킬 응답은 version, template, context, data 4부분으로 구성되지만 우리에게 필요한 부분만 다루겠습니다. [예제 10-1]에서 responseBody 데이터에 관련된 내용이니 참조해서 보세요.

다음은 스킬 응답 JSON의 기본 구성입니다. version은 스킬 응답의 버전을 나타냅니다. 버전 정보가 없다면 구 스킬(v1) 응답으로 간주하기 때문에 반드시 version 필드를 포함해야 합니다. template은 스킬 응답 출력 형태 정보를 담고 있는 필드입니다. 봇 시스템에서는 스킬 템플릿(SkillTemplate)이라 부릅니다. 응답을 스킬 데이터로 사용하는 경우 반드시 포함해야 하는 필드입니다.

```
  {
    "version": "2.0",
    "template": {
      ...
    }
  }
```

스킬 템플릿에 대해 자세히 알아봅시다. 스킬에서는 다양한 스킬 템플릿을 제공하고 있으며 봇 응답 메시지에 따라 적절히 사용하면 됩니다.

스킬 템플릿 내의 outputs는 출력 그룹을 나타냅니다. 출력 그룹은 1~3개까지 출력 요소를 포함할 수 있으며, 출력 요소는 텍스트, 음성, 주소, 카드형 등 다양한 모습을 갖추고 있습니다.

```
{
    "version": "2.0",
    "template": {
        "outputs": [ ... ]
    }
}
```

다음은 outputs(출력 그룹)의 출력 요소를 설명한 표입니다.

표 10-2 출력 요소

출력 요소	설명
simpleText	간단 텍스트
simpleImage	간단 이미지
basicCard	기본 카드(이 책에서는 사용하지 않습니다.)
commerceCard	커머스 카드(이 책에서는 사용하지 않습니다.)
listCard	리스트 카드(이 책에서는 사용하지 않습니다.)

우리가 제작한 챗봇 엔진은 단순히 텍스트와 이미지만 출력하기 때문에 2가지 형태의 출력 요소만 알아보겠습니다.

simpleText는 단순 텍스트형 출력 요소입니다. 1,000자 이내의 텍스트를 포함할 수 있으며 다음과 같이 표현합니다.

```
{
  "version": "2.0",
  "template": {
    "outputs": [
        {
          "simpleText": {
            "text": "안녕 I'm Ryan"
          }
        }
    ]
  }
}
```

그림 10-28 simpleText 출력 예시

simpleImage는 단순 이미지형 출력 요소입니다. 이미지 링크 주소를 포함하면 사용자에게 스크랩해 보여줍니다. 이미지 링크가 유효하지 않은 경우를 대비해 대체 텍스트를 반드시 포함해야 합니다.

```
{
    "version": "2.0",
    "template": {
        "outputs": [
            {
                " simpleImage": {
                    "imageUrl": "https://t1.daumcdn.net/friends/prod/category/
M001_friends_ryan2.jpg",
                    "altText": "hello I'm Ryan"
                }
            }
        ]
    }
}
```

그림 10-29 simpleImage 출력 예시

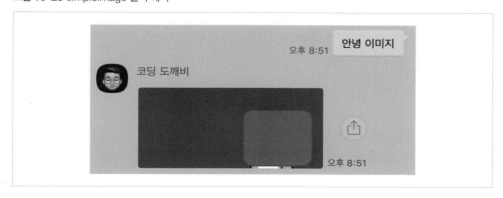

10.4 챗봇 API 서버에 카카오톡 연동

이 절에서는 9.3절에서 구현한 챗봇 API 서버에서 카카오톡 스킬을 처리할 수 있는 부분을 추가해봅니다. 9장에서는 메신저 플랫폼에 따라 API 서버 프로토콜을 정의해야 한다고 했습니다. 각 플랫폼에 따라 프로토콜을 부르는 명칭이 다르며 카카오톡에서는 스킬이라 표현합니다. 이 책에서도 스킬로 사용하고 있으니 혼돈 없길 바랍니다.

10.4.1 챗봇 API 서버 수정

카카오 스킬 템플릿을 생성하는 모듈을 먼저 만들어봅시다. 이 모듈은 봇 시스템으로 전달할 응답 타입별 JSON 포맷을 생성하는 기능을 가집니다. [예제 9-1]에서 생성한 /chatbot_api 디렉터리 내에 KakaoTemplate.py 파일을 생성하세요. [예제 9-1]에서 생성한 app.py와 같은 위치에 있어야 합니다.

예제 **10-2** KakaoTemplate 모듈

```
class KakaoTemplate:
    def __init__(self):
        # 템플릿 버전
        self.version = "2.0"

    # 단순 텍스트 출력 요소 ❶
    def simpleTextComponent(self, text):
        return {
            "simpleText": {"text": text}
        }

    # 단순 이미지 출력 요소 ❷
    def simpleImageComponent(self, imageUrl, altText):
        return {
```

```
                "simpleImage": {"imageUrl": imageUrl, "altText": altText}
        }

    # 사용자에게 응답 스킬 전송  ❸
    def send_response(self, bot_resp):
        responseBody = {
            "version": self.version,
            "template": {
                "outputs": []
            }
        }

        # 이미지 답변이 텍스트 답변보다 먼저 출력됨
        # 이미지 답변이 있는 경우
        if bot_resp['AnswerImageUrl'] is not None:
            responseBody['template']['outputs'].append(
                self.simpleImageComponent(bot_resp['AnswerImageUrl'], ''))

        # 텍스트 답변이 있는 경우
        if bot_resp['Answer'] is not None:
            responseBody['template']['outputs'].append(
                self.simpleTextComponent(bot_resp['Answer']))

        return responseBody
```

❶ text 변수 내용을 출력하는 simpleText 출력 요소를 만드는 함수입니다.

```
def simpleTextComponent(self, text):
    return {
        "simpleText": {"text": text}
    }
```

❷ 이미지 링크 주소의 이미지를 출력하는 simpleImage 출력 요소를 만드는 함수입니다.

```
def simpleImageComponent(self, imageUrl, altText):
    return {
        "simpleImage": {"imageUrl": imageUrl, "altText": altText}
    }
```

❸ 챗봇 엔진으로부터 받은 응답 데이터(8장에서 정의한 챗봇 엔진 서버 통신 프로토콜 참조)를 카카오톡 스킬 템플릿에 맞게 변환한 후 봇 시스템에 응답합니다.

```python
    def send_response(self, bot_resp):
        responseBody = {
            "version": self.version,
            "template": {
                "outputs": []
            }
        }

        # 이미지 답변이 텍스트 답변보다 먼저 출력됨
        # 이미지 답변이 있는 경우
        if bot_resp['AnswerImageUrl'] is not None:
            responseBody['template']['outputs'].append(
                self.simpleImageComponent(bot_resp['AnswerImageUrl'], ''))

        # 텍스트 답변이 있는 경우
        if bot_resp['Answer'] is not None:
            responseBody['template']['outputs'].append(
                self.simpleTextComponent(bot_resp['Answer']))

        return responseBody
```

이제 [예제 9-1]에서 생성한 /chatbot_api/app.py에 카카오톡 스킬 처리 부분을 추가합니다. 기존 코드에서 변경된 부분만 진하게 표시하겠습니다.

예제 10-3 챗봇 API 서버 – 카카오톡 스킬 처리 추가

```python
from flask import Flask, request, jsonify, abort
import socket
import json

# 챗봇 엔진 서버 접속 정보
host = "127.0.0.1"  # 챗봇 엔진 서버 IP 주소
port = 5050  # 챗봇 엔진 서버 통신 포트

# Flask 애플리케이션
app = Flask(__name__)

# 챗봇 엔진 서버와 통신
def get_answer_from_engine(bottype, query):
    # 챗봇 엔진 서버 연결
    mySocket = socket.socket()
    mySocket.connect((host, port))
```

```python
        # 챗봇 엔진 질의 요청
        json_data = {
            'Query': query,
            'BotType': bottype
        }
        message = json.dumps(json_data)
        mySocket.send(message.encode())

        # 챗봇 엔진 답변 출력
        data = mySocket.recv(2048).decode()
        ret_data = json.loads(data)

        # 챗봇 엔진 서버 연결 소켓 닫기
        mySocket.close()

    return ret_data

# 챗봇 엔진 query 전송 API
@app.route('/query/<bot_type>', methods=['POST'])
def query(bot_type):
    body = request.get_json()

    try:
        if bot_type == 'TEST':
            # 챗봇 API 테스트
            ret = get_answer_from_engine(bottype=bot_type, query=body['query'])
            return jsonify(ret)

        elif bot_type == "KAKAO":  ❶
            # 카카오톡 스킬 처리
            body = request.get_json()
            utterance = body['userRequest']['utterance']
            ret = get_answer_from_engine(bottype=bot_type, query=utterance)

            from KakaoTemplate import KakaoTemplate
            skillTemplate = KakaoTemplate()
            return skillTemplate.send_resp(ret)

        elif bot_type == "NAVER":
            # 네이버톡톡 처리(11장에서 구현)
            pass

        else:
            # 정의되지 않은 bot type인 경우 404 오류
            abort(404)
```

```
        except Exception as ex:
            # 오류 발생 시 500 오류
            abort(500)

    if __name__ == '__main__':  ❷
        app.run(host='0.0.0.0', port=5000)
```

❶ 봇 타입이 'KAKAO'일 때의 스킬 처리 부분입니다. request.get_json() 함수를 통해 스킬 페이로드를 불러온 뒤 사용자 발화 텍스트(utterance)만 추출합니다. 그다음 get_answer_from_engine() 함수를 호출해 챗봇 엔진 서버로부터 응답 데이터를 받아옵니다. 마지막으로 챗봇 엔진 서버의 응답 데이터를 앞서 구현한 KakaoTemplate 모듈을 이용해 스킬 템플릿 응답 JSON 포맷으로 변환하고 카카오 봇 시스템에 스킬 응답을 반환합니다. 간단하게 우리가 만든 챗봇 엔진을 카카오톡 봇 시스템에 연결했습니다.

```
        body = request.get_json()
        utterance = body['userRequest']['utterance']
        ret = get_answer_from_engine(bottype=bot_type, query=utterance)

        from KakaoTemplate import KakaoTemplate
        skillTemplate = KakaoTemplate()
        return skillTemplate.send_resp(ret)
```

❷ Flask 서버를 실행합니다. 이때 host 인자에 '0.0.0.0'을 입력해야 카카오 봇 시스템으로부터 요청 데이터를 받을 수 있습니다.

```
        app.run(host='0.0.0.0', port=5000)
```

카카오톡 채널 챗봇에서 엔진 연동 결과를 확인하기 위해서는 8장에서 구현한 챗봇 엔진 서버와 챗봇 API 서버를 동일한 서버에서 구동시켜야 합니다. [예제 10-3]에서 챗봇 엔진 서버 접속 정보를 localhost(127.0.0.1)로 지정했기 때문입니다. 서버를 분리하고 싶은 분은 챗봇 엔진 서버 접속 정보를 그에 맞게 지정해주면 됩니다. 챗봇 엔진 서버와 챗봇 API 서버가 동시에 구동되는 환경이라 접속 정보가 헷갈릴 수 있으니 주의 바랍니다.

표 10-3 서버 통신 포트 및 역할

서버 종류	통신 포트	연결 방식	역할
챗봇 엔진 서버 (8장에서 구현)	5050	TCP/IP 소켓	사용자 질의를 해석한 후 적절한 답변을 응답합니다.
챗봇 API 서버 (9장에서 구현)	5000	HTTP	챗봇 엔진과 카카오톡 사이를 연결하는 역할을 합니다. 카카오 봇 시스템 입장에서는 스킬 서버입니다.

10.4.2 오픈빌더 폴백 블록 설정 및 스킬 연결

사용자 발화를 우리가 제작한 챗봇 엔진에 전달해주기 위해서는 오픈빌더 폴백 블록을 사용해야 합니다. 봇 시스템에 추가로 등록된 블록이 없는 경우엔 모든 사용자 발화가 폴백 블록에서 처리됩니다. 따라서 폴백 블록에 챗봇 API 서버 스킬을 연결해야 합니다.

우리가 예제로 만든 [예제 10-1]의 스킬 서버는 더 이상 사용하지 않기 때문에 다음 그림처럼 블록과 시나리오를 삭제합니다.

그림 10-30 시나리오와 블록 삭제

챗봇 API 서버 연동을 위해 오픈빌더의 스킬 탭에서 스킬을 생성합니다. 이때 URL에는 'http://<챗봇 API 서버 주소>/query/KAKAO'를 입력합니다.

그림 10-31 챗봇 API 스킬 등록

다시 오픈빌더 시나리오 탭으로 돌아와 '폴백 블록'을 클릭합니다. 폴백 블록의 파라미터 설정에서 좀 전에 생성한 '나의챗봇엔진' 스킬을 선택합니다.

그림 10-32 폴백 블록에서 스킬 연결

스킬 선택 후 하단의 봇 응답에서 스킬 데이터를 선택하고 변경된 폴백 블록을 저장합니다.

그림 10-33 폴백 블록에서 봇 응답 설정

지금까지 잘 따라왔다면 우리가 제작한 챗봇 엔진으로 동작하는 카카오톡 챗봇을 확인할 수 있습니다. 오픈빌더에서 생성한 봇과 연결된 카카오톡 채널에서 챗봇 엔진 연동 결과를 확인해봅시다. 우리가 학습시켰던 대로 답변이 출력됩니다.

그림 10-34 카카오톡 챗봇 연동 결과

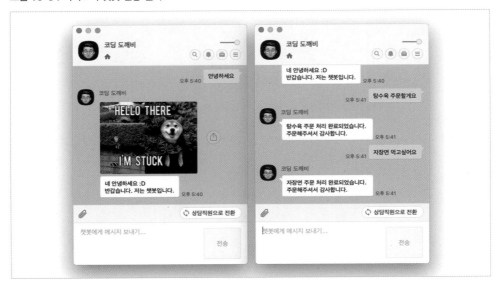

10.5 마치며

이 장에서는 우리가 만든 챗봇 엔진과 연동에 필요한 오픈빌더 기본 개념과 사용법을 알아보았습니다. 이 책은 챗봇 엔진의 기본 원리를 파악하고 구현해보기 위해 쓰였으므로 오픈빌더에 대한 자세한 설명은 생략했습니다. 오픈빌더의 기능만 가지고도 강력한 성능을 가진 챗봇을 만들 수 있지만 우리가 직접 원리를 이해하고 만들어본 챗봇 엔진을 카카오톡을 통해 확인해볼 수 있다는데 신기함을 느낍니다. 지금까지 만든 챗봇 엔진의 기능과 학습 데이터셋을 더 보강해 오픈빌더 기능과 같이 사용한다면 더 수준 높은 챗봇을 만들 수 있지 않을까 기대해봅니다.

> NOTE_ 오픈빌더 기능에 대해 더 알고 싶은 독자는 카카오 아이 오픈빌더 도움말을 자세히 살펴보세요.
> i.kakao.com/docs/getting-started-overview

## CHAPTER 11

네이버톡톡 챗봇 만들기

11.1 네이버톡톡 챗봇 플랫폼 소개

이 장에서는 우리가 만든 챗봇 엔진과 네이버톡톡 챗봇을 연동하는 방법을 알아봅니다. 네이버톡톡은 별도 앱이나 프로그램 설치 없이 친구들과 대화할 수 있는 웹 채팅 서비스입니다. 주로 네이버 쇼핑, 숙박업소 예약과 같은 서비스와 연계되어 비즈니스 메신저로 사용됩니다. 이 장에서 다루는 네이버톡톡 챗봇은 네이버톡톡 메신저에서 작동하는 챗봇을 의미합니다. 네이버톡톡 역시 사용 승인 과정을 거친다면 누구나 네이버톡톡 계정을 발급받을 수 있습니다. 네이버톡톡 챗봇 플랫폼은 봇을 만드는 데 필요한 Chat Bot API를 제공하며, 다양한 챗봇 메시지 전달과 네이버 서비스를 연결할 수 있습니다. 카카오 아이 오픈빌더와는 다르게 Chat Bot API는 높은 자유도를 사용자에게 부여하며 공식적으로 다양한 챗봇 엔진과 연계 가능합니다. 네이버에서도 네이버 클라우드 플랫폼을 통해 챗봇을 쉽게 만들 수 있는 봇빌더를 제공하지만 이 책에서는 다루지 않습니다.

> **NOTE_** 네이버톡톡 계정은 가입 후 기본적인 검수 과정을 거칩니다. 입력한 프로필 정보의 불건전성 및 사업자/단체 기관 정보 일치 여부 등 간단한 사항을 확인합니다. 보통 검수에 1~3일 정도 소요되며 회원정보에 등록된 휴대전화 번호로 검수 결과를 안내합니다.

네이버톡톡은 Chat Bot API를 사용하는 데 있어 HTTPS만 지원합니다. 따라서 사용 중인 서버가 보안을 위해 HTTPS에 연결되도록 설정되어야 합니다. 만일 소유 중인 도메인에 SSL을 적용할 수 없다면 네이버톡톡 챗봇을 사용할 수 없습니다. 이 장은 HTTPS 환경을 사용할 수 있다는 전제하에 진행됩니다.

11.1.1 네이버톡톡 가입

네이버톡톡 챗봇을 사용하기 위해서는 네이버톡톡 계정을 만들어야 합니다. 네이버톡톡 파트
너센터 사이트에 접속해주세요. 사이트 주소는 다음과 같습니다. 기존에 네이버톡톡 계정이 있
는 분은 이 절은 넘어가도 좋습니다.

```
partner.talk.naver.com/
```

네이버톡톡 계정은 개인이 만들 수도 있으며, 가입 절차가 복잡하진 않습니다. 우선 네이버톡
톡 파트너센터 사이트에서 '시작하기' 버튼을 클릭한 후 로그인합니다. 그다음 네이버톡톡 가입
을 위해 필요한 인증과 가입 정보를 입력하면서 진행합니다. 불필요한 과정은 지면 관계상 생
략하겠습니다. 마지막으로 계정 프로필 입력 화면에 프로필 정보를 정확하게 입력합니다. 해당
프로필 정보가 부정확하거나 불건전한 내용인 경우 계정 생성이 거절될 수 있습니다. 카카오톡
채널에 비해 간단하게 가입이 끝납니다.

그림 11-1 네이버톡톡 계정 생성

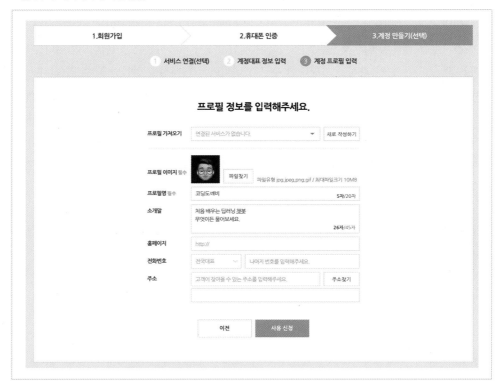

네이버톡톡 계정 사용 신청이 완료되면 내 계정 화면에 등록된 톡톡 계정 목록이 보입니다. 이제 검수가 끝날 때까지 기다립니다. 검수 과정에서 반려 연락을 받았다면 반려 사유를 꼼꼼히 읽어보고 수정 보완한 후 다시 계정 생성을 하세요.

그림 11-2 네이버톡톡 내 계정 목록

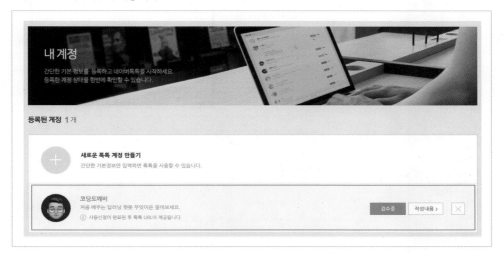

11.1.2 챗봇 API 설정

네이버톡톡에서 챗봇 사용을 위해 계정 관리 페이지에서 챗봇 API를 설정합니다. 챗봇 API 설정 메뉴에서 이용 약관에 동의한 후 챗봇 API 설정에 필요한 이벤트 받을 URL 입력과 챗봇에서 사용할 이벤트를 선택합니다. '이벤트 받을 URL'에는 'https://〈챗봇 API 서버 도메인〉/query/NAVER'를 입력합니다. 네이버톡톡은 HTTPS만 지원하기 때문에 사용 중인 서버가 HTTPS에 연결 가능해야 합니다. 'Event 선택'에서는 '이벤트 변경' 버튼을 클릭해 send, open, leave, friend를 선택합니다. 마지막으로 보내기 API 인증키^{Authorization}를 생성합니다. 생성된 인증키는 외부에 노출되지 않도록 주의해야 합니다.

그림 11-3 네이버톡톡 챗봇 API 설정

> **NOTE_** 네이버톡톡에서 챗봇 API 설정을 처음 하는 분은 챗봇 API 사용에 필요한 업체 정보 입력을 요구
> 받을 수 있습니다. 개인 계정인 경우에는 업체명과 업체 홈페이지가 없더라도 본인 이름이나 블로그 주소를
> 입력하면 문제없이 챗봇 API를 사용할 수 있습니다.

11.2 네이버톡톡 Chat Bot API v1

네이버톡톡 챗봇 플랫폼은 봇을 만드는 데 필요한 Chat Bot API를 제공합니다. 다음은 Chat Bot API의 동작 구조를 나타낸 그림입니다. 네이버톡톡 사용자는 챗봇 플랫폼을 통해 다양한 이벤트를 챗봇에 전달합니다. 사용자로부터 이벤트가 발생할 때마다 톡톡 챗봇 플랫폼은 [그림 11-4]에서 지정한 Webhook(이벤트 받을 URL)을 호출합니다. 반대로 챗봇은 보내기 API를 통해 자유롭게 사용자에게 메시지를 전달할 수 있습니다.

그림 11-4 Chat Bot API 동작 구조(출처 : 네이버톡톡 챗봇 API 가이드, github.com/navertalk/chatbot-api)

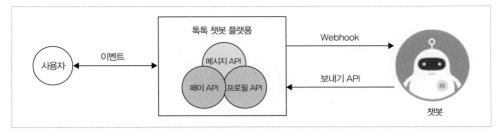

11.2.1 이벤트 명세

네이버톡톡에서 이벤트는 Webhook을 통해 챗봇 API 서버로 전달됩니다. 카카오 봇 시스템이 사용자 발화 데이터를 스킬 API 서버로 전달하는 것과 비슷한 개념입니다. 이벤트 요청 메시지는 HTTPS POST 요청으로 전달되며 body에 JSON 포맷으로 담겨 있습니다. 이벤트 요청 메시지의 기본 구조는 다음과 같습니다.

```
{
    "event": "<이벤트명>",
    "options": { /* 추가 속성 */ },
    "user": "<사용자 식별값>"
}
```

이벤트 요청 메시지에서 event 필드에는 [그림 11-3]에서 선택한 이벤트 종류가 들어옵니다. options 필드에는 특정 이벤트에서만 사용되는 추가적인 속성이 포함되어 있으며, user 필드에는 네이버톡톡 사용자를 식별할 수 있는 유니크 키 값이 포함되어 있습니다.

챗봇 API 서버가 톡톡 챗봇 플랫폼으로부터 이벤트 요청을 받은 이후에는 챗봇 엔진에서 처리된 결과를 이벤트 응답 메시지로 전송해야 합니다. 오픈빌더의 스킬 서버에서 응답 스킬을 전달하는 것과 동일한 개념입니다. 다음은 이벤트 응답 메시지의 기본 구조입니다. 응답과 동시에 이벤트를 전송하는 형태로 사용됩니다.

```
{
    "event": "send",
    "textContent": {
```

```
        "text": "hello world"
    }
}
```

다음은 네이버톡톡에서 지원하는 이벤트 종류를 설명한 표입니다.

이벤트	설명
open	사용자가 채팅창에 진입했을 때 전달되는 이벤트입니다. open 이벤트의 options 필드에 사용자 유입 정보가 포함되어 있습니다.
leave	사용자가 채팅창에서 나가기를 누르면 발생하는 이벤트입니다. 사용자가 채팅방을 나가는 시점을 확인할 수 있습니다.
friend	사용자가 톡톡 계정에서 친구추가 또는 친구철회를 누르면 발생하는 이벤트입니다. friend 이벤트의 options 필드에 친구추가 및 친구철회 정보가 포함되어 있습니다.
send	send 이벤트는 사용자와 챗봇이 메시지를 전송할 때 발생하는 이벤트입니다. send 이벤트의 메시지 타입에 따라 챗봇에 표현되는 말풍선 모양이 달라집니다.

11.2.2 메시지 타입 명세

챗봇 API 서버에서 톡톡 챗봇 플랫폼으로 응답 메시지를 전송할 때는 send 이벤트를 사용합니다. 이때 사용자에게 보여줄 챗봇 메시지의 종류를 선택할 수 있습니다.

textConent는 챗봇이 사용자에게 텍스트 메시지를 전송할 때나 사용자가 챗봇에 텍스트 메시지를 전송할 때 사용하는 메시지 타입입니다. 2가지 경우를 살펴봅시다.

• **사용자 → 챗봇 send 이벤트 textContent 메시지 타입 예시**

```
{
    "event": "send",
    "user": "<사용자 식별값>",
    "textContent": {
        "text": "안녕",
        "inputType": "typing "
    }
}
```

text 필드에는 사용자가 입력한 메시지(발화)가 담겨져 있습니다. inputType 필드는 사용자가 어떤 방식으로 메시지를 입력했는지 표현합니다. 예시에서 typing은 사용자가 직접 채팅 입력 창에 메시지를 입력해 보낸 경우입니다.

• **사용자 ← 챗봇 send 이벤트 textContent 메시지 타입 예시**

```
{
    "event": "send",
    "textContent": {
        "text": "네, 저도 반가워요.",
    }
}
```

text 필드에는 사용자에게 전달할 메시지를 입력합니다.

그림 11-5 textContent 출력 예시

imageContent는 이미지를 전송할 수 있는 메시지 타입입니다. 이미지 링크 주소를 포함하고 있으며, 고정된 이미지 형태로 전달됩니다. imageContent 메시지 타입도 챗봇이 사용자에게 이미지를 전송할 때나 사용자가 챗봇에 이미지를 전송할 때 사용합니다.

• **사용자 → 챗봇 send 이벤트 imageContent 메시지 타입 예시**

```
{
    "event": "send",
    "user": "<사용자 식별값>",
    "imageContent": {
        "imageUrl": "<네이버 서버에 저장된 이미지 URL>",
        "width": "<이미지 너비 >",
        "height": "<이미지 높이 >",
    }
}
```

imageURL 필드에는 사용자가 전송한 이미지 URL이 포함되어 있습니다. 이미지는 최대 20MB 까지 사용 가능하며, 이미지 포맷은 JPG, JPEG, PNG, GIF를 지원합니다.

• **사용자 ← 챗봇 send 이벤트 imageContent 메시지 타입 예시**

```
{
    "event": "send",
    " imageContent ": {
        " imageUrl": "<사용자에게 전송할 이미지 URL>",
    }
}
```

imageURL 필드에는 사용자에게 전달할 이미지 URL을 입력합니다. 챗봇이 사용자에게 이미지 를 전송할 때는 width와 height 필드를 생략합니다.

그림 11-6 imageContent 출력 예시

11.2.3 보내기 API 작성

앞서 소개했던 메시지 응답 방식은 동기식으로 사용자 이벤트 요청을 받으면 5초 이내에 응답 메시지를 전달해야 합니다. 카카오톡 챗봇 역시 동기식 방식입니다. 하지만 네이버톡톡은 사용자에게 비동기식으로 응답 메시지를 보낼 수 있는 API를 추가로 제공합니다. 메시지를 보낼 대상의 사용자 식별값만 알고 있다면 자유롭게 메시지를 전송할 수 있습니다. 주로 챗봇이 사용자에게 먼저 대화를 요청하거나 알림을 주고 싶을 때 사용합니다. 사용자 동의만 있다면 광고 메시지도 보낼 수 있습니다. 동기식처럼 사용자 이벤트에 대한 응답으로도 사용할 수 있습니다. 동기식에 비해 편리한 점이 많아 이 책에서는 비동기식 응답 방식을 사용합니다.

다음은 보내기 API를 통해 사용자에게 메시지를 비동기식으로 전송하는 예제입니다.

예제 11-1 보내기 API 예제

```
import requests, json

# 보내기 API 인증키  ❶
authorization_key = '<보내기 API 인증키>'
headers = {
    'Content-Type': 'application/json;charset=UTF-8',
    'Authorization': authorization_key,
}

# 사용자 식별값, 보낼 메시지 정의  ❷
user_key = '<메시지 전송 대상 사용자 식별값>'
data = {
    "event": "send",
    "user": user_key,
    "textContent": {"text": "hello world :D"}
}

# 보내기 API 호출  ❸
message = json.dumps(data)
response = requests.post(
    'https://gw.talk.naver.com/chatbot/v1/event',
    headers=headers,
    data=message)
print(response.status_code)
print(response.text)
```

❶ 보내기 API를 호출하기 위해서는 인증키[Authorization]가 필요합니다. 인증키는 네이버톡톡 챗봇 API 설정 화면에서 발급받았습니다([그림 11-3] 참조). 발급받은 인증키를 authorization_key 변수에 저장합니다.

```
authorization_key = '<보내기 API 인증키>'
headers = {
    'Content-Type': 'application/json;charset=UTF-8',
    'Authorization': authorization_key,
}
```

❷ 보내기 API를 사용하려면 메시지를 보낼 대상이 필요합니다. SMS 전송 시 수신자 번호가 필요한 것처럼 네이버톡톡에서도 메시지를 수신할 사용자 식별값이 필요합니다. 사용자 식별값은 open이나 send 이벤트 수신 시 user 필드 값을 사용자별로 DB에 저장해놓는다면 필요할 때마다 원하는 사용자에게 메시지를 전송할 수 있습니다.

```
user_key = '<메시지 전송 대상 사용자 식별값>'
data = {
    "event": "send",
    "user": user_key,
    "textContent": {"text": "hello world :D"}
}
```

❸ ❶과 ❷에서 정의한 header와 body 데이터를 request 모듈을 이용해 POST 전송합니다. requests.post( ) 함수의 data 인자에는 반드시 JSON 문자열이 들어가야 합니다.

```
message = json.dumps(data)  # JSON 문자열 변경
response = requests.post(
    'https://gw.talk.naver.com/chatbot/v1/event',
    headers=headers,
    data=message)
print(response.status_code)
print(response.text)
```

성공적으로 보내기 API 호출이 완료되면 HTTP 상태 코드 200과 함께 다음과 같은 응답 데이터를 반환합니다.

```
{
    "success" : true,
    "resultCode" : "00"
}
```

보내기 API가 정상적으로 호출된 경우 네이버톡톡 채팅 화면에 다음 그림과 같이 말풍선이 출력됩니다. 이렇듯 사용자에게 먼저 보내고 싶은 메시지나 이미지가 있는 경우 보내기 API를 사용하면 됩니다.

그림 11-7 보내기 API 호출 결과

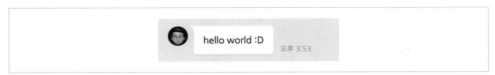

> **NOTE_** Chat Bot API 오류 코드는 다음 웹사이트에서 확인하세요.
> github.com/navertalk/chatbot-api#오류-명세

11.3 챗봇 API 서버에 네이버톡톡 연동

10.4절에서 카카오톡 스킬 처리 부분을 챗봇 API 서버에 추가했습니다. 이 절에서는 네이버톡톡 이벤트를 처리하는 부분을 챗봇 API 서버에 추가해보겠습니다.

11.3.1 챗봇 API 서버 수정

네이버톡톡 응답 이벤트를 생성하는 모듈을 만들어봅시다. 이 모듈은 톡톡 챗봇 플랫폼으로 전달할 응답 메시지(JSON 포맷)를 생성하는 기능을 가지게 됩니다. 기본 원리는 카카오 스킬 템플릿과 동일합니다. [예제 9-4]에서 생성한 /chatbot_api 디렉터리 내에 NaverEvent.py 파일을 생성하세요.

```python
import requests, json

class NaverEvent:
    def __init__(self, authorization):
        self.authorization_key = authorization

    # 텍스트 컨텐트 출력 요소  ❶
    def textContentComponent(self, text):
        return {
            "textContent": {
                "text": text
            }
        }

    # 이미지 컨텐트 출력 요소  ❷
    def imageContentComponent(self, imageUrl):
        return {
            "imageContent": {
                "imageUrl": imageUrl
            }
        }

    # 보내기 API로 메시지 전송
    def send_message(self, user_key, component):
        headers = {
            'Content-Type': 'application/json;charset=UTF-8',
            'Authorization': self.authorization_key,
        }

        data = {
            "event": "send",
            "user": user_key,
        }
        data.update(component)

        # 보내기 API 호출
        message = json.dumps(data)  # JSON 문자열 변경
        return requests.post(
            'https://gw.talk.naver.com/chatbot/v1/event',
            headers=headers,
            data=message)
```

```python
    # 사용자에게 응답 전송  ❸
    def send_resp(self, dst_user_key, bot_resp):
        # 이미지 답변이 텍스트 답변보다 먼저 출력됨
        # 이미지 답변이 있는 경우
        if bot_resp['AnswerImageUrl'] is not None:
            image = self.imageContentComponent(bot_resp['AnswerImageUrl'])
            self.send_message(user_key=dst_user_key, component=image)

        # 텍스트 답변이 있는 경우
        if bot_resp['Answer'] is not None:
            text = self.textContentComponent(bot_resp['Answer'])
            self.send_message(user_key=dst_user_key, component=text)

        return json.dumps({}), 200
```

❶ text 변수 내용을 출력하는 textContent 출력 요소를 만드는 함수입니다.

```python
    def textContentComponent(self, text):
        return {
            "textContent": {
                "text": text
            }
        }
```

❷ 이미지 링크 주소의 이미지를 출력하는 imageContent 출력 요소를 만드는 함수입니다.

```python
    def imageContentComponent(self, imageUrl):
        return {
            "imageContent": {
                "imageUrl": imageUrl
            }
        }
```

❸ 챗봇 엔진으로부터 받은 응답 데이터(8장에서 정의한 챗봇 엔진 서버 통신 프로토콜 참조)에 맞는 출력 요소를 결정한 뒤 사용자에게 이벤트 응답을 전송합니다. 보내기 API를 이용해 비동기 응답을 보냈기 때문에 마지막에 빈 응답 데이터와 함께 HTTP 상태 코드 200을 반환합니다.

```python
    def send_resp(self, dst_user_key, bot_resp):
        # 이미지 답변이 텍스트 답변보다 먼저 출력됨
        # 이미지 답변이 있는 경우
        if bot_resp['AnswerImageUrl'] is not None:
            image = self.imageContentComponent(bot_resp['AnswerImageUrl'])
            self.send_message(user_key=dst_user_key, component=image)

        # 텍스트 답변이 있는 경우
        if bot_resp['Answer'] is not None:
            text = self.textContentComponent(bot_resp['Answer'])
            self.send_message(user_key=dst_user_key, component=text)

        return json.dumps({}), 200
```

이제 [예제 10-3]에서 수정한 /chatbot_api/app.py에 네이버톡톡 이벤트 처리 부분을 추가합니다. 기존 코드에서 변경된 부분만 진하게 표시하겠습니다.

예제 11-3 챗봇 API 서버 – 네이버톡톡 이벤트 처리 추가

```python
from flask import Flask, request, jsonify, abort
import socket
import json

# 챗봇 엔진 서버 접속 정보
host = "127.0.0.1"  # 챗봇 엔진 서버 IP 주소
port = 5050  # 챗봇 엔진 서버 통신 포트

# Flask 애플리케이션
app = Flask(__name__)

# 챗봇 엔진 서버와 통신
def get_answer_from_engine(bottype, query):
    # 챗봇 엔진 서버 연결
    mySocket = socket.socket()
    mySocket.connect((host, port))

    # 챗봇 엔진 질의 요청
    json_data = {
        'Query': query,
        'BotType': bottype
    }
    message = json.dumps(json_data)
    mySocket.send(message.encode())
```

```python
        # 챗봇 엔진 답변 출력
        data = mySocket.recv(2048).decode()
        ret_data = json.loads(data)

        # 챗봇 엔진 서버 연결 소켓 닫기
        mySocket.close()

    return ret_data

# 챗봇 엔진 query 전송 API
@app.route('/query/<bot_type>', methods=['POST'])
def query(bot_type):
    body = request.get_json()

    try:
        if bot_type == 'TEST':
            # 챗봇 API 테스트
            ret = get_answer_from_engine(bottype=bot_type, query=body['query'])
            return jsonify(ret)

        elif bot_type == "KAKAO":
            # 카카오톡 스킬 처리
            body = request.get_json()
            utterance = body['userRequest']['utterance']
            ret = get_answer_from_engine(bottype=bot_type, query=utterance)

            from KakaoTemplate import KakaoTemplate
            skillTemplate = KakaoTemplate()
            return skillTemplate.send_response(ret)

        elif bot_type == "NAVER":    ❶
            # 네이버톡톡 이벤트 처리
            body = request.get_json()
            user_key = body['user']
            event = body['event']

            from NaverEvent import NaverEvent
            authorization_key = '<보내기 API 인증키>'
            naverEvent = NaverEvent(authorization_key)

            if event == "open":
                # 사용자가 채팅방에 들어왔을 때 처리
                print("채팅방에 유저가 들어왔습니다.")
                return json.dumps({}), 200
```

```
        elif event == "leave":
            # 사용자가 채팅방에서 나갔을 때 처리
            print("채팅방에서 유저가 나갔습니다.")
            return json.dumps({}), 200

        elif event == "send":
            # 사용자가 챗봇에 send 이벤트를 전송했을 때
            user_text = body['textContent']['text']
            ret = get_answer_from_engine(bottype=bot_type, query=user_text)
            return naverEvent.send_response(user_key, ret)

    else:
        # 정의되지 않은 bot type인 경우 404 오류
        abort(404)

except Exception as ex:
    # 오류 발생 시 500 오류
    abort(500)

if __name__ == '__main__':
    app.run(host='0.0.0.0', port=5000)
```

❶ 봇 타입이 'NAVER'일 때의 이벤트 처리 부분입니다. 네이버톡톡 이벤트를 어떻게 처리하는지 조금씩 나눠서 살펴봅시다.

request.get_json() 함수를 호출해 이벤트 요청 body에서 사용자 식별값(user_key)과 이벤트 종류(event)를 추출합니다.

```
elif bot_type == "NAVER":
    # 네이버톡톡 이벤트 처리
    body = request.get_json()
    user_key = body['user']
    event = body['event']
```

네이버톡톡 응답 이벤트를 생성하는 모듈(NaverEvent)을 불러와 NaverEvent 객체를 생성합니다. 이때 보내기 API 인증키가 필요합니다.

```
from NaverEvent import NaverEvent
authorization_key = '<보내기 API 인증키>'
naverEvent = NaverEvent(authorization_key)
```

사용자가 채팅방에 입장했을 때 입장 안내 메시지를 디버그 메시지로 출력한 후 HTTP 상태
코드 200을 반환합니다.

```python
if event == "open":
    # 사용자가 채팅방에 들어왔을 때 처리
    print("채팅방에 유저가 들어왔습니다.")
    return json.dumps({}), 200
```

사용자가 채팅방에서 빠져나갔을 때 퇴장 안내 메시지를 디버그 메시지로 출력한 후 HTTP 상
태 코드 200을 반환합니다.

```python
elif event == "leave":
    # 사용자가 채팅방에서 나갔을 때 처리
    print("채팅방에서 유저가 나갔습니다.")
    return json.dumps({}), 200
```

사용자가 챗봇에 메시지를 전송했을 때 사용자 발화를 user_text에 저장합니다. 그다음 get_
answer_from_engine() 함수를 호출해 챗봇 엔진 서버로부터 응답 데이터를 받아옵니다. 마
지막으로 챗봇 엔진 서버 응답 데이터를 앞에서 구현한 NaverEvent 모듈을 이용해 사용자에게
이벤트 응답을 전송합니다.

```python
elif event == "send":
    # 사용자가 챗봇에 send 이벤트를 전송했을 때
    user_text = body['textContent']['text']
    ret = get_answer_from_engine(bottype=bot_type, query=user_text)
    return naverEvent.send_response(user_key, ret)
```

10장에서 실습했듯이 네이버톡톡 챗봇에서도 엔진 연동 결과를 확인하기 위해서는 8장에서 구
현한 챗봇 엔진 서버와 챗봇 API 서버를 동일한 서버에서 구동시켜야 합니다. 챗봇 엔진 서버
와 챗봇 API 서버가 동시에 구동되는 환경이라 접속 정보가 헷갈릴 수도 있으니 다시 한 번 주
의 바랍니다. 지금까지 잘 따라왔다면 우리가 제작한 챗봇 엔진으로 동작하는 네이버톡톡 챗봇
을 확인할 수 있습니다. 네이버톡톡 챗봇은 웹 기반 채팅 서비스이기 때문에 접속 URL을 제공
합니다. 본인 계정의 파트너 아이디를 확인해서 챗봇 엔진 연동 결과를 확인해보세요. 우리가
학습시켰던 대로 답변이 출력됩니다.

그림 11-8 네이버톡톡 챗봇 연동 결과

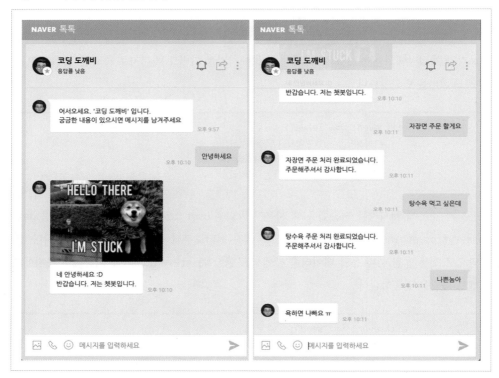

11.4 마치며

이 장에서는 네이버톡톡과 우리가 만든 챗봇 엔진을 연동하는 방법을 알아봤습니다. 일반적인 용어만 차이 있을 뿐 기본 개념과 사용법은 카카오톡 챗봇과 비슷합니다. 다른 메신저 플랫폼도 별반 다르지 않습니다. 여기까지 잘 따라왔다면 다른 플랫폼 역시 적용하는 데 어려움이 없으리라 생각합니다.

네이버톡톡은 카카오톡에 비해 다양한 API를 제공하고 있어 개발자 친화적으로 챗봇 개발을 할 수 있는 장점이 있습니다. 하지만 카카오톡에 비해 사용성이 떨어지는 단점도 존재합니다. 그럼에도 불구하고 앱 설치 없이 웹 상에서 다양한 네이버 서비스(네이버검색, 네이버쇼핑, 네이버페이 등)를 활용할 수 있는 챗봇을 만들 수 있습니다. 이런 장점을 활용해 카카오톡 챗봇과는 다른 서비스를 제공할 수 있습니다. 이 책이 조금이라도 챗봇 동작 원리를 파악하는 데 도움이 되었으면 하는 마음으로 모든 과정을 마치겠습니다. 여기까지 오느라 수고 많으셨습니다.

개발 환경 구축

부록 A에서는 이 책에 내용을 실습하기 위해 필요한 기본적인 개발 환경을 설정하겠습니다. 이
책의 모든 코드는 파이썬 언어로 구성되어 있기 때문에 운영체제별로 파이썬 개발 환경을 구축
하는 방법을 알아봅니다. 필자의 경우 맥북을 사용하고 있기 때문에 맥OS 중심으로 설명하겠
지만 PC를 사용하는 독자들을 위해 윈도우에서 개발 환경을 설정하는 방법도 소개하겠습니다.
다행히 파이썬의 경우 운영체제별로 필요한 패키지를 설치하는 방법이 동일하기 때문에 어려
운 점은 없습니다. 또한 7장을 실습하기 위해서는 MySQL 데이터베이스를 사용해야 합니다.
로컬에 직접 설치해도 되지만 이 책에서는 AWS RDS(MySQL)을 사용했습니다. RDS 설정
은 부록 B에서 설명합니다.

A.1 맥에서 파이썬 설치하기

맥의 경우 기본적으로 파이썬 2가 설치되어 있습니다. 하지만 이 책에서는 파이썬 3.7.7 버전
을 사용합니다. 따라서 홈브루를 이용해 파이썬 3을 별도로 설치해야 합니다. 홈브루는 맥의
명령어 인터페이스 환경에서 손쉽게 패키지 설치를 도와주는 패키지 관리 프로그램입니다. 우
분투에서 apt를 사용하는 것과 동일한 역할을 합니다. 홈브루는 맥에 기본 설치되어 있지만 설
치되어 있지 않다면 아래 명령어로 설치하면 됩니다. 설치 명령어가 길기 때문에 직접 입력하
기보다는 홈브루 홈페이지(brew.sh/index_ko)를 참조해서 설치 명령어를 복사하여 붙여넣
기 하는 것이 편리합니다.

```
/bin/bash -c "$(curl -fsSL https://raw.githubusercontent.com/Homebrew/install/
master/install.sh)"
```

맥에서 터미널을 실행시킨 뒤 다음 명령어를 입력합니다. 홈브루가 파이썬 패키지를 자동으로 다운로드받아 설치를 진행합니다. 2020년 7월 기준으로 3.8.4 버전이 최신 버전입니다. 하지만 텐서플로나 라이브러리 등에서 호환성 문제가 발생할 수도 있으므로 이 책의 버전과 동일하게 3.7.x 버전으로 설치합니다.

```
brew install python@3.7
```

설치가 완료되었다면 터미널에서 python3 명령어를 입력해봅니다. 다음과 같이 파이썬 3 인터프리터가 실행되는 모습을 볼 수 있습니다.

그림 A-1 파이썬 3 인터프리터 실행

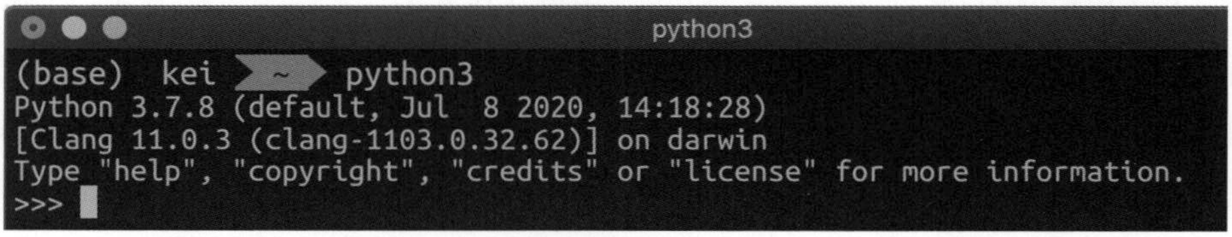

A.2 윈도우에서 파이썬 설치하기

윈도우 사용자는 파이썬 공식 홈페이지(www.python.org)에 접속해서 파이썬 설치 실행 파일을 다운로드해야 합니다. 메뉴에서 'Downloads'를 선택하고 'Windows'를 클릭합니다. 다음 화면이 나타나면 Python 3.7.8rc1 버전에서 Windows x86 executable installer 링크를 클릭해 설치 파일을 다운로드합니다.

그림 A-2 파이썬 3 다운로드

다운로드한 설치 파일을 실행하면 다음과 같은 화면이 나옵니다. 'Add Python 3.7 to PATH' 항목을 선택한 후 'Install Now'를 클릭합니다.

그림 A-3 파이썬 3 설치

설치가 완료되면 윈도우 cmd에서 python 명령어를 입력해봅니다. 다음과 같이 파이썬 3 인터프리터가 실행되는 모습을 볼 수 있습니다.

그림 A-4 파이썬 3 인터프리터 실행

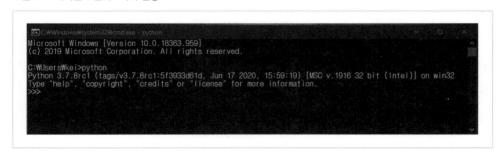

A.3 아나콘다 설치하기

아나콘다는 데이터 분석 및 과학 분야 필요한 패키지들을 기본적으로 포함하고 있는 파이썬 배포판입니다. 머신러닝에 필요한 패키지들이 기본적으로 포함되어 있기 때문에 패키지 설치에 따른 스트레스를 줄일 수 있습니다. 뿐만 아니라 파이썬 개발에 필요한 가상 환경을 관리할 수 있어 편리한 점이 많습니다. 맥뿐만 아니라 윈도우에서도 아나콘다를 사용할 수 있습니다.

아나콘다 홈페이지(anaconda.com/products/individual)에서 '다운로드' 버튼을 클릭해 운영체제에 맞는 Python 3.7 설치 파일을 다운로드합니다. 맥 사용자의 경우 GUI 환경에서 손쉬운 설치를 위해 64-Bit Graphical Installer를 다운로드합니다.

그림 A-5 아나콘다 설치 프로그램 다운로드

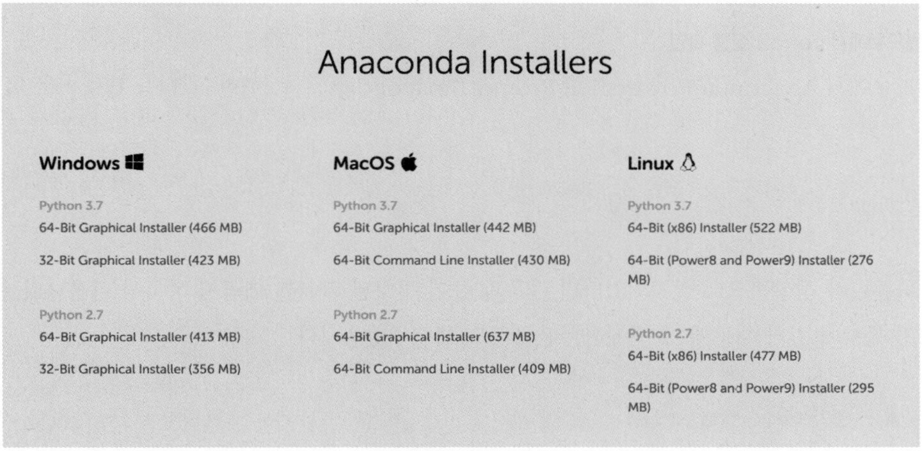

아나콘다 설치가 완료되면 아나콘다에서 가상 환경을 관리하는 콘다^{conda} 패키지 매니저 프로그램이 정상적으로 실행되는지 확인해봅니다.

• 맥에서 conda 실행 확인

맥 터미널에서 다음 명령어를 입력합니다.

```
conda list
```

아나콘다가 정상적으로 설치되었다면 다음과 같이 설치된 파이썬 패키지 목록이 나옵니다. 패키지 목록이 길기 때문에 이 책에서는 앞부분만 보여주었습니다.

그림 A-6 맥에서 conda list 실행

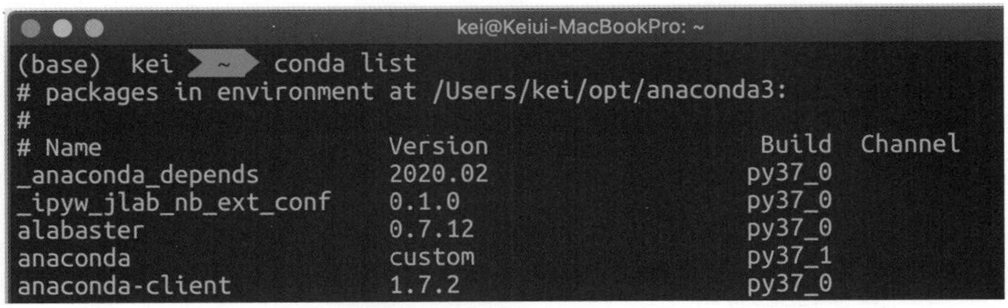

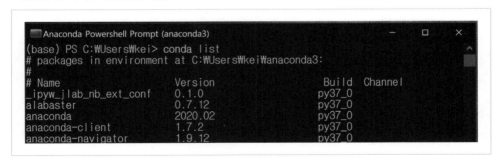

• 윈도우에서 conda 실행 확인

윈도우에서 Anaconda Powershell Prompt(anaconda3)를 실행한 후 다음 명령어를 입력합니다.

```
conda list
```

아나콘다가 정상적으로 설치되었다면 다음과 같이 설치된 파이썬 패키지 목록이 나옵니다. 패키지 목록이 길기 때문에 이 책에서는 앞부분만 보여주었습니다.

그림 A-7 윈도우에서 conda list 실행

윈도우와 맥은 터미널 프로그램만 다를 뿐 CLI 환경에서 콘다 명령어는 동일하기 때문에 운영체제에 관계없이 사용할 수 있습니다.

A.4 CLI 환경에서 콘다로 가상 환경 만들기

파이썬 프로젝트를 진행하다 보면 경우에 따라 같은 패키지라도 버전을 다르게 사용하는 경우가 자주 생깁니다. 사용하는 패키지에 따라 의존성에 맞는 버전을 사용하기 때문에 운영 시스템에 바로 설치하게 되면 다른 프로젝트에서는 실행이 안 되는 문제가 생길 수도 있습니다. 따라서 가상 환경 virtual environment을 사용하여 해당 문제를 해결합니다. 가상 환경을 사용할 경우 프로젝트마다 독립된 환경을 가지기 때문에 다른 프로젝트의 환경 설정이나 패키지 버전 충돌과 같은 문제를 막을 수 있습니다.

아나콘다에서는 콘다 패키지 매니저 프로그램으로 가상 환경을 관리합니다. 콘다를 이용해 이 책에서 실습에 필요한 가상 환경을 만들어봅시다.

• 가상 환경 생성

```
conda create -n <가상 환경명> python=<파이썬 버전>
```

다음과 같이 파이썬 3.7 버전을 사용하는 chatbot 이름을 갖는 가상 환경을 만들어봅시다. 가상 환경을 생성하면서 기본적으로 필요한 패키지들을 다운로드받습니다.

```
# conda create -n chatbot python=3.7
```

• 가상 환경 활성화

생성된 가상 환경을 사용하기 위해서는 가상 환경을 활성화시켜야 합니다.

```
conda activate <가상 환경명>
```

chatbot 가상 환경을 이용해 활성화시키면 다음과 같은 상태가 됩니다. 프롬프트 앞쪽에 (chatbot)처럼 가상 환경명이 표시됩니다. 이제 chatbot 프로젝트 독립된 가상 환경에서 다양한 패키지를 설치해 사용할 수 있습니다.

```
(base) # conda activate chatbot
(chatbot) #
```

• 가상 환경에서 파이썬 실행

chatbot 가상 환경으로 활성화한 후 python 명령어를 입력합시다. 간단한 프로젝트인 경우에는 운영 시스템에 직접 설치한 파이썬 인터프리터를 사용해도 상관없습니다. 하지만 패키지 의존도가 복잡한 프로젝트인 경우 가상 환경을 생성해서 개발하는 편이 좋습니다.

```
(chatbot) # python
```

2장에서 파이썬의 기본 문법을 배울 때는 파이썬 인터프리터를 사용합니다. 파이썬 인터프리터는 코드 입력이 불편하지만 파이썬 코드를 작성한 뒤 즉각적으로 실행 결과를 확인할 수 있어 처음 공부할 때 좋습니다. 하지만 코드양이 많아지면 불편할 수 있으므로 에디터나 IDE 툴을 설치해야 합니다.

• 가상 환경 비활성화

활성화된 가상 환경을 비활성화시키려면 다음 명령어를 사용합니다.

```
conda deactivate
```

chatbot 가상 환경을 비활성화시키면 다음과 같이 이전 환경(base)으로 되돌아갑니다.

```
(chatbot) # conda deactivate
(base) #
```

A.5 기타 패키지 설치하기

이 책에서 소개한 코드를 실습하기 위해 필요한 패키지들을 설치하겠습니다. 앞에서 생성한 가상 환경(chatbot)에서 패키지를 설치해야 합니다.

• Tensorflow 2.1 설치

6장 이후 딥러닝 모델을 실습하려면 텐서플로 프레임워크가 필요합니다. 이 책에서는 텐서플로 2.1 버전을 사용합니다.

```
(chatbot) # pip install tensorflow==2.1
```

• Java SE Runtime Environment 8 설치

3장 이후 코모란^{Komoran} 형태소 분석기를 사용하려면 JRE 8 또는 상위 버전을 설치해야 합니다. 다음 웹사이트에서 운영체제에 맞는 JRE 설치 파일을 다운로드한 후 설치합니다.

```
oracle.com/java/technologies/javase-jre8-downloads.html
```

• KoNLPy 패키지와 코모란 형태소 분석기 설치

3장 이후 형태소 분석기를 사용하기 위해 설치하는 파이썬 패키지입니다.

```
(chatbot) # pip install konlpy
(chatbot) # pip install PyKomoran
```

• Gensim 패키지 설치

4장에서 Word2Vec 임베딩을 사용하기 위해 설치합니다.

```
(chatbot) # pip install gensim
```

• 사이킷런 패키지 설치

사이킷런 패키지는 머신러닝에 필요한 도구를 제공하는 라이브러리입니다. 6장에 train_test_split( ) 함수를 사용하기 위해 설치합니다.

```
(chatbot) # pip install sklearn
```

• Seqeval 패키지 설치

시퀀스 레이블 점수 평가에 사용하는 파이썬 프레임워크입니다. 6장에서 평가 모델의 F1 스코어를 계산하기 위해 설치합니다.

```
(chatbot) # pip install seqeval
```

• PyMySQL 패키지 설치

파이썬에서 MySQL을 사용하기 위해 설치합니다. 7장에서 학습 데이터베이스를 제어하기 위해 설치합니다.

```
(chatbot) # pip install PyMySQL
```

• OpenPyXL 패키지 설치

파이썬에서 엑셀 파일을 제어하기 위해 설치합니다. 2장과 7장에서 사용합니다.

```
(chatbot) # pip install openpyxl
```

• Pandas, xlrd 패키지 설치

Pandas 패키지는 데이터 분석 및 처리를 위한 라이브러리이며, xlrd 패키지는 Pandas 패키지에서 엑셀 파일을 제어하기 위해 사용하는 패키지입니다. 해당 패키지는 2장 이후 데이터 분석을 위해 사용합니다.

```
(chatbot) # pip install pandas xlrd
```

• Matplotlib 패키지 설치

데이터를 시각화하는 데 필요한 도구를 제공하는 패키지입니다. 2장 이후 데이터 플롯을 그리기 위해 사용합니다.

```
(chatbot) # pip install matplotlib
```

• Flask 웹 프레임워크와 requests 패키지 설치

Flask는 파이썬에서 웹 애플리케이션 개발을 도와주는 경량화된 웹 프레임워크입니다. 9장 이후 REST API 개발을 위해 설치합니다. Request는 파이썬에서 HTTP 요청을 보내는 모듈입니다. 11장에서 외부 API를 호출하기 위해 설치합니다.

```
(chatbot) # pip install flask
(chatbot) # pip install requests
```

A.6 PyCharm 설치 및 프로젝트 생성

파이썬 프로젝트를 진행할 때 IDE^{Integrated Development Environment}를 사용하면 개발에 많은 도움이 됩니다. 다양한 파이썬용 IDE가 존재하지만 이 책에서는 파이참^{PyCharm} 기준으로 설명하겠습니다. 파이참은 Jet Brains가 만든 IDE이며, 프로페셔널 버전과 무료로 사용 가능한 커뮤니티 버전이 있습니다. 우리는 커뮤니티 버전을 설치합니다. 다음 웹사이트에서 본인 환경에 맞는 파이참 커뮤니티 버전을 다운로드받아 설치합니다. 파이참은 2020년 7월 기준 2020.1.3 버전이 최신 버전입니다.

```
jetbrains.com/pycharm
```

그림 A-8 파이참 다운로드 페이지

여러분 환경에 맞게 파이참 설치를 완료했다면 파이참 프로젝트를 생성해봅시다. 이 프로젝트는 앞서 CLI에서 콘다로 생성한 가상 환경을 사용합니다. 우선 파이참을 실행시켜 프로젝트 웰컴 화면에서 'Create New Project' 버튼을 클릭합니다.

그림 A-9 파이참 프로젝트 웰컴 화면

프로젝트 생성 화면에서 프로젝트명으로 'Location'을 지정한 후 'Existing interpreter'를 선택합니다. 기존에 생성된 파이썬 인터프리터를 선택하기 위해서 '...' 버튼을 클릭합니다.

그림 A-10 새 프로젝트 생성

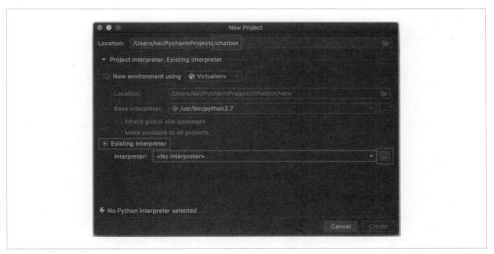

앞서 생성한 콘다 가상 환경(chatbot)에 설치한 파이썬 인터프리터를 추가해야 합니다. 왼쪽 메뉴에서 'Conda Environment'를 선택한 후 Interpreter에서 앞서 생성한 콘다 가상 환경에 설치한 파이썬 인터프리터 위치를 선택합니다.

그림 A-11 파이썬 인터프리터 추가

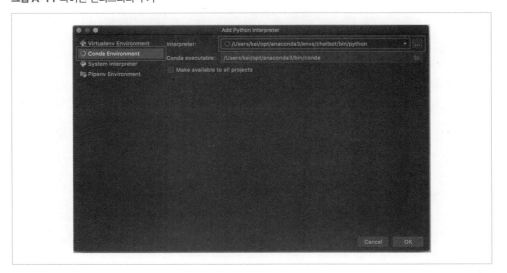

파이썬 인터프리터 위치를 해당 가상 환경에 맞게 지정해야 합니다. 앞서 생성한 파이썬 인터프리터 위치가 보이지 않는다면 '...' 버튼을 클릭해 수동으로 위치를 선택합니다. 콘다 가상 환경의 위치를 확인하기 위해서는 CLI에서 다음 명령어를 실행합니다. 그러면 현재 생성된 가상 환경 목록을 보여줍니다.

```
# conda env list
```

다음은 필자의 맥에 생성된 콘다 가상 환경 목록입니다. 책대로 실습했다면 여러분 환경에는 base와 chatbot 가상 환경만 존재합니다. 여기서 확인한 가상 환경 경로 뒤에 '/bin/python'만 붙여 파이썬 인터프리터 경로로 사용합니다.

그림 A-12 콘다 가상 환경 목록

추가된 가상 환경의 파이썬 인터프리터가 다음 그림처럼 선택되었다면 'Create' 버튼을 클릭해 프로젝트 생성을 완료합니다.

그림 A-13 새 프로젝트 생성

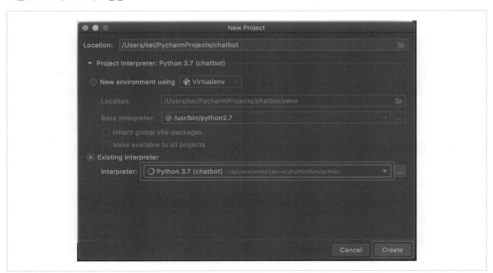

생성된 프로젝트에 'hello.py' 파일을 추가하여 다음 그림처럼 파이썬 코드를 입력해봅시다. 그 후 Run 메뉴에서 Run 'hello'를 클릭해 작성한 파이썬 코드를 실행합니다.

그림 A-14 Hello 파이썬 코드

다음 그림처럼 IDE 하단에 실행 결과 탭이 나오면 파이썬 개발 환경 구축이 완료된 겁니다.

그림 A-15 파이썬 코드 실행 결과

AWS에서 챗봇 구동 환경 만들기

부록 B에서는 우리가 지금까지 만든 챗봇 엔진과 API 서버를 구동시키기 위해 필요한 환경을 만들겠습니다.

> **NOTE_** AWS 및 서버 세팅에 관련된 내용은 이 책의 주제에 벗어납니다. 따라서 AWS 서비스 생성이나 세팅 방법은 상세하게 다루지 않습니다. 부족한 부분은 AWS 공식 문서나 다른 인터넷 자료를 참고하세요.

챗봇을 구동시키기 위해서는 AWS의 EC2$^{Elastic\ Compute\ Cloud}$, EBS$^{Elastic\ Block\ Storage}$, RDS$^{Relational\ Database\ Service}$가 필요합니다. AWS 계정이 없으면 AWS 사이트(aws.amazon.com)에 접속해서 계정을 새로 만드세요. AWS에 처음 가입하는 경우 AWS 프리 티어 프로그램을 1년 동안 제공합니다.

> **NOTE_** AWS 프리 티어는 AWS 서비스를 1년간 무료로 체험해볼 수 있는 프로그램입니다. 하지만 모든 서비스가 무료는 아니므로 조심해서 사용해야 합니다. 프리 티어 프로그램에 대해 자세히 알고 싶은 분은 다음 웹사이트를 참고하세요.
> aws.amazon.com/ko/free/

다음은 챗봇 구축에 필요한 최소한의 프리 티어 지원 AWS 제품 목록을 정리한 표입니다. 다양한 프리 티어 제품을 확인하고 싶으면 AWS 프리 티어 프로그램 웹사이트를 방문하면 됩니다. AWS 제품들은 사용한 만큼 비용을 지불해야 합니다. 따라서 사용하지 않는 경우엔 반드시 생성한 인스턴스들을 삭제해야 합니다.

부록 B AWS에서 챗봇 구동 환경 만들기 **377**

표 B-1 AWS 프리 티어 제품 목록

프리티어	설명
EC2	월간 750시간 t2.micro 인스턴스만 무료로 제공합니다. 다른 타입의 인스턴스를 선택하면 비용이 부과될 수 있으니 주의하세요.
EBS	EC2 인스턴스에서 사용하는 블록 스토리지 볼륨입니다. 최대 30GB까지 무료로 사용 가능합니다. EC2 인스턴스를 2개 이상 사용 시 전체 EBS 크기가 30GB가 넘는 경우 비용이 부과될 수 있으니 주의하세요.
RDS	월간 750시간 t2.micro 인스턴스만 무료로 제공합니다. 다른 타입의 인스턴스를 선택하면 비용이 부과될 수 있으니 주의하세요.

B.1 EC2

EC2는 AWS에서 제공하는 클라우드 가상 서버 인스턴스입니다. 클라우드 상에서 동작하는 서버 컴퓨터라고 생각하면 됩니다. 우리는 챗봇 엔진 구동에 필요한 파이썬과 라이브러리를 EC2에 설치해야 합니다. EC2는 프리 티어 지원 제품이며, 반드시 t2.micro 인스턴스를 선택해야 합니다. 다른 타입의 인스턴스는 과금 대상입니다.

이제 EC2를 생성하기 위해 순서대로 진행해봅시다. AWS 사이트 상단 메뉴에서 '서비스'를 선택하고 'EC2'를 클릭합니다.

그림 B-1 AWS EC2 선택

EC2 서비스 페이지에서 '인스턴스 시작' 버튼을 클릭합니다.

그림 B-2 AWS EC2 인스턴스 시작

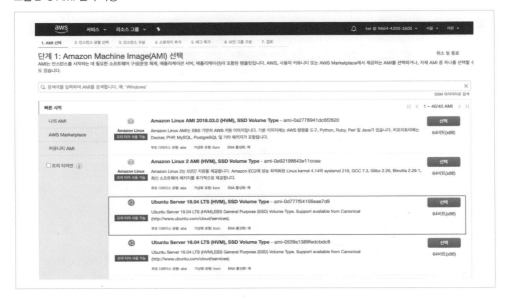

우리가 만든 챗봇은 우분투 서버 18.04 LTS 버전에서 동작 테스트를 마쳤습니다. 다른 종류의 리눅스를 선택해도 무방하지만 리눅스 종류마다 파이썬이나 라이브러리를 설치하는 방법이 다를 수 있기 때문에 다음 그림처럼 Ubuntu Server 18.04 LTS를 선택합니다.

그림 B-3 AMI 선택 과정

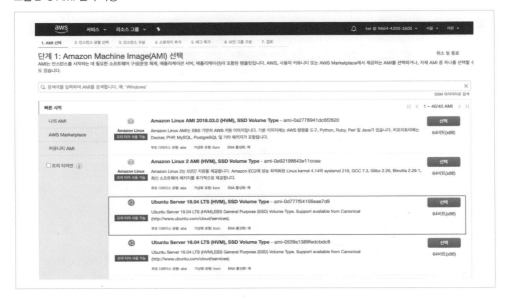

인스턴스 유형을 선택합니다. 서버 사양에 따라 인스턴스 유형이 구분되어 있으며, 프리 티어 혜택을 받기 위해서는 반드시 t2.micro를 선택해야 합니다. t2.micro 유형을 선택한 후 '다음: 인스턴스 세부 정보 구성' 버튼을 클릭합니다.

그림 B-4 인스턴스 유형 선택

인스턴스 세부 정보 구성에서는 '퍼블릭 IP 자동 할당' 부분만 '활성화'로 선택하고 나머지 부분은 기본값 그대로 사용합니다. 그리고 '다음: 스토리지 추가' 버튼을 클릭합니다.

그림 B-5 인스턴스 세부 정보 설정

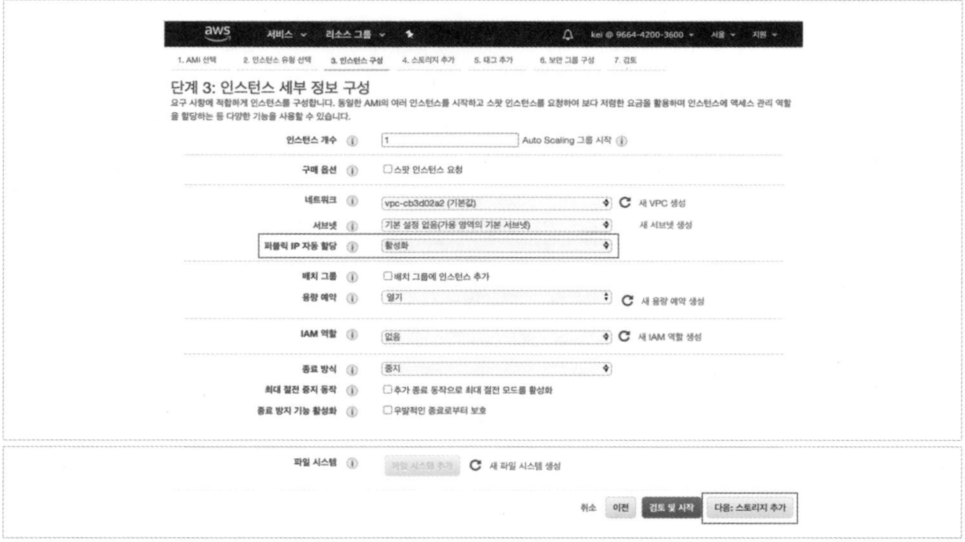

EC2에서 사용할 스토리지를 설정할 차례입니다. 스토리지 크기가 30GB이상인 경우 비용이 부과되니 기본값 그대로 사용합니다. '다음: 태그 추가' 버튼을 클릭합니다.

그림 B-6 스토리지 추가

태그 추가 부분은 태그 추가 없이 '다음: 보안 그룹 구성' 버튼을 클릭합니다.

그림 B-7 태그 추가

보안 그룹 이름을 'chatbot'으로 입력합니다. '규칙 추가' 버튼을 클릭해 다음 그림처럼 사용자 지정 TCP 유형으로 포트 범위 5000, 5050과 HTTP(80), HTTPS(443) 유형을 추가합니다.

TCP 5000번 포트는 챗봇 엔진 서버가 사용하는 포트이며, 5050번 포트는 챗봇 API 서버가
사용하는 통신 포트입니다. '검토 및 시작' 버튼을 클릭합니다.

그림 B-8 보안 그룹 구성

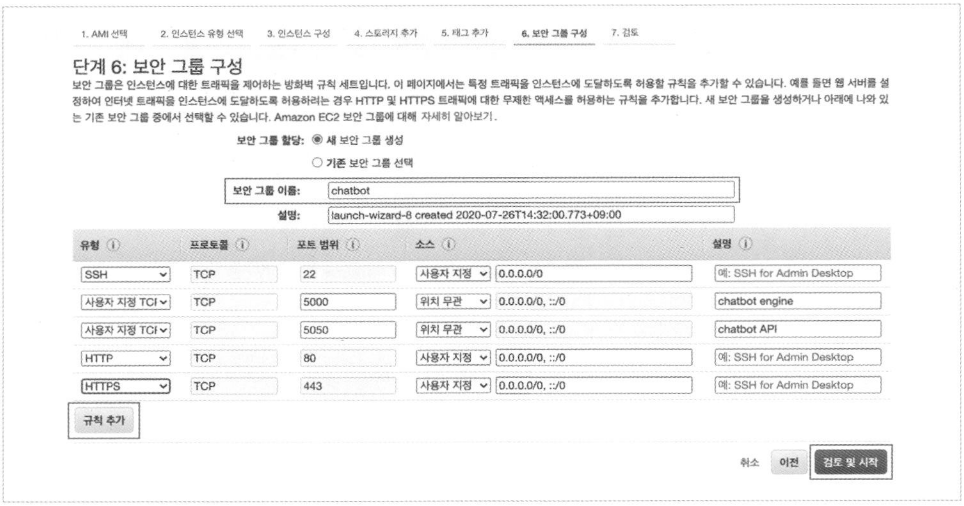

지금까지 설정한 값들이 제대로 저장되었는지 확인하고 '시작하기' 버튼을 클릭합니다.

그림 B-9 인스턴스 시작 검토

다음 그림처럼 서버 접속에 필요한 키 페어 파일(pem)을 생성하는 팝업이 뜹니다. 키 페어 이름을 'chatbot'으로 입력한 뒤 '키 페어 다운로드' 버튼을 클릭합니다. 다운로드한 키 페어 파일은 생성된 인스턴스에 접속할 때 필요한 중요한 파일이니 관리를 잘해야 합니다. 키 페어 파일을 저장했다면 '인스턴스 시작' 버튼을 클릭해 EC2 인스턴스를 생성합니다.

그림 B-10 키 페어 파일 생성

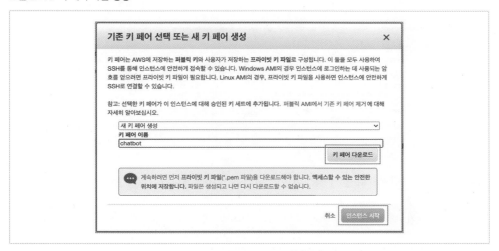

EC2 인스턴스 생성이 완료되면 해당 서버에 SSH 접속해봅니다. 서버에 접속하기 위해서는 SSH 클라이언트와 키 페어 파일이 필요합니다. SSH 접속을 하려면 다운로드한 키 페어 파일의 권한을 변경해야 합니다. 우리가 생성한 키 페어 파일은 chatbot.pem입니다.

```
# chmod 400 chatbot.pem
```

키 페어 파일의 권한을 변경한 뒤 다음 그림처럼 생성한 EC2 인스턴스 퍼블릭 IP 주소를 확인합니다. 해당 IP 주소는 인스턴스를 생성할 때마다 다르게 할당되므로 서버 접속을 위해 반드시 할당받은 IP 주소를 확인해야 합니다.

그림 B-11 퍼블릭 IP 주소 확인

터미널에서 다음 명령으로 앞서 생성한 인스턴스에 접속해봅니다.

```
# ssh -i <키 페어 파일 경로> ubuntu@<ec2 인스턴스 IP 주소>
```

- <키 페어 파일 경로> : chatbot.pem 파일이 저장된 경로
- <ec2 인스턴스 IP 주소> : [그림 B-11]에서 확인한 퍼블릭 IP 주소

SSH 접속이 문제없이 잘되면 챗봇을 구동하기 위해 필요한 파이썬과 라이브러리를 설치합니다. 다음 명령을 순차적으로 실행하면 됩니다.

다음은 파이썬 3, pip3를 설치하는 명령입니다.

```
$ sudo apt update
$ sudo apt install python3
$ sudo apt-get install python3-setuptools
$ sudo apt install python3-pip
$ sudo apt update
$ pip3 install --upgrade pip
```

다음은 코모란^{Komoran} 형태소 분석기 실행에 필요한 JRE를 설치하는 명령입니다.

```
$ sudo apt install default-jre
```

다음은 실습에 필요한 파이썬 라이브러리를 설치하는 명령입니다.

```
$ pip3 install openpyxl
$ pip3 install konlpy
$ pip3 install PyKomoran
$ pip3 install PyMySQL
$ pip3 install --no-cache-dir tensorflow==2.1
$ pip3 install gensim
$ pip3 install flask
$ pip3 install requests
$ pip3 install sklearn
$ pip3 install seqeval
$ pip3 install pandas xlrd
```

B.2 RDS

7장을 실습하기 위해서는 MySQL 데이터베이스를 사용해야 합니다. 로컬에 직접 설치해도 되지만 이 책에서는 AWS RDS(MySQL)을 사용했습니다. RDS는 AWS에서 제공하는 관계형 데이터베이스 서비스입니다. RDS는 프리 티어 지원 제품이며, 1개의 RDS t2.micro 인스턴스에 대해 매월 750시간 무료로 제공합니다. 다른 타입의 인스턴스나 2개 이상의 RDS를 생성하면 비용이 부과됩니다.

이제 RDS를 생성하기 위해 순서대로 진행해봅시다. AWS 사이트 상단 메뉴에서 '서비스'를 선택하고 'RDS'를 클릭합니다.

그림 **B-12** AWS RDS 선택

RDS 서비스 페이지에서 아래 그림처럼 지역^{Region}이 '서울'로 선택되어 있는지 확인합니다. 다른 지역이 선택되어 있을 경우 '서울'로 변경합니다. 그리고 '데이터베이스 생성' 버튼을 클릭합니다.

그림 B-13 AWS RDS 생성

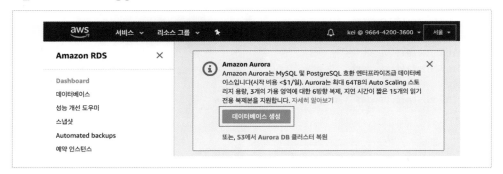

다음 그림처럼 엔진 옵션을 'MySQL'로 선택하고, 버전을 'MySQL 5.7.30'으로 선택합니다.

그림 B-14 MySQL 5.7.30 선택

하단으로 조금 내려가서 템플릿에서 '프리 티어'를 선택합니다. 다른 템플릿을 선택하면 설정에 따라 비용이 부과될 수 있습니다. DB 인스턴스 식별자와 마스터 계정 정보를 다음 그림처럼 입력합니다.

그림 B-15 템플릿, DB 접속 정보 설정

외부 DB 접속을 허용하기 위해 '추가 연결 구성'에서 '퍼블릭 액세스 가능'을 '예'로 선택합니다.

그림 B-16 퍼블릭 액세스 가능 설정

데이터베이스를 생성하기 위해 다음 그림처럼 데이터베이스 이름을 지정합니다. '추가 구성'에서 '초기 데이터베이스 이름'에 'chatbotdb'를 입력합니다.

그림 B-17 초기 데이터베이스 이름 설정

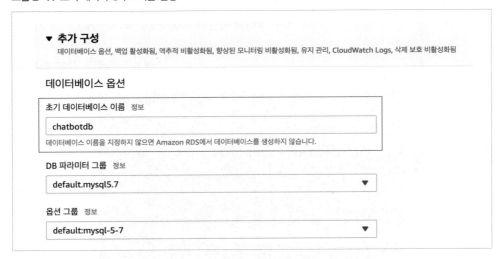

무료로 제공되는 RDS 프리 티어 지원 내용을 확인한 뒤 '데이터베이스 생성' 버튼을 클릭합니다. 다음 그림에 있는 내용 이외의 옵션을 선택하면 비용이 추가될 수 있으니 주의 바랍니다. 데이터베이스를 생성하는 데 시간이 몇 분 정도 소요됩니다.

그림 B-18 RDS 프리 티어 지원 내용 확인 및 데이터베이스 생성

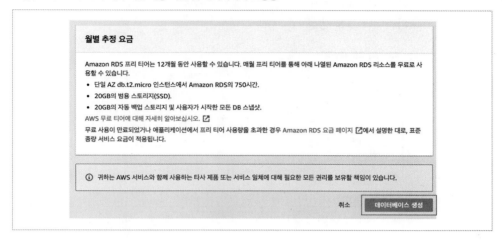

우리가 생성한 데이터베이스는 기본적으로 한글 인코딩을 지원하지 않습니다. 따라서 한글 (UTF-8) 인코딩을 사용할 수 있도록 파라미터 그룹을 생성해 적용해야 합니다. 다음 그림처럼 RDS 서비스 페이지 왼쪽 메뉴에서 '파라미터 그룹'을 선택하고 '파라미터 그룹 생성' 버튼을 클릭합니다.

그림 B-19 파라미터 그룹

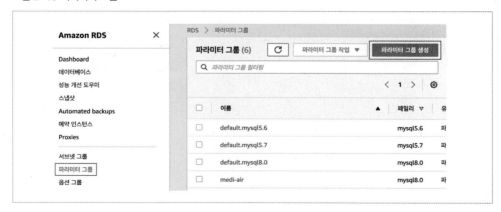

파라미터 그룹을 생성하기 위해 다음 그림처럼 파라미터 그룹 패밀리는 'mysql5.7'을 선택하고, 그룹 이름을 'chatbot-db-param'으로 입력한 후 '생성' 버튼을 클릭합니다.

그림 B-20 파라미터 그룹 생성

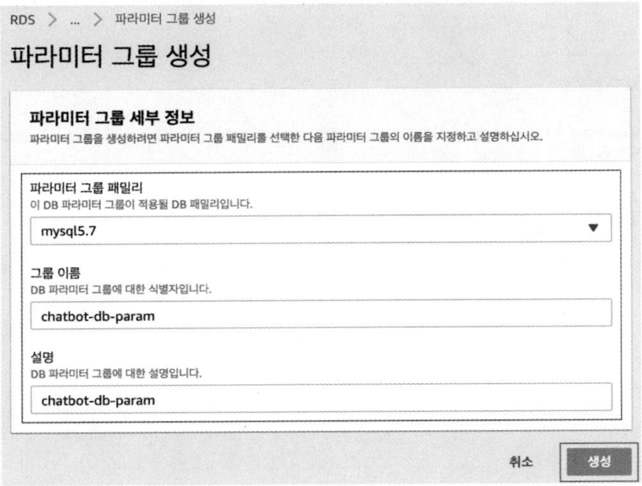

파라미터 그룹 생성이 완료되면 방금 생성한 파라미터 그룹을 클릭합니다.

그림 B-21 파라미터 그룹 선택

파라미터 검색 창에 'character_set'을 입력한 후 '파라미터 편집' 버튼을 클릭합니다.

그림 B-22 파라미터 검색

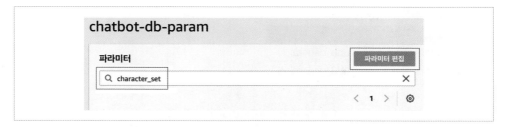

기본적으로 character_set으로 시작하는 파라미터들은 'engine-default'로 설정되어 있습니다. 한글 인코딩을 지원하기 위해 다음 항목들을 'utf8'로 변경합니다.

표 B-2 파라미터 설정 값

파라미터명	값
character_set_client	utf8
character_set_connection	utf8
character_set_database	utf8
character_set_filesystem	utf8
character_set_results	utf8
character_set_server	utf8

파라미터를 변경한 후 다음 그림처럼 '변경 사항 저장' 버튼을 클릭합니다.

그림 B-23 파라미터 변경 사항 저장

동일한 방법으로 파라미터 검색 창에 'collation'을 입력한 후 '파라미터 편집' 버튼을 클릭합니다. 그리고 다음 항목들을 'utf8_general_ci'로 저장합니다.

표 B-3 파라미터 설정 값

파라미터명	값
collation_connection	utf8_general_ci
collation_server	utf8_general_ci

이제 변경한 파라미터 그룹을 우리가 생성한 데이터베이스에 적용해야 합니다. 다음 그림처럼 왼쪽 메뉴에서 '데이터베이스'를 선택하고, 생성된 데이터베이스 이름을 클릭합니다.

그림 B-24 데이터베이스 선택

선택된 데이터베이스 정보 화면에서 '수정' 버튼을 클릭합니다.

그림 B-25 데이터베이스 수정

DB 인스턴스 수정 화면에서 데이터베이스 옵션 항목을 찾아 다음 그림과 같이 DB 파라미터 그룹을 'chatbot-db-param'으로 선택합니다. 그리고 페이지 하단에서 '계속' 버튼을 클릭합니다.

그림 B-26 DB 파라미터 그룹 변경

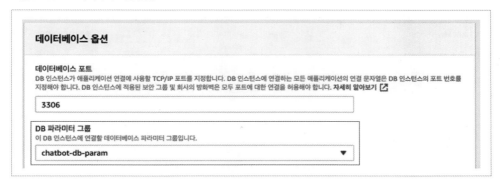

수정 사항 요약을 확인한 후 다음 그림처럼 '즉시 적용'을 선택하고 'DB 인스턴스 수정' 버튼을 클릭합니다.

그림 B-27 DB 파라미터 그룹 변경

변경된 사항이 적용되는 데 시간이 조금 걸립니다. 데이터베이스가 '사용 가능' 상태가 되면 다음 그림처럼 데이터베이스를 '재부팅'합니다. 재부팅이 완료되면 해당 데이터베이스에서 한글 인코딩을 사용할 수 있습니다.

그림 B-28 데이터베이스 재부팅

INDEX

INDEX

INDEX

INDEX